Kurt Lückel

Begegnung mit Sterbenden

Kurt Lückel

Begegnung mit Sterbenden

»Gestaltseelsorge«
in der Begleitung sterbender Menschen

Mit einem Vorwort von Hilarion Petzold

Chr. Kaiser

In Dankbarkeit
gewidmet

meiner Frau Regine
meinen Kindern Anja und Stephan
meinen Eltern Minna und Karl

CIP-Kurztitelaufnahme der Deutschen Bibliothek

Lückel, Kurt:
Begegnung mit Sterbenden : »Gestaltseelsorge« in d. Begleitung sterbender Menschen / Kurt Lückel. Mit e. Vorw. von Hilarion Petzold. -- 3. Aufl. – München : Kaiser, 1990.
(Kaiser-Taschenbücher; 82)
1. Aufl. im Kaiser-Verl., München, u. Matthias-Grünewald-Verl., Mainz
ISBN 3-459-01853-4
NE : GT

Umschlag: Ingeborg Geith, München unter Verwendung des Motives »Zur Seite gesunkener Kopf der sterbenden Valentine Godé-Dorel« von Ferdinand Hodler, 1915.
ISSN 0931-7732

Satz: Buch- und Offsetdruckerei Wagner, Nördlingen
Druck u. Bindung: Clausen & Bosse, Leck

INHALT

VORWORT

Über Tod und Sterben mehren sich die Publikationen in den letzten Jahren. Ob damit das Thema in das Bewußtsein einer breiteren Öffentlichkeit rückt, ist fraglich. Informationen, Reflexionen »über« diesen letzten Abschnitt unseres Lebens verlaufen, werden aufgesogen von der Dynamik individueller und kollektiver Verdrängung, die das Todesthema kennzeichnet. Reden und Schreiben schaffen ohnehin eine Distanz zum Erleben. Ein Reden und Schreiben »aus der Distanz« erweist sich als eine weitere der vielen Abwehrformen, die wir für das Umgehen mit dem Sterben und daraus folgend mit Sterbenden gefunden haben.

Es ist eine Besonderheit dieses Buches, daß es aus der Betroffenheit geschrieben ist, daß es eine Sprache verwendet, in der das Erleben durchscheint, daß es betroffen macht. Da wird kein enthobenes Begegnungsideal präsentiert, sondern man steht neben dem Autor, spürt seine Anstrengungen, seine Hilflosigkeit, seine Bewältigungsversuche, seine Art abzuwehren, seine Art zu begegnen; man steht vor dem Sterbenden und erlebt seine Pein, seine Zweifel und Verzweiflung, seine Versöhnung; man steht vor dem Tod nicht als einem Gegenstand philosophischer Betrachtung, sondern vor ihm in seiner konkreten Anwesenheit. Die Offenlegung der eigenen emotionalen Berührtheit, die der Autor – Seelsorger und Psychotherapeut – dem Leser zumutet, anbietet, schenkt, charakterisiert nicht nur eine persönliche Haltung, sie ist auch kennzeichnend für den Ansatz der Sterbebegleitung, Therapie, Seelsorge, die dieses Buch dokumentiert: der Ansatz der »integrativen Gestalttherapie«.

Gestalt bedeutet eine in sich geschlossene Ganzheit in einem Zusammenhang. Der Mensch wird als ganzer in seiner Leiblichkeit, Emotionalität und seinen geistigen Strebungen im Rahmen seines sozialen und ökologischen Kontextes

gesehen und begriffen. So können die familiäre Realität des Sterbenden, sein Umfeld, der gesamtgesellschaftliche Zusammenhang aus einer integrativen Arbeit mit Schwerkranken und Sterbenden nicht ausgeblendet werden.
Der Kontext Sterbender, die Situationen, in denen sie ihr Leben zuende bringen müssen, ist nicht dazu angetan, »auf Menschenweise« zu sterben. Heute sterben 80% der Menschen in diesem Lande in Krankenhäusern, von Technik umgeben, in einer unvertrauten Umgebung, versorgt von überlastetem Personal, das für Sterbebegleitung, Begegnung mit dem Todkranken weder ausgerüstet ist noch Zeit hat. 10% können zu Hause sterben; 92% würden, nach einer Befragung von *Becker*, gern zu Hause sterben. Aber auch die Familien sind nicht mehr auf das »Daheimsterben« eingerichtet; denn die Einstellung zum Tode hat sich wesentlich gewandelt. Der Tod wird pathologisiert. Er wird nicht mehr als »natürliche Sache« *(Scheler)* gesehen. Er wird ins Exil verbannt, in Sterbeanstalten. Man stirbt nicht mehr »im Schoße der Familie«, und so haben wir keine Vorbilder mehr, von denen wir lernen, wie man mit Leiden und Sterben umgeht. Die Unkenntnis wächst und mit ihr die Angst und das Grauen. Die Folge sind Verdrängung und Reaktionsbildung. Man kann den Tod nicht an sich heranlassen und damit auch dem Sterbenden nicht begegnen; denn das bringt uns mit unserem eigenen Sterbenmüssen in Kontakt, mit der Bedrohung unserer eigenen Identität.
Der Autor dieses Buches weicht dieser Bedrohung nicht aus und er macht deutlich, wie man mit ihr umgehen kann. Auch hier erweist sich die Gestalterfahrung als hilfreich, indem sie für die ganze Gestalt des Lebens, die gesamte Lebensspanne sensibilisiert. Für das Leben, das sich »rundet«, das sich im Alter vollendet und im Sterben schließt, verliert der Tod den Aspekt der Vernichtung und gewinnt den des Endes, des Abschlusses, der eine natürliche Gegebenheit ist. Der Zyklus des Lebens beginnt in der Innigkeit und er sollte in Innigkeit schließen; er beginnt im Dialog der Berührung, der Blicke, im

Aufgehoben- und Getragensein, und er könnte in einem solchen Dialog seinen Abschluß finden, wenn wir die Kraft aufbringen, Sterbenden zu begegnen. Dieses Buch weist hier nicht nur Wege, es macht Mut, sie zu beschreiten.

Hilarion Petzold
Fritz Perls Institut, Düsseldorf

EINLEITUNG

»Seelsorge ist . . . Lebenshilfe, die das Leben eines Menschen in all seinen Beziehungen heilen und fördern will, gerade auch in seiner Beziehung zu dem, was seinem Leben Sinn vermittelt, zu Gott . . .[1]
In der Integrativen Gestalttherapie geht es »um den ganzen, den wirklichen Menschen in seiner Welt, um die Beseitigung von Entfremdung in der Beziehung zu sich selbst, zu den Mitmenschen und zur Umwelt«[2]. Dies beinhaltet zugleich die Offenheit für »die existentielle Erfahrung einer letzten Zugehörigkeit, einer ganz persönlichen Bezogenheit, durch die der Mensch im Leben und im Sterben getragen wird«[3].

Ich war elf Jahre Gemeindepfarrer in einer mittelgroßen Stadt. In diese Zeit fiel meine Begegnung mit der Integrativen Gestalttherapie – eine Begegnung, die mein Leben und meine Weise, Seelsorger zu sein, entscheidend beeinflußt und geprägt hat.
Die so geprägte Seelsorge möchte ich »Gestaltseelsorge«[4] nennen.
Es geht dabei um den Versuch, im Bereich der Seelsorge Gestaltkonzepte, Gestaltanregungen und -methoden derart zu integrieren, daß sie zu mir gehören, sozusagen in meine Intuition einfließen, mir als mein Eigenes verfügbar sind, meine persönlichen Ausdrucksmittel werden und entsprechend auch in meine eigene Sprache umgesetzt sind[5].

1 Ev. Erwachsenenkatechismus, 1176.
2 Petzold in: Gestaltpädagogik, 7.
3 Ders. in: Freiheit und Methode, 119.
4 Ich möchte in dieser Arbeit das wissenschaftliche Problem der Beziehung von Theologie/Pastoraltheologie einerseits und Humanwissenschaft/Gestalttherapie andererseits nicht erörtern. Vgl. dazu Winkler, 9; Riess, 31 ff, 53 ff. Zum Thema »Metatheorie« vgl. Petzold in: Freiheit und Methode, 118 f, 123 f.
5 Ich habe »Gestalttherapie« nie in ihrer klassischen Gestalt, sondern immer schon in ihrer weiterentwickelten Ausformung durch die Integrative Therapie (= ITh) kennengelernt (vgl. EXKURSE). Das, was ich »Gestaltseelsorge« nenne, ist also eine durch die Integrative Therapie

»Gestalt« ist eigentlich mehr als eine Therapierichtung. Sie ist ein Lebenskonzept. Ich habe am Ende des Buches für interessierte Leser erläuternde Exkurse zur »Gestalttherapie« und zu ihrer weiterentwickelten Ausprägung: der »Integrativen Therapie« abgedruckt, so daß der Hintergrund der »Gestaltseelsorge« deutlicher und zugänglicher werden kann.

Thema der vorliegenden Arbeit ist: »Gestaltseelsorge in der Begleitung sterbender Menschen«. Diese Arbeit schildert und reflektiert also einen Ausschnitt meiner Seelsorgearbeit, in dem ich als Person besonders intensiv gefordert war und bin – oft bis an die Grenze meiner Möglichkeiten ... und in dem der »Gestalt-Ansatz« als Lebens- und Seelsorgekonzept (sowohl für mich selbst als auch) für die Menschen, mit denen ich zu tun hatte, neue Möglichkeiten eröffnet hat, sich selbst in ihrer Situation zu erleben, Alternativen zu entdecken und den ihnen gemäßen Weg der Lebensbewältigung im Angesicht des Todes zu finden.

Dabei war Integrative Gestalttherapie zunächst vor allem für mich selbst seelsorgerische Hilfe[6] – und zwar in dem Sinne, daß ich aufmerksamer geworden bin für mich selbst auch und gerade, wenn es darum geht, die eigenen Ängste, Schmerzen und Schwierigkeiten überhaupt wahrzunehmen und gelten zu lassen (statt sie mit einem professionellen Habitus zu überspielen). Ich glaube, daß deshalb auch mancher Sterbende in meiner Gegenwart eher von sich und seinen Ängsten, Bedrängnissen und Ahnungen zu sprechen wagte – weit mehr jedenfalls, als dies früher der Fall war, solange ich primär als

(und die durch *sie* vermittelte Gestalttherapie) geprägte Seelsorge. Mit diesem Hinweis verbinde ich u. a. auch eine Abgrenzung gegenüber der in der klassischen Gestalttherapie implizierten Anthropologie – konkret etwa gegenüber einer möglichen antihumanen Tendenz des Perls'schen »Gestaltgebets« (vgl. dazu Cohn, 101).

6 Denn »erst muß ich mich finden, um dir begegnen zu können. Ich und Du, das sind die Grundlagen zum Wir, und nur gemeinsam können wir das Leben in dieser Welt menschlicher machen« (Perls, zitiert bei Petzold, Gestaltpädagogik, 8).

»Helfer« kam, der seine Botschaft schon fertig mitbrachte und der sich selbst aus der Begegnung ausklammerte.
Leichter geworden ist Sterbebegleitung darum keineswegs. Ich habe eher den Eindruck, daß ich insgesamt »berührbarer« und das heißt auch: verletzbarer geworden bin, und daß ich mir dabei Abgrenzung und Selbstschutz oft mühsam genug erkämpfen muß.
Umso dringender beschäftigen mich deshalb die Fragen: Was geht eigentlich im Seelsorger vor, wenn er im Berufsalltag immer und immer wieder mit Tod, Sterben und Trauer zu tun hat? Was macht ihm das aus? Wie geht er damit um? Und: Wie wirkt sich das, was er selbst sich *nicht* eingesteht (z. B., daß er ratlos ist und voller Widerwillen), auf die Begegnung mit dem Gesprächspartner aus? Ich habe deshalb immer wieder – im 2. Teil durchgängig – aufzuzeigen versucht, was eine Sterbebegleitung auf meiner Seite auslöst.
Die Begleitung sterbender Menschen ist eine der wichtigsten, aber auch eine der schwierigsten Aufgaben der Seelsorge[7]. Sie ist eine der wichtigsten, weil in unserem Kulturkreis, in unserer Gesellschaft, in unseren Krankenhäusern das Sterben immer noch erschreckend oft tabuisiert ist, so daß ungezählte Menschen gerade auf dieser letzten Strecke ihres Lebens allein gelassen und entmündigt werden. Die Entfremdung des Menschen von sich selbst, von seinem Leib und Leben, von seinen Mitmenschen und seiner Umgebung, kann kaum irgendwo krasser erlebt werden, als auf der Grenze von Leben und Tod. Seelsorge hat hier die äußerst wichtige Aufgabe, mit dazu beizutragen, daß Sterben »menschlicher« erlebt werden kann. Sterbebegleitung ist aber gerade damit eine der schwierigsten Aufgaben der Seelsorge. Denn ich, der Seelsorger, habe ja selbst Anteil an dieser Atmosphäre der Entfremdung. Ich werde mit meiner eigenen Todesproblematik konfrontiert, wo immer ich ein Sterbezimmer betrete.

7 Vgl. EXKURSE, Abschnitt B: Einige Besonderheiten der Sterbeseelsorge.

Ich habe versucht, diesen gesellschaftlich bedingten Hintergrund des Sterbeerlebens und der Sterbebegleitung immer wieder mit zu reflektieren und hier und da in meinem Rahmen auf Möglichkeiten zur Vermenschlichung des Sterbens aufmerksam zu machen.

A. GESTALT-KONZEPTE UND -HILFEN IN DER SEELSORGEBEGLEITUNG STERBENDER MENSCHEN

1. »Mein Sterbethema und mein Lebenshintergrund«

Begegnung mit Sterbenden – das ist nun mein Thema. Es ist, wie gesagt, über Jahre hin beruflich mein Thema gewesen – und nun ist es das Thema dieser Arbeit geworden.
Dies war zunächst so nicht beabsichtigt. Eigentlich wollte ich die vielfältigen Möglichkeiten von Gestaltseelsorge in einer kirchlichen Gemeinde darstellen. Die vielfältigen Anregungen und Neuschöpfungen in den Einzelgesprächen, in den Klein- und Großgruppen, in der Gestaltung von Gottesdiensten und Gemeindeabenden, im Unterricht, in der Umstrukturierung der Arbeit überhaupt, in der Begegnung mit biblischen Texten, in der Entdeckung von Möglichkeiten in mir und anderen, die mir bis dahin verborgen waren ... darüber wollte ich nachdenken und schreiben. Ich habe Notizen dazu, auch ein Konzept.
Auffälligerweise setze ich bei dem Unterthema »Gestaltseelsorge in der Begleitung sterbender Menschen« ein. Auch dazu habe ich Notizen und Protokolle, Erlebnisse und Erfahrungen niedergeschrieben. Und ausgerechnet diese Notizen und Erfahrungen halten mich fest. Aus all den anderen Themen und Überlegungen treten sie heraus, beanspruchen meine ganze Aufmerksamkeit und bestimmen schließlich das Thema dieser Arbeit.
Dies war vor gut zwei Jahren, als ich die erste Fassung dieser Studie geschrieben habe. Die Wahl des Themas hatte ohne Zweifel etwas mit meiner damaligen Lebenssituation zu tun: Ich war nach elf Jahren umgezogen, weit fort von meinem bisherigen Lebens- und Wirkungskreis. Ich hatte meine frühere Arbeit verlassen, das Haus, die Freunde, die Land-

schaft, die Menschen, mit denen ich verwachsen war. Dies war für mich und meine Familie der tiefste Einschnitt in unserem bisherigen gemeinsamen Leben. Wir waren lange Zeit wie Menschen, die ihre Wurzeln aus dem Boden gezogen hatten. Wir haben damals alle, jeder auf seine Weise, ein Stück »Sterben« erlebt, Heimatverlust, Entwurzelung. Über Monate hin war die Erschütterung in unserem Körper spürbar.

In dieser Zeit also war Sterben »mein Thema«. Und die Reflexion dieses Themas war gewiß der Versuch, sowohl die Abschiedssituation als auch die vielen Sterbeerlebnisse ein Stück weit zu verarbeiten.

Inzwischen aber habe ich – wenn auch nicht entfernt in dieser Häufigkeit – weitere Erfahrungen mit Tod und Sterben gemacht. Sie sind in die jetzige Endfassung mit eingeflossen und haben ihr hier und da auch neue Akzente gegeben.

Mit anderen Worten: »Sterben« und »Begleitung Sterbender« ist über die damalige Abschiedssituation, über das »soziale Sterbeerlebnis« hinaus mein Thema geblieben. Offensichtlich hat meine Affinität zu diesem Thema eine tiefere Dimension. Ich habe versucht, dem nachzugehen und soz. die »Sozialisation des Sterbethemas« in meinem Leben ein Stück weit zu ergründen. Ich bin dabei auf sehr viele Aspekte gestoßen. Einige möchte ich hier nennen, weil sie verdeutlichen können, zumindest aber Hinweise enthalten, inwiefern die »Begleitung Sterbender« und die Reflexion des Sterbethemas in meinem eigenen Interesse liegt und wie sehr ich hier mein eigenes begleitendes Lebensthema verhandele:

Aufgewachsen in einer dörflichen Umgebung hatte ich von Kindheit an eine zwiespältige Neugier für das, was da auf der Grenze von Leben und Tod geschieht. Sterben gehörte – wie Geborenwerden – zum gemeinsamen Leben dazu. Man wurde im Hause geboren und man starb im Hause. Sterben war etwas Natürliches und zugleich etwas Entsetzliches, das brutale Getötetwerden der Tiere vor allem. Ich habe als Kind unter schlimmen »Todesängsten« gelitten. Ängste, die zeitweise unter dem Einfluß religiöser Jenseitsdrohungen noch ins Namenlose gesteigert wurden. Solche Ängste haben mich verdeckt und offen bis weit über die Kindheit hinaus begleitet. Ich habe Sterben immer als die letzte Bedrohung gefürchtet.

Und doch habe ich parallel dazu als Kind schon von friedlichem Sterben gehört und habe mich mit »Ewigkeitsgesängen« über den Todesabgrund hinübergesungen. Die Dorfgemeinschaft war wie eine große Familie, wenn jemand starb. Alle waren mitbetroffen. Ich habe erlebt, wie in der Nachbarschaft ein alter Mann, auch ein Kind in gleichem Alter, umgeben und umsorgt von Angehörigen in der Familie starben. Später war dies in der eigenen Familie ähnlich, als meine Großmutter auf einem langen Sterbelager gepflegt wurde.

Ich habe als Jugendlicher mit einem alten Bauern zusammen das Grab für eine verstorbene Nachbarin ausgehoben und dabei von ihm erfahren, daß er sein Testament schon in der Schublade verwahrt hält. »Alles ist geordnet«, sagte er. Das hat mich sehr beeindruckt.

Sterben als Schreckenserfahrung und als bewußter Abschluß des Lebens, als Ausdruck von Ausgeliefertsein und als Erlebnis von Gemeinschaft, dies ist meine Ambivalenz geblieben. Und ich habe mich als Pfarrer von Berufs wegen immer wieder – oft mit Widerwillen, Angst und Beklemmung – und gleichzeitig doch wohl auch mit jener frühen Neugier in die Sterbezimmer gewagt.

Der Anruf der Angehörigen, die Bitte um einen Sterbebesuch war und ist für mich immer die »große Störung« des täglichen Lebens und meines Befindens. Und doch habe ich zugleich in der Begegnung mit Sterbenden fast jedesmal etwas entdeckt oder gewonnen, was ich jetzt erst im nachträglichen Reflektieren zu begreifen beginne: Ich glaube, daß ich im Begleiten Sterbender Mal um Mal mühsam und schmerzlich ein kleines Stück meiner großen tiefgegründeten Ängste abgetragen habe und abtrage, so daß meine Todesangst

allmählich auf »kreatürliche« Ausmaße verkleinert wurde.
Manchmal sogar hatte Sterben seinen Schrecken verloren. Es gab Menschen, die mich in ihrem Sterben ein Stück weit mitgenommen haben. Es entstand eine Weggefährtenschaft. Das hat mich sehr berührt und oft regelrecht getröstet: Zu erleben, daß mich jemand dorthin mitnimmt, in die Grenzzone – daß er mich seine Ängste, den Zerfall, seine Bedürftigkeit miterleben läßt – mir zeigt, wie das geht: Sterben! – und manchmal auch sagt: »Es ist gut so« oder »ich habe keine Angst mehr« . . . Solches Miterleben war für mich oft, als würde ich getröstet. Der Sterbende hat mich, den Seelsorger, da bei der Hand genommen, er hat mir eine Erfahrung ermöglicht, durch die meine eigenen Ängste umgänglicher werden.
Nicht umsonst schreibe ich in diesem Buch über »Gestaltseelsorge« als einer »Hilfe primär für mich selbst«, als Hilfe, den jeweils eigenen Weg der Lebensbewältigung im Angesicht des Todes zu finden. Mir ist inzwischen klar geworden, daß dies wirklich Hilfen zunächst einmal für mich selbst sind. Hilfen insbesondere angesichts jener schrecklichen Sterbeschicksale, die mir jedesmal an die Substanz gehen und die mich manchmal nach Wochen oder Monaten noch im Untergrund beschäftigen: Der Unfalltod eines Konfirmanden, das lange, quälende Sterben einer etwa gleichaltrigen Frau, der Selbstmord eines jungen Mannes, den ich gut kannte. –
Erlebnisse, die mich aus der »normalen« Welt der Lebenden isolieren, die mich etwas davon schmecken lassen, wie bitter und brutal Sterben oft ist und wie getroffen und hilflos ich selber bin, wie ausgeliefert, ohne mich schützen zu können. In solchen Situationen werden die alten Ängste wieder mobilisiert. Das spüre ich deutlich.

Umso wichtiger für mich, daß ich für mich selbst Hilfen entdecke, Möglichkeiten mit solchen Situationen umzugehen. Und von einigen solcher Entdeckungen möchte ich in diesem Buch berichten.

Aber ich möchte nicht nur »darüber« berichten. Eigentlich ist auch das Schreiben des Buches selbst für mich eine solche Hilfe. Auch das Nachdenken und Schreiben bedeutet noch einmal ein Sicheinlassen: Vergangene Situationen werden gegenwärtig, Sterbende, längst Verstorbene, die ich begleitet habe, werden in meiner Erinnerung wieder »lebendig«. Ich merke daran, wie sehr ich diese Erlebnisse verinnerlicht habe und wie sehr diese Menschen in mein Leben hineingehören. Sie sind ein Stück weit soz. zu meinen eigenen Erlebnisfiguren geworden, Personen, die mein eigenes Lebenspanorama »bevölkern«, die mir je nach Situation sehr nahe rücken können, mich zur Auseinandersetzung nötigen und mir aufgrund gemeinsam gemachter Erfahrungen neue Erfahrungen ermöglichen.

In einer bestimmten Phase der Niederschrift habe ich mich noch einmal »direkt« an sie gewandt[8]. Ich habe ihnen gewissermaßen einen »Brief« geschrieben, der mir immer noch so wichtig ist, daß ich Auszüge daraus hier noch einmal wiedergebe.

> Also: »Ihr seid nun mein Thema, das mich immer noch beschäftigt«, möchte ich ihnen sagen. »Ihr seid mir in dieser Zeit sehr gegenwärtig und ich merke, was Ihr mit meinem Lebensthema zu tun habt.
>
> Ich spüre aber auch, daß von allem, was ich in meinem Beruf zu tun hatte, die Begegnung mit Euch mir das Schwerste gewesen ist. Ich merke, daß ich viele Sterbe- und Trauersituationen in mir nicht verarbeitet habe. Ich habe Euch oft nicht an mich herangelassen. Das ging gar nicht. Und ich habe oft den abrupten Wechsel von Trauerrede

8 »Direkte Kommunikation« ist ein Kennzeichen der Gestalttherapie. Sie macht Begegnung möglich, sie hilft, daß ich den andern als »Du« wahrnehmen kann, daß ich ihn berühre und von ihm berührt werde (vgl. Besems in: ITh 3/4, 1977, 179 ff).

und Hochzeitsrede, von Sterbezimmer und Unterrichtsraum in mir nicht vollziehen können.
Ich habe oft Angst vor Euch gehabt, Angst, mich auf den Schmerz und das Elend einzulassen. Angst, ich könnte versagen und gleichzeitig habe ich die Begegnung mit Euch manchmal als ein ganz besonderes Glück empfunden.
Ihr habt mich meist zu Euch gerufen als »Euren« Pastor, als den, der Euch von Gott redet. Auch das hat mich oft in Spannung versetzt, denn Ihr habt es mir meist nicht ausdrücklich gesagt, daß Ihr dies von mir erwartet. Einige haben es getan. Das war erleichternd für mich. Bei den meisten mußte ich es herausspüren und bei manchen habe ich es nicht herausgefunden.
Einigen von Euch schien es zu genügen, wenn ich lediglich »Pastor« war, wenn ich in meiner Rolle blieb, ohne meine persönliche Betroffenheit zu zeigen. Aber für die meisten genügte dies nicht, auch nicht für mich.
Ich habe in diesem Moment im Schreiben innegehalten und einige von Euch lebendig und konkret vor mir gesehen. Ich möchte Euch sagen: Ich bin mit Euch gegangen auf dem letzten Stück Eures Weges. Und mir kommt's vor, als hätte ich Euch manchmal das Letzte von mir gegeben, mein persönlichstes Empfinden und Spüren, und gleichzeitig merke ich, was Ihr mir von Euch gegeben habt. Mancher von Euch hat mit mir seine letzten Lebensgeheimnisse ausgetauscht, hat mir anvertraut, was er sonst höchstens seinem allernächsten, vertrauten Menschen mitgeteilt hat – manchmal nicht einmal ihm. Das bewegt mich jetzt sehr.
Ich habe mit Euch auf der Grenze gestanden, habe selbst die Grenze erlebt, das gegenseitige Durchdringen von Leben und Tod, von Diesseits und Jenseits, von gelebtem Leben und gelebtem Sterben im Angesicht der Ewigkeit. Ich habe unter dieser Perspektive mein eigenes Leben neu entdeckt, meine Endlichkeit, auch meine Einmaligkeit. Euch auf diese Weise im Sterben zu begleiten war für mich

Leben, war menschliches Begegnen, wie ich es mir intensiver kaum vorstellen kann – und Ihr selber habt es für Euch in solchen Situationen wohl auch so empfunden. – Ich glaube, keinen von Euch, den ich wirklich begleitet habe, werde ich je vergessen . . .

Über einige von Euch werde ich nun schreiben, was ich mit Euch erlebt habe. Für mich ist dies eine Möglichkeit, ein Stück weit die Eindrücke aufzuarbeiten, die Ihr in mich hineingeprägt habt und die oft noch in mir als Schmerz, als immer noch greifbare Betroffenheit, aber auch als Glück und Lebendigkeit zu spüren sind.

Ich nehme Euch mit diesem schreibenden Nachvollzug noch einmal ganz intensiv in mein Leben. Das macht mir manchmal soviel aus, daß ich nicht weiterschreiben kann, daß ich wochenlang aussetze und eine tiefe Abneigung habe, mich überhaupt mit Euch, mit Eurem und meinem ›Sterben‹ zu befassen. Aber gleichzeitig spüre ich, daß dieses nochmalige Nacherleben, Stagnieren, Trauern und Fließen, auch das Reflektieren und Klären meiner Rolle, meiner Empfindungen und Begegnungsweisen eine Möglichkeit ist, von Euch noch einmal Abschied zu nehmen. Und für mich selbst ist es ein nach-schöpferisches Gestalten meines Lebens – in dieser Situation, in der Sterben, Abschied, Loslassen und Neuorientierung, Eingeben in neue Bindungen . . . mein Thema ist.«

2. Das »Vermeiden«[9] – und die Begegnung mit dem Unvermeidbaren

> Die meisten Menschen leben ihr Sterben so, wie sie ihr Leben gelebt haben . . .
> Doch wir brauchen nicht so zu sterben, wie wir gelebt haben[10].

Ein Leben lang soll es nicht wahr sein – und nun soll es wahr-genommen werden: Daß ich sterben muß!
Ein Leben lang sammeln sich meine Ängste um den einen Punkt: Daß ich nicht »tot« sein will, nicht sozial tot, nicht seelisch tot, nicht leiblich tot.
Ein Leben lang immer wieder: Angst vor »vernichtendem« Urteil (das brächte mich um!), Angst vor »Botschaften«, die mich in meinem Wertgefühl töten, Angst vor Trennung und Alleinsein, Angst, daß keiner mehr mitgeht, daß ich »nichts« mehr gelte, daß ich nichts mehr machen, daß keiner mir helfen kann.
Ein Leben lang: Vermeiden des Angstbesetzten – und nun soll ich endgültig eben diesem Unvermeidlichen begegnen?
Um mich her ist das Thema Sterben »tabu« (außer im Krimi, in Horrorfilmen, im Krieg, in den Statistiken der Verkehrs-

9 Zum Thema »Vermeiden« vgl. Perls 1974, 46 ff, 63 f. Vermeiden heißt für ihn, »das Offensichtliche« nicht sehen (wollen), 46 f.
In der Integrativen Therapie gilt »Vermeiden« als eine Variante des Widerstandsphänomens, wobei beide Begriffe nicht wertend gemeint sind. Wir definieren Widerstand als ein »Sich-Wehren gegen Veränderung der Identität« – und differenzieren zwischen »Veränderungswiderstand« bzw. »protektivem Widerstand« und »interaktionalem« Widerstand.
Der »protektive Widerstand« ist gleichbedeutend mit dem, was ich im Rahmen unseres Themas »Vermeiden« nenne: Wir möchten uns schützen vor dem Kontakt mit schmerzlichen, angstauslösenden, bedrohlichen, unlustvollen Ereignissen, Erlebnissen, Gedanken, Gefühlen. In seiner protektiven Funktion schützt der Widerstand das Individuum vor Dingen, mit denen es nicht umgehen kann oder von denen es glaubt, daß sie nicht zu handhaben seien« (Petzold 1980, 267).
10 Keleman, 4.

unfälle . . .). Wer Krebs hat, gilt praktisch als Todeskandidat. Und der Todgeweihte muß damit rechnen, daß man ihm nicht »alles« sagt, daß die Ärzte, das Pflegepersonal, die Angehörigen mehr über mich wissen als ich selbst, daß ich also »entmündigt« werde. Ich müßte selber sehr viel Kraft und Entschlossenheit aufwenden, müßte darum kämpfen, daß mir in diesem kranken System der Vermeidung[11] das gesagt wird, was ich wissen will.

Oder will ich es lieber doch nicht wissen, es lieber offen lassen, es lieber nach und nach vielleicht erfahren . . . dies Letzte? – Oder vielleicht darauf hoffen, daß betäubende Schmerzmittel mir diese letzte Auseinandersetzung, das bewußte, schmerzliche Wahr-nehmen dieses Letzten gnädig ersparen?

Fast immer und immer wieder, wo ich Menschen in ihrem Sterben begleitet habe, stieß ich zunächst auf die gleiche Tabu-Schranke: Das Wort »Sterben« wurde möglichst vermieden. Draußen im Krankenhausflur, im Gespräch mit Schwestern oder Angehörigen hieß die Umschreibung oft: »Man muß mit allem rechnen« – »es sieht nicht gut aus« – »es steht schlimm« . . . Drinnen im Dreibetten-zimmer, wo die anderen mithören, liegt der Sterbende mit seinen Ahnungen oft allein.

Ich spüre es meist an der Atmosphäre, an den Blicken und Seitenblicken der Mitpatienten, am vielsagenden Verstummen, am forschenden Blick des Kranken, an seiner Unruhe, an der Handbewegung, an einem Kopfschütteln, begleitet von der Bemerkung »es geht heute gar nicht gut« – oder »diese Schwäche!« – oder »die versuchen ja alles, (aber . . .)« – – wie nahe oder verdeckt die Ahnung an der Oberfläche liegt, wie sehr sie von den anderen abgewehrt oder auf welche Weise sie aufgenommen wird.

Und ich selbst bringe meine Abwehr oder Bereitschaft, meine

11 Vgl. Glaser/Strauß, 63 ff: »Das rituelle Spiel wechselseitiger Täuschung«; dazu Lau 1975, 72 ff.

Angst oder meinen Mut zur Offenheit, mein Gespür für das, was dem Kranken möglich ist und was nicht – oder auch meine Unfähigkeit, seine Andeutungen und widerstreitenden Gefühle aufzunehmen – dies alles bringe ich mit in diese Tabuzone im Umkreis des Sterbens.
Aus dem Verlauf eines Begegnungsprozesses in der Gestalt-Arbeit kenne ich solche Vermeidungsmuster. Und ich weiß, daß sie eine Schutzfunktion[12] haben: Sie schützen mich davor, meiner gesellschaftlich eingespielten Rolle, meines »Ansehens«, meines am Leistungs- und Imagedenken ausgerichteten Selbst-Wertgefühls entkleidet und dem schrecklichen Angstgefühl ausgeliefert zu sein: Daß ich nichts oder nur noch wenig (wert) bin.
Und ich weiß, daß nichts wichtiger ist, als eben dieses Schutzbedürfnis »gelten zu lassen«. Dieses Schutzbedürfnis, das sich etwa äußern kann in der Haltung: »Ich doch nicht! – Das ist gar nicht möglich!« (Nichtwahrhabenwollen) Oder: »Noch bin ich nicht tot, denkt ja nicht, so schnell werdet ihr mich los!« (Zorn) Oder: »Ich hab noch einiges vor. Wenn ich mal wieder bei Kräften bin . . .« (Verhandeln) Oder: »Ach, heute wird mir alles zu viel, ich bin einfach müde.« (Depression)[13] Oder: »Sie denken, weil ich im Bett liege, habe ich nichts mehr zu tun? Sehen sie mal da: Den Berg Akten – den habe ich mir gestern herbringen lassen« (Geschäftigkeit) . . .
Sterbenmüssen ist ganz gewiß der totalste »Angriff« auf das ein Leben lang ausgependelte oder starr aufrechterhaltene innere Gleichgewicht des Bewußtseins, daß ich »etwas« oder »jemand« bin, auch der totalste Angriff auf die Wichtigkeit meiner Rolle, die ich gespielt habe. Es trifft mich im Kern meiner Existenz, meiner Zugehörigkeit, meiner Beziehung zu mir, zu andern, zur Welt – und auch zu Gott.

12 Petzold, aaO.; vgl. Engelke, 143: Abwehr ist eine »Form der Bewältigung des Sterbens«.
13 Vgl. Kübler-Ross, 41 ff.

Längst nicht immer ist darum der »Durchbruch zur Wahrheit« in der Sterbesituation möglich. In den meisten Fällen bekennen Angehörige nachträglich: »Er/sie hat das wohl geahnt« – aber aussprechen konnten es weder der Sterbende noch die, die zu ihm gehörten.

Und ich selbst habe meine seelsorgerische Aufgabe in der Begleitung Sterbender keineswegs vor allem darin gesehen, daß ihnen oder den Angehörigen dieser Durchbruch möglich wäre. Für mich war es das Wichtigste herauszufinden, was dem Sterbenden (und seinen Angehörigen) wahrzunehmen, auszusprechen und zu ertragen möglich war und was nicht. Lebenslang eingeübtes Vermeidungs- und Schutzverhalten nun gerade auf dieser letzten Wegstrecke zu verändern, wäre für mich ebenso eine Überforderung wie für die Beteiligten und Betroffenen.

Diese Grundeinstellung ist für mich eine der wichtigsten Erkenntnisse aus dem Bereich der Gestalt-Therapie im Umgang mit solchen Situationen, nämlich die Grundeinstellung: »Geltenlassen dessen, was *ist*«, statt herbeizuführen, was »eigentlich sein sollte«[14]. – Dies bedeutet, daß ich letzlich jedem Sterbenden *seine* Weise zu sterben lassen möchte, statt ihm meine Weise vorzuschreiben (und sei sie noch so »christlich« oder »gestaltisch«). Es ist nicht meine Aufgabe, den andern zu führen, wohin er nicht will . . . (also ihn etwa zur Einsicht zu führen, daß er sterben muß . . .)[14a]

Alles andere, was die Gestalt-Therapie an Methoden und Anregungen anzubieten hat (z. B. Gestaltdialoge und Konzentrationsanleitungen[15], die Wahrnehmung des Hier und Jetzt, die Hilfe zum Selbstsupport, Lebensrückschau, Aufarbeiten von Unerledigtem usf.) kann wichtig sein, um einem Sterbenden zu helfen, daß für ihn Sterben noch einmal ein

14 Vgl. Perls 1974, 28; 1976, 122; Polster, 61 f.

14a »Der Name Gestalttherapie soll zu einer Garantie werden, daß dem Patienten nicht angetan wird, was er nicht will . . .« (Schneider, 258).

15 Vgl. Perls 1976, 86 ff.

bewußt (vielleicht auch aktiv) gelebtes Stück Leben werden kann. Aber entscheidend ist jene Grundhaltung, die mich, den Seelsorger, ebenso entlastet und entkrampft wie den Patienten. (In welchem Maß dies Arbeit an mir selbst bedeutet und wieso gerade dies eigentlich Entlastende so schwer ist, beschreibe ich an anderer Stelle – s. u. S. 125 f, 139 f).

Die Kehrseite dieser Grundhaltung ist die Erfahrung, daß wirkliche »Veränderung«[16] nur möglich ist, indem ich das anerkenne und gelten lasse, was tatsächlich »ist«. Denn wirkliche Veränderung bedeutet ja gerade, das zuzulassen, was ich nie oder nur selten zugelassen habe: Nämlich der zu sein, der ich in diesem Augenblick, in dieser Situation, in dieser Begegnung, auf diesem Lebenshintergrund bin: Ich mit meinen verborgenen und offenen Gefühlen, mit meinen Vermeidungs- und Schutzbedürfnissen, ich mit meiner äußerlich zur Schau getragenen Festigkeit und Unnahbarkeit, mit dem, was ich ahne oder weiß, aussprechen oder nicht aussprechen kann oder will.

Es ist eine Weise, zu mir jetzt »ja« zu sagen, die mir wie ein Preisgeben meiner Selbst erscheint – eben wie mein »Sterben«. Der Weg dorthin führt mich in der Regel durch einen Sperrgürtel von Angst, durch Gefühlszonen der Leere, der Kontaktlosigkeit, der Kälte, der »Todesstarre«[17]. Im voraus meine ich: »Das bringt mich um!« – Im nachhinein erkenne ich: Daß nicht »ich« gestorben bin, sondern jener Teil in mir, der mich dauernd daran gehindert hat, »ich selbst« zu sein – und daß ich so nicht mein Leben verliere, sondern es neu gewinne[18]!

Ich bewege mich mit diesen Überlegungen im Umkreis des Kernpunktes meines christlichen Glaubens: Im Umkreis der

16 »Veränderung geschieht dann, wenn jemand zu dem wird, was er ist, und nicht wenn er versucht, etwas zu werden, was er nicht ist«, in: Petzold, Gestalttherapie und Psychodrama, 34.

17 Perls 1974, 64.

18 S. u. Kapitel B.III. 4. To suffer one's death ...

Botschaft von der »Rechtfertigung des Sünders«. Die reformatorische Lehre des »Simul iustus simul peccator« meinte ja genau dies: Indem ich der »Sünder« (d. h. der von mir selbst, von andern, von der Welt, von Gott als dem Urgrund des Lebens Entfremdete) bin, der ich bin, bin ich »gerecht«, erfahre ich mich als vom »Urgrund des Lebens« angenommen. Und es ist Christus, der dafür bürgt, daß »dieser Urgrund sich als prinzipiell annehmend, tragend und liebend« erweist[19]. Für meine christliche Lebenshaltung heißt das: Mein Leben kann nur »sündig« gewagt und gelebt werden. Dieses »Kreuz« gehört zum Leben selbst hinzu – und gerade im »Annehmen« dieses »Kreuzes der Entfremdung« gewinne ich das Leben. – Methodisch folgt daraus für die Seelsorge gerade nicht etwa »ein Katalog von Forderungen an den hilfsbedürftigen Menschen, sondern die Möglichkeit für Berater und Ratsuchenden, das anzunehmen, was ist«[20].

Ich denke in diesem Zusammenhang an eine sehr dramatische Begegnung mit dem Unvermeidlichen:

> Besuch im Krankenhaus bei einem 65jährigen Mann, ehemals Krankenpfleger. Er hat seine an Krebs erkrankte Frau schon seit nunmehr zwei Jahren zu Hause gepflegt. Plötzlich erkrankt er selbst. Diagnose: Ebenfalls Krebs, aussichtslos, nur noch begrenzte Lebensdauer. Er weiß (angeblich) noch nichts über die Art und das Ausmaß seiner Erkrankung; ich, als ich ihn besuche, auch nicht.
>
> Er bittet mich, kaum daß er mir mit fassungslosen Worten und Gesten seine Situation geschildert hat, ihm ein Wort vom Frieden Gottes zu sagen. Ich gehe zunächst auf diese verbale Bitte ein – aber noch indem ich reden will, hält es ihn nicht mehr im Bett. Eine Unruhe, wie ich sie bis dahin wohl noch bei keinem Patienten erlebt hatte, treibt ihn

19 Stollberg, Wenn Gott menschlich wäre, 107.
20 AaO. 106 ff.

durch's Zimmer, ans Waschbecken, er meint, sich übergeben zu müssen, würgt aber nur, ohne sich erleichtern zu können, kehrt ins Bett zurück und weiß nicht, still zu liegen.
Ich lasse also das Wort vom Frieden ungesagt und spreche ihn auf seine Unrast an. Er nimmt das nach kurzem Zögern auf und sagt, daß er sich ebendiese Unruhe nicht erklären könne. Auf meine Anregung zählt er auf, was ihn alles beunruhigt: Daß er seine Frau im Stich gelassen habe. Er habe sich doch so stark gefühlt und ihr so gut helfen können. »Ich habe so vielen geholfen . . .« Und nun dieser plötzliche Zusammenbruch, dazu dauernd dieser Brechreiz und ständiges Herzjagen. »Und keiner da« –. Ich sage: »Keiner, der Ihnen nahesteht?«
Er nickt, schlägt die Bettdecke zurück, wälzt sich wieder aus dem Bett. Ich biete ihm an, mit ihm im Zimmer hin- und herzugehen. Er hängt sich bei mir ein. Wir gehen »ziellos« kreuz und quer, zum Waschbecken, an den Schrank, zum Tisch in der Ecke. Er keucht: »Es nützt alles nichts . . .« Wir verschnaufen kurz und brechen wieder auf: Zum Fenster, das er öffnen will, dann aber erst zurück zum Bademantel, dann wieder zum Fenster mit Blick hinüber, wo er verdeckt sein Haus sehen kann. Er verweilt, steht da mit etwas zitternden Beinen, aber er steht und blickt lange stumm hinüber. Tränen treten ihm in die Augen, sein Gesicht beginnt zu beben, er krampft seinen Arm, mit dem er sich an mir festhält, ballt die Faust zu einem angespannten Zittern, knirscht mit den Zähnen, tritt zurück, bittet mich, das Fenster zu schließen, blickt durch die Scheibe und hängt plötzlich in meinem Arm und schüttelt sich vor Weinen, krümmt sich vor Schmerzen im Bauch . . . und stößt heraus: »Und ich dachte, sie stirbt vor mir!«
Er verspürt wieder den Brechreiz und übergibt sich unter krampfartigem Würgen ins Waschbecken, das wir mit knapper Not noch erreichen – und sagt dazwischen öfter:

»All die Jahre ... all die Jahre ...« Ich: »All die Jahre haben Sie dauernd so viel geschluckt ...?«
Er: nickt ins Waschbecken und wiederholt: »Immer geschluckt ...« und dann wütend: »Immer geschluckt!« – und muß spucken und Schleim erbrechen.
Nach einer Weile wird er ganz schlapp. Ich helfe ihm ins Bett zurück, er fröstelt und schwitzt zugleich, klappert mit den Zähnen, zittert am ganzen Körper und weint erschütternd:
»Es ist aus, es ist aus! Ich kenne das! Ich hab's doch tausendmal gesehen. – Mit mir ist's aus ...!« Er weint lange, bis er immer ruhiger wird und schließlich still und ruhig atmend daliegt. Nach einiger Zeit stutzt er, hält den Atem an und sagt:
»Die Unruhe ist weg.«
Er schaut mich an »... sie ist weg ...!« wiederholt er überrascht. »So habe ich mich lange nicht mehr gefühlt.«
Ich: »Ja, das will ich glauben (nach einer Pause), aber da mußte ja auch unheimlich viel heraus. So vieles, was Sie all die Jahre nicht rauslassen konnten ...«
Er: »... Ja ... (und nach einigem Zögern), und ich wollte es nicht zugeben, daß es mit mir so schlecht steht.«
Ich: »Sie haben es gespürt?«
Er: »Schon seit drei Monaten. Aber ich wollte durchhalten.«
Ich: »Ich glaube, ich kann das gut verstehen ...« Nachher bat er mich noch einmal um das Wort vom Frieden Gottes. Zuvor hatte er sich entschuldigend bedankt:
»Da hab ich Ihnen aber einiges zugemutet! Ich versteh's immer noch nicht, wieso Sie mit mir durch's Zimmer gelaufen sind. Aber das war genau das Richtige. Hätte ich nicht gedacht ... (nach einer Pause, mit einer andern Stimme) ... daß mein Pastor nochmal mein Krankenpfleger werden würde ...«
Er gab mir Grüße mit an seine Frau. »Sagen Sie ihr, ich

könnte wieder besser schlafen – und ich denke an sie . . .«
Aus der Nachttischschublade zog er eine Karte mit einem Blumenstrauß darauf. »Geben Sie ihr das doch bitte von mir – statt Blumen.«
Ich habe ihn noch zweimal besucht. Er starb schon zwei Wochen später.

»Gelten lassen, was ist.« – Das betraf hier alles, was in den Vordergrund drängte: Seine Unruhe, seinen Wunsch nach Frieden, seinen Brechreiz, seine innere Bedrängnis, sein Bedürfnis, daß einer mit ihm geht, einer, der ihm nahesteht (und das war jetzt in dieser Situation – ich). Das Wort vom Frieden Gottes konnte ihn vorab nicht erreichen. Da war zuviel »Unerledigtes«, zuvieles in ihm, das er »vermieden« und das sich in ihm zum Bersten angestaut hatte – und das nun auf knappstem Raum eruptionsartig sich Ausdruck verschaffte: Alles, was er sich in der Pflege seiner ständig jammernden Frau »verbissen« und alles, was er in dieser Beziehung »zum Kotzen« gefunden und doch geschluckt hatte – die fassungslose Wut darüber, daß er noch vor ihr stirbt, der Zusammenbruch seiner immer noch aufrechterhaltenen »Helferrolle« – und schließlich die totale Trauer, daß es mit ihm wirklich zu Ende geht . . . *so* hatte er sich selbst nicht wahr-haben wollen. Der Widerstand dagegen, daß dies nun für ihn gelten sollte, war nur zu verständlich. Aber der Druck seiner drängenden Unruhe war stärker als aller Widerstand.
Daß ich mit ihm ging und ihn nicht etwa »stoppte« oder zu beruhigen versuchte, beruhte auf meiner in der Gestalttherapie oft gemachten Erfahrung, daß jede »Gestalt« ihren eigenen Weg der »Selbstregulation« und des Selbstausdrucks findet[21]. Dies war *sein* Weg. Indem ich mitging, gab ich ihm zu verstehen, daß ich seine Unruhe ernst nehme. Im Mitgehen gab ich ihm die Möglichkeit, sein Vermeiden zu erleben und ihm Ausdruck zu geben[22]. Gerade weil sein Hin- und

21 Perls 1976, 22 ff; Polster, 232; Petzold in: Gestaltpädagogik, 219.
22 Zur »Ermutigung zum Selbstausdruck« vgl. Perls 1976, 113.

Herlaufen Ausdruck seines Vermeidens war (Ausdruck auch seiner Entfremdung), hatte es keinen Sinn, dieses Vermeiden durch Erklärungen oder andere beruhigende Interventionen zu umgehen – also das Vermeiden zu vermeiden[23].
Es war klar: Er konnte und wollte sich zunächst nicht »stellen« – so als könnte er durch Ortsveränderung dem Unvermeidlichen ent-gehen oder entlaufen. Und er erlebte, daß das »alles nichts nützt«. Die Unruhe blieb, bis er »sich stellte« und lange stehen blieb[24]. So wurde die Unruhe zum Wegweiser, der ihn ans Ziel führte: Zum Fenster mit dem Blickkontakt nach Hause und damit zum Kontakt mit seiner Trauer und Wut, zu den Introjekten der letzten Jahre – und auf diesem Wege ermöglichte sie ihm, dem »Unvermeidlichen« zu begegnen: Sich selbst als dem, der nun sterben muß.
Auch der anfangs (im Appell an meine Rolle als Pfarrer) geäußerte Wunsch nach einem Wort vom Frieden Gottes war eigentlich der letzte, untaugliche Versuch, seine Unruhe ohne die schmerzliche Selbstbegegnung (theologisch gesprochen: ohne das »Kreuz«) loszuwerden. Denn wirkliche Veränderung, auch das Spüren des Friedens Gottes war nur möglich, indem er bei sich zuließ, was an Bedrängnis (auch an moralisch Verbotenem) in ihm war. Im Grunde zerbrach dabei sein altes Bild von sich selbst, das vor allem geprägt war durch das, was er sein wollte (Helfer) und was nicht sein durfte (Wut und Ablehnung gegen seine kranke Frau – sein eigenes Sterbenmüssen). Und gerade in diesem Zerbrechen entdeckte er sich selber, er »fühlte« sich selbst wie »lange nicht mehr«. . . Und auch das Gefühl für seine Frau (auch für mich) war in neuer Qualität wieder da. Der »Friede Gottes« machte sich »irdisch« bemerkbar: In der Beziehung zu sich

23 AaO. 88 f.
24 AaO. 116 f.
Es geht darum, dem andern zu helfen, »sich seiner Konfusion . . . bewußt zu werden, sie zu tolerieren und . . . auszuhalten«.

selbst, zu seiner Jetzt-Situation, zu seiner Frau und auch zu mir.
Er hatte sich auf seinem Zick-Zack-Weg dem Unvermeidbaren gestellt. Und es galt auf diesem Wege, vieles »anzunehmen«, was unter moralischem Aspekt unannehmbar wäre, christlich gesprochen: Er hat sein »Kreuz«, daß er »Sünder« und das heißt auch »sterblich« ist, auf sich genommen – und so Leben und Frieden erfahren.

3. Leiblichkeit[25] und Kommunikation

Das »Sprechendste« in der soeben geschilderten Begegnung war für mich nicht so sehr die verbale Sprache, sondern die

25 Vgl. Coenen, Leiblichkeit und Sozialität, 42 ff:
»Leiblichkeit« – von Merleau Ponty übernommen – ist ein zentraler Begriff im anthropologischen Konzept der Integrativen Therapie:
Gemeint ist nicht der Leib als »Unterabteilung« der menschlichen Person, auch nicht als Außenhülle für eine dahinter verborgene Innerlichkeit. Dieser Begriff enthält die ganzheitliche Antithese gegenüber einer immer noch aktuellen cartesianischen Trennung von Geist und Leib, von Leib und Bewußtsein – und er besagt, daß mein Ich, meine Person, nur im Modus der Leiblichkeit besteht. Auch die Leiblichkeit des anderen ist nicht lediglich ein Außenaspekt seiner Person, sondern er selbst ist es, dem ich da begegne und den ich wahrnehme.
So zeigt sich gerade die Leiblichkeit als die verbindende Stelle zwischen mir und dem anderen: sie ist meine Weise, in der Welt als Person, als Ich anwesend zu sein und gleichzeitig Medium, durch das mir (in der Wahrnehmung) die Welt und der andere entgegentritt.
Ja, mehr noch: Mein und dein Leib sind Teile einer Totalität. Organe einer gemeinsamen Verkörperung von vorgegebener Existenz, »in der wir schon leben, bevor sich überhaupt eine Trennung von mir und dir ausgeprägt hat, die aber auch im personalen Ich-Leben fortbesteht«.
Durch diese vorpersonale, leibliche Existenz sind wir durch und durch der Welt verhaftet, denn wir sind aus demselben Stoff gemacht. In unserer Leiblichkeit drückt sich also unsere gemeinsame Zugehörigkeit zur Welt und unsere Vertrautheit mit ihr und miteinander aus.
Und es ist diese tiefverwurzelte, vorgegebene Vertrautheit und Zugehörigkeit, die überhaupt Begegnung zwischen uns ermöglicht, die auch angesichts von sozialisierter Entfremdung und Unterschiedenheit zwischen uns vermittelt.

»Körpersprache«. In ihr hat der Sterbenskranke seine Situation, seine existentielle Bedrängnis am deutlichsten zum Ausdruck gebracht. In der leiblichen Kommunikation vollzog sich die eigentliche Dynamik unserer Begegnung. Die Leibsprache, der Dialog unserer Körper war die eigentliche Basis, auf der dann auch verbale Verständigung möglich war.

Dabei war ich anfangs ganz und gar auf den Austausch von Worten, auf die vorgeprägte Weise seelsorgerlicher Kommunikation eingestellt – und er ebenso. Er bat um »Worte«, und ich wollte sie ihm geben. Das war die Ebene, auf der wir uns üblicherweise zu verständigen pflegten. Aber da mischte sich der »Körper« ein, unterbrach dieses Reden mit Worten, machte sich soz. selbständig gegenüber jeder verbalen Bevormundung, verschaffte sich Beachtung und zeigte auf seinem emotional gesteuerten Kurs die Wahrheit der Situation auf – jene Wahrheit, die wir mit Worten zudecken wollten und die auf der nur-verbalen Ebene niemals in dieser ganzheitlichen, erlebnishaften Weise zum Ausdruck gekommen wäre.

Anfangs wirkte die spannungsgeladene Unruhe durchaus beängstigend auf mich. Sollte ich angesichts dieser massiven körperlichen Symptomatik, angesichts von Brechreiz und Herzjagen nicht lieber die Schwester rufen? – Er wollte nicht!

Erst dann begann ich zu »begreifen«, d. h. ich habe ihn wirklich »angefaßt«. Und mit diesem leiblichen »Begreifen«, mit diesem Körperkontakt wich meine Angst, und es begann eine ganz andere, unmittelbare Weise menschlicher Begegnung. Ich hatte mich körperlich auf seine Körpersprache und das hieß, auf *ihn* eingelassen – aber auch auf mich selbst. Ich war nicht mehr nur »verbal« anwesend, sondern mit Leib, Sinnen und Verstand, also ganzheitlich[26].

26 Es geht in diesem Zusammenhang um das, was wir in der Integrativen Therapie »Ko-respondenz« nennen: Nämlich eine ganzheitliche Weise

Das machte es mir möglich, viel sensibler zu reagieren und zu spüren. Es ergab sich so etwas wie ein »organismischer Dialog« zwischen uns beiden. Ich konnte (ohne Worte) recht gut erfassen, was in ihm vorging und wohin er wollte. Dabei waren bei aller Dramatik feinste Regungen im Spiel, vor allem dort, wo er selbst stagnierte und irritiert zu suchen schien.

Was uns verbindet: Leiblichkeit

Natürlich verläuft der Körperdialog längst nicht immer in dieser Weise dramatisch. Er ist oft derart feingesponnen, fast unauffällig, daß wir ihn in seiner Bedeutung allzu leicht unterschätzen:

> Da fährt ein Sterbender – mit schon eingefallenem Gesicht und kaum noch ansprechbar – immer wieder mit der Hand über die Bettdecke, als suche er etwas. Ich biete ihm meine Hand an, selbst unsicher, ob ich damit seinem Suchen entspreche. Er tastet, nimmt sie an, hält sie eine ganze Weile fest. Und nun entwickelt sich über den Dialog der Hände ein Leib-gespräch, das fast ohne Worte ganz Unterschiedliches ausdrückt: Er stutzt und tastet, als ob er sich vergewissern müßte, seine Mimik hellt sich für Momente auf – er scheint »gefunden« zu haben, ich beuge mich nah an sein Gesicht und sage ihm, daß ich bei ihm bin. Er lauscht, faßt meine Hand für Augenblicke fester, läßt sie dann los. Ich sehe, wie sich bei ihm eine körperliche Anspannung löst. Er wird sichtlich ruhiger. –
> Dies war wenige Tage vor seinem Ende.

der Kommunikation, in der Menschen sich als Ich und Du (Intersubjektivität) begegnen, um in einer bestimmten Situation (Kontext) zu einem Problem (Thema) eine gemeinsame Antwort, einen je gemeinsamen Sinn (Kon-sens) zu finden, der Basis für gemeinsames Leben und Handeln sein kann. Entscheidend ist, daß die Auseinandersetzung, dieses Sich-Begegnen ganzheitlich ist, d. h. Leib, Gefühl und Vernunft einbezieht. Voraussetzung für ein solches Ko-respondieren (= gemeinsam Antwort suchen) ist die wechselseitige Anerkennung persönlicher Integrität (vgl. Petzold, Das Ko-respondenzmodell, in: ITh 1978, 21 ff).

Ich kannte den Mann nicht. Ich war zufällig als Seelsorger auf der Station und habe eine Weile an seinem Bett gesessen: Er und ich, zwei einander unbekannte Menschen. Als ich ihn das nächste Mal besuchen wollte, war er schon tot. Er hat, wer ich bin, wahrscheinlich nicht wahrgenommen.
Was hat uns da eigentlich miteinander verbunden auf dieser Grenze zwischen Leben und Tod? In der üblichen verbalen Kommunikation gab es von ihm aus keine Brücke mehr – und dennoch war eine Brücke da. »Verstanden« habe ich ihn wohl kaum, wohl auch kaum begriffen was er da »gesucht« und »gefunden« hat – und dennoch haben wir uns »verständigt« und »gefunden«. Eine tragfähige »Beziehung« zwischen ihm und mir konnte nicht entstehen – und dennoch war da eine »Bezogenheit« spürbar.
Ich weiß nichts Näheres von seinem Leben, kenne keine spezielle Vorliebe, die wir gemeinsam hätten – und dennoch war Verbindendes da, Gemeinsames, – eben: »Leiblichkeit« und die Sprache unseres Leibes.
Mir kommt's oft so vor, als würde dies in der Sterbesituation besonders deutlich – hier, wo wir in unseren Kommunikationsmöglichkeiten eingeschränkt sind – als würde sich hier der lange versteckte, unterdrückte, nicht beachtete Leib geradezu aufdrängen und Beachtung verschaffen – als würde im Anfassen und Berühren, im Betten, Pflegen und Verbinden unsere Leiblichkeit in neuer Intensität entdeckt: Leiblichkeit als das Verbindende zwischen mir und dem anderen, Basis und umfassender Ausdruck aller unserer Kommunikation, das gemeinsam Menschliche überhaupt, durch das wir aufeinander bezogen sind. Wir können gar nicht anders als leiblich miteinander in Verbindung treten. Wer wir sind, wie wir uns fühlen, was wir ablehnen, was uns anzieht, was uns »kränkt« oder beglückt, niederdrückt oder aufatmen läßt – unser Leib sagt es. Auch unser verbales Sprechen ist Leibsprache. Aber wir haben weithin unser Sprechen derart vom Leib abstrahiert, daß wir über dem Sprechen unsere Leiblichkeit »aus dem Blick« verlieren. Und manchmal »entdecken«

wir den Leib erst wieder, wenn wir einmal aufhören zu reden und einmal nur schauen, spüren, tasten, uns selbst fühlen und erfahren.
Mir sind in der Begegnung mit Sterbenden die Worte oft vergangen, mir hat es manches Mal die Sprache verschlagen – und das war oft gut so. Denn als ich keine Worte mehr hatte, da war ich umso mehr angewiesen auf meine Hände, meine Augen, auf das Spüren meiner Haut, auf meine Gefühle, auf meinen Leib – da habe ich mich sozusagen auf die vielfältigen Möglichkeiten leiblicher Kommunikation besinnen müssen.
Ich habe dabei einerseits einen verborgenen Reichtum entdeckt – andererseits aber zugleich auch meine Verkümmerung, meine Behinderung zu spüren bekommen: Denn gerade *meine* theologische Generation wurde ja vor allem auf gedankliches Verstehen, kritisches Reflektieren, auf das gehörte und gesprochene Wort, auf den verbalen Austausch (primär sogar auf die monologische Rede) hin ausgebildet und ausgerichtet. Wir sind auf dem Umweg über »christliche« Traditionen immer noch geprägt durch die cartesianische Trennung von Leib und Geist, von Leib und Bewußtsein. Wir partizipieren an der Ausblendung von Gefühlen und an der Berührungsscheu unserer bürgerlichen Gesellschaft – und sind entsprechend auch in unserer seelsorgerlichen Kommunikation leibentfremdet und emotional verarmt.
Die Integrative Gestalttherapie setzt nun allerdings gegenüber dieser verkopften Lebenshaltung nicht einfach die emotionale Antithese. Sie bezieht vielmehr diese reflektorischen Fähigkeiten mit ein und erschließt zugleich das Potential körperlicher Lebendigkeit – und bringt auf diese Weise Fühlen und Denken, Erleben und Handeln, Leib und Geist, Sinne und Verstand wieder zusammen – mit dem Ziel, das Erleben wieder an die Worte zu binden und ganzheitliche Kommunikation zu fördern.

Dabei geht es zunächst vielleicht nur darum, daß wir die Zeichensprache des Körpers wieder beachten. Der andere sagt mir oft mit seiner Gestik und Mimik deutlicher, was er wünscht oder ablehnt, als mit seinen Worten. Schon die Frage, ob ich als Seelsorger überhaupt erwünscht bin, wird sehr oft eindeutiger durch die Körperhaltung beantwortet.

Der Kranke gibt dazu in der Regel sehr deutliche Signale. Vielleicht möchte er eigentlich keinen Besuch, doch er ist ein höflicher Mensch und so lädt er mit Worten und mit einem Lächeln zum Sitzen ein. Aber gleichzeitig zieht er die Bettdecke höher zur Abschirmung, die Hände schließen sich abweisend und Blickkontakt wird möglichst vermieden. Wie gut, wenn der Besucher solche Signale aufnimmt – und bald geht[27].

Allerdings gibt es auch widersprüchliche Körpersignale – etwa bei vereinsamten und isolierten Menschen, bei denen die Kontaktzeichen von einer abweisenden Grundhaltung überlagert sein können:

> Ich denke an einen alten Mann ohne Angehörige, ein extrem unzugänglicher, heruntergekommener Mensch, den ich anfangs nur deshalb besuchte, weil ein Pfleger mich darum gebeten hatte. Am Ende meines ersten kurzen Kontaktversuchs stellte ich fest, daß ich mit meinem Stuhl ein ganzes Stück vom Bett abgerückt war. Er war mir in seiner Körperausdünstung und in seiner grantigen, abweisenden Mimik gründlich zuwider. Ich verabschiedete mich vom Fußende des Bettes aus. Ich mochte ihn nicht »riechen« und nicht anfassen.
>
> Das anschließende Gespräch mit dem Pfleger, der einiges von ihm wußte, half mir, den Lebenshintergrund dieses Mannes etwas besser zu verstehen. Bei meinem nächsten

27 Vgl. Rupp/Fuchs, 28 ff.

Besuch war er frisch gebadet und rasiert, wirkte gepflegter, aber immer noch wortkarg und abweisend, lag da mit verschlossenem Mund und halb abgewandtem Gesicht. Nur seine Augen, mit denen er ab und zu einen kurzen Blick riskierte, und seine Hand, die sich manchmal in meine Richtung wagte, verrieten sein verstecktes Bedürfnis nach Kontakt.
Er stöhnte öfter und klagte schließlich über lästige Liegeschmerzen. Ich bot ihm an, ihn günstiger zu betten, was er nicht ablehnte. Ich faßte ihn also unterm Rücken und hob ihn an, während er sich an mir festhielt. Ich spürte sein nahes Gesicht und seinen muskulär verhärteten Körper. Danach entstand so etwas wie eine Generalpause (aus Verblüffung über soviel unmittelbaren Kontakt). Aber nach einigen floskelhaften Überleitungssätzen fing er an, von sich zu erzählen, blickte dabei einige Male zu mir her und war sichtlich verändert.
Meine anfänglichen Abscheugefühle schwanden fast völlig. Mein Abstand änderte sich. Ich reagierte nicht mehr nur auf seine immer noch abweisende »Fassade«. Ich begann unter seinem Mißtrauen seine Verbitterung zu spüren – eine Lebensgeschichte mit viel erlittener und selbstverschuldeter Kränkung. Der Körperkontakt hatte eine merkwürdige Wende bewirkt – auch auf meiner Seite. Ich hatte ihn körperlich gespürt und bekam mehr Gespür für ihn. Äußeres Zeichen: Diesmal blieb ich wesentlich länger und saß am Ende nah an seinem Bett. Es war immer noch Fremdheit da, aber auch eine erste Spur von Vertrauen.

Seelsorge der Leiblichkeit

Es war für mich ein langer Weg von den Ersterfahrungen der Wiederentdeckung der Sinne und des Leibes bis zu einer veränderten Umgangsweise mit den eigenen Berührungstabus. Es war ein langer Weg vom Seelsorger mit der verbalen

Botschaft (der nur mit dem »Wort« an den Sterbenden herantritt, ihn sich aber körperlich vom Leibe hält und damit gerade die biblische Botschaft vom Wort, das Fleisch wurde, beiseite läßt) zum Seelsorger der ganzheitlichen Kommunikation ...

Ich sehe mich noch als jungen Pfarrer mit meiner Taschenbibel in der Hand am Fußende eines Sterbebettes stehen. Man hatte mich, vertretungsweise, ins Altersheim zu einer sterbenden alten Dame rufen lassen. Als ich mit der Stationsschwester das dämmrige Zimmer betrat, hörte ich als erstes ein schweres Röcheln und sah dann im Nähertreten ein hochrotes Gesicht voller Schweißperlen – eine Frau im beginnenden Todeskampf. Ich sprach sie an, aber sie reagierte kaum. Ich sagte ihr, daß ich gekommen sei, weil sie mich habe rufen lassen. Aber auch das ging fast völlig unter in ihrem Kampf mit ihrer totalen leiblichen Not. Daraufhin ging die Schwester ans Bett, strich ihr über ihr verschwitztes Gesicht, sprach sie in einem warmen, liebevollen Ton mit ihrem Namen an, beugte sich ganz nah an sie heran, nahm ihr Gesicht behutsam an ihre Brust, nahm sie gewissermaßen auf, wie man ein Kind stillt, und sagte zu mir hin: »Unsere liebe Frau D., die hat jetzt solch eine Not«, und zu ihr hin (mit leichten Wiegebewegungen): »Unsere liebe Frau D.« – Und sie »stillte« sie tatsächlich: das Röcheln ließ nach, die Sterbende beruhigte sich, ließ sich nach einer Weile von der Schwester auch auf mich aufmerksam machen. Dazu setzte sich die Schwester schließlich so aufs Bett, daß sie Kopf und Oberkörper der alten Frau in ihren abgestützten Arm betten konnte, und – so eingefaßt in Geborgenheit – war die Sterbenskranke fähig und bereit, für ein paar Minuten auf das zu hören, was ich ihr, selbst betroffen, aus der Bibel vorlas.

Es hätte dazu meiner nicht bedurft. Meine Gegenwart als Pfarrer hatte eher symbolische Bedeutung. Ich war sozusagen Symbolfigur, die durch ihre bloße Anwesenheit schon auf

Gott verweist, auf Christus, auf den, der »uns die Hände unter den Kopf legt, wenn wir sterben müssen«, wie M. Claudius an Andres schreibt.
Aber eben dieser Symbolbezug wurde menschlich durch das Verhalten der Schwester vermittelt. *Sie* war es, die der Sterbenskranken die Hände unter den Kopf legte. Sie war denn auch der eigentliche Seelsorger in dieser Situation. Sie war es sowohl für die Sterbende als auch für mich: sie hat sich nicht mit einer verbalen Botschaft die Sterbende vom Leib gehalten, sondern sie hat mit ihrer Leiblichkeit, mit ihrer ganzen Person, mit ihrer Gestik, den Worten, dem Tonfall, mit ihrer Nähe und Wärme dieser Frau genau das gegeben, was sie brauchte: ein personales, leibhaftiges Du.
Diese Szene hat sich mir tief eingeprägt. Sie ist für mich damals schon beispielhaft gewesen und inzwischen so etwas wie ein Modell für ganzheitliche Seelsorge geworden – ganz gewiß aber ein Beispiel für Seelsorge in einer bestimmten Phase der Sterbebegleitung, nämlich auf jeden Fall dann, wenn die leibliche Not primär derart in den Vordergrund tritt, daß ein sterbender Mensch ganz seinem Leibgeschehen ausgeliefert ist: Seinen Schmerzen, seinen Ängsten, dem Sterben selbst.
Die Schwester verhielt sich wie eine Mutter, die ihr Kind an sich nimmt, d. h. sie knüpfte an die Ur-Kommunikation zwischen Mutter und Kind an, in der unser Grundvertrauen wurzelt. Es ist jener »organismische Dialog« der Leiblichkeit, der tiefer reicht als alle verbale Ansprache. Wenn überhaupt in der Sterbenot menschliche Geborgenheit und Zugehörigkeit vermittelt werden kann, dann ist es letzlich nur auf dieser »tiefsten« leiblichen Erfahrungsebene möglich – dort, wo unsere vor- und nachgeburtlichen Geborgenheitserfahrungen gespeichert sind.
Das entspricht der Beobachtung, daß »die Sprache der Sterbenden sehr viel mit der Sprache des Geborenwerdens zu tun hat. Man möchte im Schoße der Familie sterben, das Gefühl haben, ›getragen‹ zu werden und ›aufgehoben‹ zu

sein, wie das Kind im Schoß der Mutter getragen und beim Stillen aufgehoben war. Der Dialog mit dem Sterbenden, besonders in der Agonie, in der letzten Phase, wo die Worte karg werden, wo das, was geschieht, nicht mehr in verbaler Sprache faßbar ist – ist ein Körperdialog«[28].

Seelsorgerliche Begegnung als Leibgeschehen, als ganzheitliche Kommunikation – ich bin überzeugt, daß wir mit weniger nicht auskommen. Wir selbst nicht, aber auch der Sterbenskranke nicht.

Ich denke dabei nicht einmal nur an Seelsorge mit Menschen, die etwa durch Gehirnschädigung, Schlaganfälle, Gehörverlust in der sprachlichen Ausdrucksfähigkeit beeinträchtigt oder ganz gestört sind. Dort sind wir ohnehin fast ganz und gar auf unsere »nonverbalen« Kommunikationsfähigkeiten, auf sensibles Einfühlen, auf das aufmerksame Wahrnehmen von Körpersignalen, auf Berührung und die verschiedensten Möglichkeiten des Körperkontaktes angewiesen.

Nein, ich denke auch an alle Begegnungen am Sterbebett, in denen wir uns sprachlich durchaus verständigen können. Es gibt zu vieles, was den Menschen auf der Grenze von Leben und Tod erschüttert, bedrängt, schmerzt und isoliert. Es gibt namenloses Leid, das keine Sprache zu fassen oder auszudrücken vermag. Es gibt Ängste, die aus weit aufgerissenen Augen sprechen, und für die es keine Worte gibt. Es gibt Trauer und Schmerz, die den Leib erschüttern, das taube Gefühl von Isolierung, in das sich kein anderer hineinzudenken vermag. Es gibt ein Ausgeliefertsein an den Leib, an die Krankheit, an das System der Klinik, wie man es vorher vielleicht noch nie erlebt hat.

Und es gibt in alledem Bedürfnisse elementarster Natur, die mit Worten nur zum Teil oder gar nicht gestillt werden können. Bedürfnisse, die zunächst einmal allesamt darauf gerichtet sind, in dieser extremen Grenzsituation als Mensch ernst genommen zu werden, beschützt, geborgen, gehalten,

28 Vgl. Petzold, Grundfragen ...

verstanden, ja eigentlich: geliebt zu sein – und das heißt, leiblich Zuwendung zu erfahren.
Diese Bedürfnisse richten sich natürlich zunächst an die vertrauten Menschen, die Angehörigen, die Freunde, sofern vorhanden. Sie richten sich aber vergleichsweise ebenso an jeden anderen, der für den Sterbenskranken in seiner Situation relevant ist – also auch an den Seelsorger.
Und ich, der Seelsorger, brauche diese ganzheitliche Kommunikationsweise auch – um meiner selbst willen: zunächst einmal, um überhaupt mit einer solchen komplexen Situation umgehen zu können. Ich brauche das ganze Potential meiner Wahrnehmungs-, Ausdrucks- und Kontaktmöglichkeiten, um überhaupt auf die Besonderheit der verschiedenen Menschen in ihrer extremen Notsituation eingehen zu können. Ich brauche sie aber auch, um nicht durch permanente Einengung, durch Beschränkung auf das Nur-Verbale, mich selbst zu halbieren und zu unterdrücken. Ich brauche sie, um ich selbst sein zu können.
Denn es gibt zu vieles, was mich, den Seelsorger, in der Begegnung mit Sterbenskranken betrifft und erschüttert, zu vieles, was Leib, Sinne und Verstand bewegt, als daß ich es immer nur in Worten mitteilen und ausdrücken, oder gar stumm in mich hineinnehmen könnte.
Namenloses, miterlebtes Leiden macht auch mich sprachlos – und es hilft mir selbst, wenn ich dann mit einem Sterbenskranken weinen kann. Die Erschütterung auf dem Gesicht eines alten Mannes, der sein Ende ahnt, greift mich selbst an – und es tut mir selbst wohl, wenn ich ihm die Hand auf die Schulter lege. Und es hat mich ermutigt, als der kaum Ansprechbare den Dialog der Hände aufnahm oder als der Abweisende sich von mir betten ließ.

Grenzen . . .

Aber längst nicht jeder wagt sich im Sterben auf die Sprache und Bedürfnisse des Leibes einzulassen, und längst nicht

immer wage ich es, mich in die Begegnung mit einem Sterbenden wirklich leiblich einzubringen
Nicht jeder möchte sich berühren lassen, und nicht immer möchte ich einen anderen berühren.
Dabei kann in vielen Fällen unser Körperempfinden als ziemlich genaues Kriterium gelten für die Art der Beziehung: wenn wir in der Situation jemanden körperlich nicht berühren möchten oder von ihm nicht berührt werden mögen, werden wir uns auch im übertragenen Sinne gegenseitig nicht wirklich berühren – d. h. die Kommunikation wird uns letzlich nicht zueinander führen, auch wenn wir mit Worten anderes sagen[29].
Aufmerksamkeit für die Sprache meines Leibes ist auch in dem Sinne eine Hilfe für mich, daß ich für mich selbst herausfinde, was mir möglich ist und was nicht – zum Schutz meiner Integrität und damit auch zum Schutz der Integrität des anderen.
Viele Beziehungen zu Sterbenden blieben distanziert und auf einen nicht tiefer gehenden verbalen Dialog beschränkt – und ich empfand oft, daß es »so stimmte« – mehr und anderes hätte in dieser Situation »nicht gestimmt«.
In anderen Situationen habe ich in der Routine der Besuche die Zeichen der Verletzbarkeit, Nähewünsche und Distanzbedürfnisse übergangen, Andeutungen des nahen Sterbens überhört. Nachträglich wurde mir fast jedesmal bewußt, daß ich zunächst einmal mich selber (die eigenen Körpersignale der Angst und der Überlastung) übergangen hatte, bevor ich dann den anderen und seine Signale »überging«. In dem Maße, wie mir das Gespür für mich selbst verlorenging, fand ich auch den Zugang zum andern nicht . . .
Sehr oft aber auch habe ich meine Sensibilität und Zuwendungsfähigkeit durch die Sensibilität und Zuwendungsfähigkeit eines sterbenden Menschen wiedergewonnen – oder auch

29 Vgl. Essen 1981, 19 ff.

dadurch, daß mich sein Schicksal oder die Ausstrahlung seiner Person emotional aufschloß und neu einstimmte.

Und schließlich: Das Beachten der Leiblichkeit in der Sterbeseelsorge heißt nicht nur herauszufinden, ob und wo man sich berührt, es heißt auch zu erfahren und herauszufinden, daß und wann man sich loslassen muß: Ich denke an Erlebnisse auf der allerletzten Strecke. Sie dauern manchmal nur wenige Minuten, manchmal vielleicht eine knappe Stunde. Man sieht die Zeichen des Todes und man sieht geradezu, wie der Sterbende in sich hinein – und von uns weggeht. Eben noch schien es ihm wohlzutun, vertraute Menschen um sich zu haben – jetzt ist es, als dürfte ihn nun niemand mehr »auf seiner Reise aufhalten«, ihn nicht mehr anrufen, ihm nicht mehr den eigenen Schmerz mitteilen, ihn im Weggehen nicht stören. Nein, nur noch dabeisein – miterleben, wie er sich zusehends von mir entfernt. Dies Letzte ist sein Ureigenstes, es ist sein Punkt, an dem unsere leibliche Kommunikation am Ende ist, an dem kein Mensch den anderen mehr begleiten, erreichen, »berühren« kann – an dem der andere gewissermaßen zum »Unberührbaren« wird.

4. Der Sterbende und sein Kontext[30]

> Der Mensch kann nur auf dem Hintergrund seines jeweiligen relevanten Umfeldes, seiner Lebenswelt begriffen werden . . .[31]

Begleitende Seelsorge am Einzelnen, Lebens- und Sterbehilfe sozusagen in letzter Minute war in der Regel das, was im Rahmen meiner Tätigkeit möglich war, und das auch nur in relativ wenigen Fällen. Relativ wenig gemessen an der Zahl

30 Zum »Kontext«-Prinzip in der Integrativen Therapie vgl. Petzold in: ITh 1, 1978, 36 ff.

31 Petzold in: Freiheit und Methode, 115.

derer, für die ich nachher die Trauerfeier zu halten hatte.
Gestalttherapie sieht den Menschen in der Ganzheit seiner Lebensbezüge, sozialengagierte Seelsorge ebenso. Hier treffen sich beide in der Zielrichtung des Engagements. Bezogen auf die Situation sterbender Menschen in unserer Gesellschaft heißt das: Der einzelne muß auf dem Hintergrund seines jeweiligen Kontextes und Umfeldes gesehen werden. Er ist Mensch nur in dieser Relation. Es gibt ihn nicht losgelöst davon. Dies u. a. besagt das »Kontextprinzip« der integrativen Gestalttherapie[32].
Der jeweilige biographische Kontext läßt sich nicht mehr korrigieren, der gesellschaftliche nur in einem langen gesellschaftlichen Prozeß (»sie sterben darüber«; Bodelschwingh). Aber das situative Umfeld läßt sich öfter verändern, als man denkt.

> Ich sitze am Bett eines sterbenden jungen Mannes. Er leidet an Leukämie. Der Vater verabschiedet sich, als ich komme mit den Worten: »Kopf hoch, alter Junge ... wir müssen nur durchhalten.« – Und zu mir gewandt: »Er ist unwahrscheinlich tapfer. Das war er immer. Der beißt sich eher die Zunge durch, als daß er einen Schmerzenslaut von sich gibt ...« (Am Telefon sagt er mir nachher: »Es ist hoffnungslos, aber der Junge soll bis zum Schluß das Gefühl haben, daß er durchkommt.«) Irgendwann kommt eine Schwester, trägt ein Tablett herein, schaut ihn an und sagt: Heute geht's uns aber schon wesentlich besser ... Er selbst liegt im Kissen, fast glatzköpfig (»Nebenwirkung« der Chemotherapie) und sehr bleich: Ein Sterbender in seinem momentanen »Lebenskontext«.

Und dieser Lebenskontext trägt das Kennzeichen: Vermeidung[33]. In diesem Umkreis muß unter allen Umständen das

32 Ebd.
33 Zum Thema: Tod als »Gemeinschaftslosigkeit« oder »Beziehungslosigkeit« vgl. Sölle, 8 ff; Jüngel 1974, 112.

Wort »Sterben« vermieden werden. Ich bin als Pfarrer mit dem Odium eines »Totenvogels« in diesem System des Verleugnens schon durch meine bloße Anwesenheit eine Art Störfaktor. Also muß auch – von den Erwartungen her – meine Rolle systemadäquat umfunktioniert werden. »Der Patient darf keine belastenden Gespräche führen« . . . oder die »Bitte« des Vaters: »Ich hoffe, daß Sie mit Ihrem seelsorgerlichen Geschick den Lebenswillen meines Sohnes unterstützen . . .«

> Das erste Gespräch mit dem Sohn selbst ist denn auch, was die verbale Kommunikation betrifft, wie ein Gleiten über eine spiegelglatte Fläche. Aber er hat eine graumelnde Stimme. Sonst liegt sein Körper fast bewegungslos da, nur seine Augen gehen in bestimmten Abständen ruhelos hin und her und fixieren sich dann wieder abrupt zu glasiger Starre. Er wirkt auf mich berührungsscheu und gleichzeitig kontaktbedürftig. Er fährt mit den Händen öfter über die Bettdecke, als suche er etwas und blickt dann und wann verstohlen zu mir hin. Ich biete ihm meine Hand, die er eine ganze Weile festhält. Anschließend können wir ein paar Worte miteinander reden. Als ich ihm zum Abschied über die Stirn streiche, füllen sich seine Augen mit Tränen. Dieser fast stumme Kontaktversuch war eigentlich erschütternd. Ich habe diesen jungen Mann, den ich vorher nicht kannte, noch zweimal wiedergesehen, ohne wirklich Zugang zu ihm zu finden.

Noch einmal: Was muß ein Sterbender in diesem Kontext aufbieten, um von *dem* sprechen zu können, was in ihm vorgeht! – Aber er war ja immer schon »tapfer« und hat sich immer schon eher »die Zunge abgebissen«. – Also auch sein familiärer Lebenshintergrund ist gekennzeichnet von »Vermeidung«. Nicht zu sagen, was ihm weh tut, das war lobenswert . . . Vielleicht ist seine Krankheit Ausdruck dieser lebenslang auferlegten und eingeübten Vermeidungshaltung.

Familientherapie, Kontexttherapie, Systemtherapie – solche globalen Worte gehen mir durch den Sinn, während ich geladen bin mit Zorn über diese gesellschaftlich und medizinisch verordnete Verlogenheit und menschliche Entfremdung – und gleichzeitig spüre ich Ohnmacht, aber auch den Willen, dies so nicht hinzunehmen.
Ein Gespräch mit den Angehörigen, in dem ich ausspreche, was ich empfinde, bewirkt in diesem Falle eine nicht für möglich gehaltene Bereitschaft, sich der Sterbesituation zu stellen, vor allem aber: sich dem Sohn zu stellen. Der Vater, ein pädagogisch durchaus belesener Mann, läßt die Tapferkeitsfassade fallen und bekennt, daß er eigentlich nie Kontakt hatte zu seinem Jungen. Erziehung statt Beziehung – das war seine traurige Bilanz.
Es ist keineswegs nun alles »gut« geworden. Es gab einige Ansätze zu einem neuen Gespür füreinander. Etwas mehr Herzlichkeit, aber auch Trauer war möglich. Aber der Sohn starb, bevor er es »gelernt« hatte, wirklich von sich zu reden. Und die Trauerarbeit der Eltern war schwierig und mit immer wiederkehrenden Selbstvorwürfen durchzogen. In der Beziehung der Ehepartner trat die jahrelang unter Verschluß gehaltene Krise spürbar zutage . . .
Ich deute hier mit dieser skizzenhaften Hintergrundschilderung die Kontextverflochtenheit dieser kurzen Gesprächsszene auf der Krebsstation der Klinik an. Dabei ist nur der familiäre, nicht aber der Klinik-Kontext[34] näher beschrieben, geschweige denn der gesellschaftliche.
Begleitende Seelsorge am einzelnen war in der Regel das, was mir möglich war.
Aber aus dem Bewußtsein heraus, daß eben dies nicht genügt, sondern daß es darum geht, zumindest auf den engeren Kontext einzuwirken, dem der Kranke zugehört bzw. ausge-

34 Zu »Krisen, die von der Institution selbst bzw. von den in ihr handelnden Personen verursacht werden . . .« vgl. Seelsorge in den Strukturen des Krankenhauses, 9 f. Zum Thema: »Der Sterbende im System einer totalen Institution« vgl. Lau, 41 ff.

liefert ist (Familie / Klinik) und möglichst auch das weitere gesellschaftliche Umfeld zu erreichen – aus diesem Bewußtsein heraus haben wir in unserer Kirchengemeinde versucht, in unserem Rahmen das uns Mögliche zu tun und das Thema Sterben aus der Tabuzone von Verschweigen und Vermeiden herauszulösen und mit unseren Möglichkeiten öffentlich zu machen:

Z. B. durch ein Gemeindeseminar, durch Gottesdienste zu diesem Thema und Grabreden (oft mit breiter Öffentlichkeitswirkung) mit entsprechendem Akzent.

Durch die Einrichtung einer Gruppe für Krankenbesuche, deren Teilnehmer sich u. a. auch mit dem Thema »Begleitung sterbender Menschen« befassen.

Durch seelsorgerische Beratung der Angehörigen, durch verstärkte Zusammenarbeit u. a. mit dem Chefarzt eines Krankenhauses. Auf den von ihm betreuten Stationen konnten sterbende Patienten etwa in der »Protestphase« ärgerlich und zornig sein, ohne deshalb wie ungezogene Kinder moralisch zurechtgewiesen zu werden.

Menschlich sterben zu dürfen war wichtiger als das unmenschliche Ideal eines gefügigen Patienten, der keine Schwierigkeiten macht. Hier auch wurden Patienten möglichst nicht im Unklaren gelassen über ihre Situation, wobei allerdings »Wahrheit« am Krankenbett nicht hieß: Professionelle Mitteilung des klinischen Befundes[35], sondern sie war orientiert an dem, was ein Patient ertragen wollte und konnte.

Hier war für mich atmosphärisch etwas von dem möglich, was Trudi Tibbe[36] in ihren »Aufzeichnungen einer unheilbar kranken Frau« hinterlassen hat:

> »Es blieb mir erspart, daß man zu mir im Zimmer anders sprach als draußen vor der Tür. Ein Getuschel wie ›haben

35 Vgl. Ansohn, 50 ff.
36 Tibbe, Leben an der Grenze des Todes.

Sie gehört, es ist etwas Bösartiges, aber still, sie weiß von nichts!‹ erübrigte sich. Das Wort ›Krebs‹ wurde ausgesprochen, auch von mir. So wurde mir die Erniedrigung erspart, von taktlosen Tröstern aufgemuntert zu werden: ›Nur brav essen, dann wird es schon wieder!‹, als sei ich ein Kind, das noch nicht, oder ein Trottel, der nicht mehr bis drei zählen kann. So blieb mir die Menschenwürde, die unlöslich zum Menschen gehört, erhalten. Ich konnte als Mensch weiterleben. Das Wichtigste dabei war wohl, daß mir und meinen Angehörigen das traurige Versteckspiel erspart blieb: Nur nichts sagen! Nur nichts merken lassen! Wie hätte das die uns noch bleibenden Tage und Monate beschatten und zur Qual machen müssen! Nun konnten wir in Offenheit und Nüchternheit darüber reden, gemeinsame Entschlüsse fassen, äußere Dinge ordnen und weiter ganz natürlich miteinander umgehen. So ist keine Schranke zwischen uns entstanden, wir sind zusammengeblieben, was gerade jetzt so nötig war, und sind näher zusammengekommen ...«

5. Lebensbilanz

Das Konzept der Lebensbilanz ist für mich eine der wichtigsten Anregungen aus dem Bereich der integrativen Gestalt-Therapie, um einem sterbenden Menschen zu helfen, daß er sein Leben abrunden und sich auf das Sterben als letzte Lebensaufgabe einlassen kann[37].
Es geht dabei um integrierende Rückschau, um nacherlebendes Aneignen der verschiedenen Lebensphasen, um Aufarbeiten auch von »unerledigten Situationen«, um Wiederentdecken von »vergessenen« oder fragmentierten Szenen des Lebens – um den Versuch, das Leben als Gesamt und

37 Vgl. Petzold in: ITh 2/3, 1980, 187 f.

Kontinuum zu »begreifen«, Vergangenes zu vergegenwärtigen, mich mit dem zu »identifizieren«, der ich war und nun bin – und so Abschnitte, Szenen, Ereignisse meines gelebten Lebens mir zu eigen zu machen[38].

Ein 59jähriger Mann aus meiner Heimat bittet vor seiner Einlieferung ins Krankenhaus, man möchte ihn doch noch einmal zu seinem Geburtshaus fahren und dann noch einmal auf jene Höhe, von der aus er das Tal überblicken konnte, in dem sich sein Leben abgespielt hat ... Es war sein Abschied vom Leben vor jener schwierigen Operation, die zu spät kam und an deren Folgen er starb.

Dieser Mann auf dem Berge ist für mich eine Symbolfigur für das, was »Lebensbilanz« meint: Vor dem geahnten Ende möchte er sein Leben noch einmal »überblicken«, es sich in der Rückschau (bis zur Geburtsstätte) noch einmal vergegenwärtigen. Die heimatliche Geographie als Kulisse seines »Lebensdramas« bildet auch die Kulisse seiner Lebensbilanz. Er selbst schafft sich diesen Rahmen. Es ist seine sehr »anschauliche« Art, sein Leben zu vergegenwärtigen und abzurunden. Er ist nicht nur Zuschauer und gewesener Autor seines Lebens, sondern er ist zugleich Gestalter dieser abrundenen Lebensschau.

Lebensbilanz – ein Bedürfnis

Ich kenne dieses Phänomen der Lebensbilanz bei sterbenden Menschen schon lange. Längst bevor ich mit der integrativen Gestalttherapie in Berührung kam und hier das *Konzept* der Lebensbilanz kennenlernte, fiel mir auf, daß Sterbende oft das Bedürfnis hatten, ihr Leben zu erzählen, und zwar sowohl als detailliertes Verweilen bei bestimmten Lebensabschnitten wie als Gesamtbilanz oder auch, indem jemand quersummen-

38 Sich im Lebenszusammenhang zu begreifen »führt unmittelbar zu der Auseinandersetzung mit der eigenen Endlichkeit, zu der Frage nach dem Sinn der eigenen Existenz«, Marcel, 10.

artig bestimmte biographische Hauptlinien erzählend nachzeichnete. Immer war es ein Vergegenwärtigen des vergangenen Lebens mit dem Bemühen, das erzählend Begonnene auch zu einem Abschluß zu bringen.

So erzählte mir ein 78jähriger, unheilbar an Krebs erkrankter Mann im Beisein seiner Frau jeweils in Fortsetzungsfolgen seine gesamte Kindheits- und Jugendbiographie. Es war sein Wunsch gewesen, und je schwächer er wurde, um so dringender bat er um meinen Besuch, d. h. um die Gelegenheit, seine Lebenserzählung fortzusetzen und zum Abschluß zu bringen. Seine Frau wollte ihn mehrmals daran hindern, »den Pastor mit solchen alten Geschichten aufzuhalten.« Aber er setzte sich mit Nachdruck gegen sie durch.

Auffällig war, wie detailliert er seine frühe Kindheit, die Beziehung der Geschwister in seiner Herkunftsfamilie, die Portraits seiner Eltern, vor allem seines Vaters – und dann die Zeit seiner eigenen Lebensentscheidungen: Berufswahl und Partnerwahl – schilderte. Bei unserem vorletzten Gespräch war er derart schwach, der Mund trocken, die Stimme ausgedörrt, daß er kaum noch sprechen konnte. Er bedauerte zunächst mit einem tränenlosen Weinen, daß er's nun doch nicht mehr zu einem Ende bringen könnte, raffte aber nach einer Pause seine ganze Kraft zusammen und zeichnete mit wenigen Stichworten – wie eine spärlich gestrichelte Linie – den Bogen seines Lebens bis in den jetzigen Augenblick, und schloß mit den Worten: »Das war's. Nun geb ich's Ihm zurück.« Es war sozusagen sein letztes integrierendes Stück Arbeit, diese Nachschöpfung seines Lebens.

Auffällig war auch, daß dieses Bedürfnis nach einer Lebensdarstellung erst aufkam, nachdem er vor seiner Familie ausgesprochen hatte, daß er nun sterben müsse.

Dieser Zusammenhang: Einwilligen ins Sterben und Abrunden des Lebens ist mir immer wieder begegnet.

Ein 74jähriger Arzt, ebenfalls an Krebs erkrankt, was er aber zunächst »nicht wußte«, weil die behandelnden Ärzte ihm eine Tarndiagnose mitgeteilt hatten, entschließt sich, seinen eigenen Arztverstand zu gebrauchen, die eigene auffällige Symptomatik nicht mehr im Sinne der Tarndiagnose seiner Kollegen beschönigend herunterzuspielen – und stellt sich der Tatsache, daß er nun nur noch eine sehr befristete Zeit zu leben hat. Er spricht dies vor seiner Frau offen aus.

Einen Tag, nachdem er mit dieser Selbstdiagnose sozusagen sein eigener Arzt geworden ist, erzählt er vor mir im Kreis seiner um ihn versammelten Familie beteiligt und mit einem besonderen Sinn für die Höhepunkte seinen Werdegang als Arzt. Immer wieder muß er sich unterbrechen, weil er von seinem Leben derart angerührt ist, daß er nicht weitersprechen kann. Und auch er schließt diesen Bericht mit einem Hinweis auf den gegenwärtigen Augenblick: ». . . Und nun bin ich dieses Häufchen Elend, das Ihr hier vor Euch seht . . .«, und fügt wie nach einer erledigten Aufgabe hinzu: »So, und nun bin ich müde. Nun möchte ich erst einmal schlafen.«

Er hat danach ausführlich noch zweimal seine Lebensgeschichte erzählt: Einmal unter dem Gesichtspunkt seiner familiären Herkunft und einmal unter dem Gesichtspunkt seiner Verflochtenheit in die Geschichte des Dritten Reiches und des Krieges.

Lebensbilanz in der »Gestaltseelsorge«

Wie gesagt, mir ist dieses Phänomen einer Lebensbilanz bei einer Reihe von sterbenden Menschen begegnet, bevor ich das Konzept der Lebensbilanz in der integrativen Gestalttherapie kennenlernte[39].

Es ist ein sehr einfaches und gleichzeitig sehr vielschichtiges Konzept. Wie »einfach« es ist, hat der Mann auf dem Berge

39 Vgl. EXKURSE: Abschnitt Lebensbilanz.

ebenso demonstriert wie der Arzt. Es geht »einfach« darum, daß ein Sterbender aus eigenem Bedürfnis heraus oder auf Anregung hin im Beisein eines Begleiters sein Leben noch einmal anschaut und nacherlebt, daß er noch einmal begreift: Dies war, dies ist mein Leben. Dies war ich und so bin ich nun geworden! – Wir nennen dies in der integrativen Therapie ein »re-owning«, ein Wiederaneignen von Lebensanteilen und des Lebensganzen.

Dieses »re-owning« ist aber zugleich auch ein äußerst vielschichtiger Vorgang, sowohl für den Sterbenden als auch für den Begleiter- und zwar deshalb, weil diese Begegnung mit dem Lebenspanorama vielschichtige (emotionale) Wirkungen auslöst bzw. auslösen kann: Der Sterbende ist eigentlich immer selbst tief berührt von all dem, was da in seiner Erinnerung noch einmal an gelebtem und nichtgelebtem Leben vorüberzieht. Ausgeblendetes meldet sich. Er kommt in Kontakt mit Menschen, die ihm etwas bedeutet haben – vielleicht aber auch mit solchen, die er am liebsten nicht mehr sehen wollte, die aber doch zu ihm gehören. Unversehens wird aus der überschauartigen Rückblende ein Verweilen. Er stockt, hält inne, vielleicht nur, um still für sich Zwiesprache mit dem Erinnerten zu halten und dann wieder weiterzugehen.

Vielleicht aber ist das Erlebte derart bedrängend, daß er unbedingt etwas »loswerden« möchte, obwohl es ihm schwerfällt, darüber zu sprechen. Er trauert um das, was ihn schmerzt, was nun vorbei ist. Er ist glücklich über das, was ihn bereichert hat . . . Das alles erlebt der Begleiter mit. Und es kommt sehr auf sein Gespür an, herauszufinden, wo dichteres Mitgehen oder vertiefendes Intervenieren nötig und weiterführend ist, ja, wo vielleicht das Aufarbeiten eines unerledigten Problems angezeigt und hilfreich wäre. Vor allem aber hat er immer wieder zu klären und zu merken, worauf der andere sich *nicht* einlassen will. Dies letzte gilt schon für das Angebot einer Lebensbilanz überhaupt. Denn so sehr eine integrierende Lebensrückschau anregend und

entlastend sein kann – nicht jeder möchte vor anderen oder gar fremden Augen und Ohren sein Leben offenlegen.
Ich habe denn auch in der Sterbebegleitung eine Lebensbilanz immer nur nach klärender Absprache mit dem Gesprächspartner angeboten und als methodisches Gesprächskonzept nur ganz selten »gezielt« eingesetzt. Es ist eher so, daß ich dieses Konzept verinnerlicht habe. Ich bringe es sozusagen als eine von verschiedenen Möglichkeiten der Strukturierung in jedes Gespräch mit einem Sterbenden (aber auch mit Menschen in anderen Krisensituationen des Lebens) mit. Ich habe immer wieder erlebt, daß schon allein die Art und Weise, wie ich zuhörte, wie mein Interesse spürbar wurde, wie ich im Dialog Akzente setzte, es vielen Menschen ermöglichte (wie von selbst), Bilanz zu machen und »offene« bzw. ihnen wichtige Lebensszenen noch einmal zur Sprache zu bringen und im Nacherleben noch einmal auf sich zu beziehen: Lebensbilanz als re-owning!
Ich habe dieses Rückschauen, Gegenwärtigsetzen und »Wieder-zu-eigen-Machen« jedesmal als einen äußerst kreativen gestalterischen Vorgang empfunden. Ein Mensch gestaltet sein Leben nach! Und auch wenn es zumeist erzählend geschieht, also ein sprachliches Gestalten ist, so ist doch der ganze Mensch beteiligt mit seinem Verstand, mit seinen Emotionen, mit Körper, Seele und Geist. Es war oft so, daß ich den Eindruck hatte: Hier ergreift jemand die Chance, noch einmal er selbst, noch einmal Selbst-Handelnder zu sein – und dies oft in Situationen, in denen er als Sterbender schon längst zum Betreuungsfall, zum passiven Objekt verurteilt schien, soz. eigentlich schon »abgemeldet« war. Er stellte sich mit seinem Leben noch einmal gestaltend in den Mittelpunkt – im Beisein der Angehörigen oder Freunde, oder eben des Seelsorgers. Er verschaffte damit sich und seinem Leben noch einmal eine besondere Bedeutung.
Wir betrachten in unserer Gesellschaft das Sterben überwiegend unter dem verkürzten Gesichtspunkt des Erleidens (und die Umwelt des Sterbenden trägt ja auch durch Bevormun-

dung, Verschweigen und durch eine klinische Praxis, in der der Mensch oft lediglich Behandlungsobjekt ist, in erheblichem Maße dazu bei) – und es ist ja auch ein Erleiden, aber es muß in vielen Fällen eben nicht nur ein Erleiden sein oder bleiben. Der Sterbende kann weit häufiger, als wir landläufig denken und zulassen, Subjekt sein, Selbst-Handelnder und Akteur – statt zum bloßen Objekt von Fremdentscheidungen und funktionalen Abläufen entwürdigt zu werden. Auch der an sein Bett Gefesselte – lebt, hat eine Fähigkeit, sich zu »bewegen«, die entdeckt werden will: Er kann denken, empfinden, phantasieren, sich erinnern, lesen, vielleicht sogar schreiben oder malen, in den meisten Fällen sprechen. Er muß zwar sein Leben »aus der Hand geben«, das spürt, das erfährt er, das ist das Besondere seiner Situation. Aber dieses »aus-der-Hand-geben« ist Lebensvollzug, gelebtes Sterben. Und die Lebensrückschau ist dort, wo sie geschieht, stets ein belebendes Element dieses aktiv gelebten Sterbens. Ja, sie wird höchstwahrscheinlich immer integrierter Bestandteil im Selbsterleben eines Sterbenden sein: Menschen, die »klinisch tot« waren und nachher ins Leben zurückkehrten, berichten, daß »das durchlebte Leben noch einmal vorübergeglitten sei, jedoch in einer eigentümlichen, noch nie zuvor bewußt gewordenen Durchsicht auf das Wichtigste«[40]. Es ist, als ob der Lebensfilm abliefe. Der Sterbende schaut wie aus einer gewissen Distanz und doch beteiligt auf sein Lebenspanorama.

Was hier als innerseelisches Erleben im Vollzug des Sterbens vor sich geht, wird in der Lebensbilanz gewissermaßen nach außen gekehrt. In diesem Nach-außen-Kehren liegt Chance und Problem der Lebensrückschau: Das Problem besteht darin, daß dieses »Lebenspanorama« nun wirklich das Allerpersönlichste ist, niemandem als dem Sterbenden selbst zueigen. Niemand hat deshalb eine Berechtigung, es nach außen zu kehren – außer der Sterbende selbst. Dies gilt es, wie

40 Hampe, 65.

gesagt, als Wichtigstes zu beachten. Er muß auch und gerade an diesem Punkt Subjekt bleiben und darf nicht zum Objekt werden.

Zugleich ist dieses »Nach-außen-Bringen« des Lebensbildes auch eine Chance – eine Chance für den, der da stirbt und für alle, die persönlich an seinem Sterben Anteil nehmen. Es ist für ihn eine Chance, nun wirklich sein Leben noch einmal vor seinen eigenen und vor den Augen anderer auszubreiten. Er hat es ja nicht allein gelebt. Er war ja auch in seinem Leben immer auf andere bezogen und andere auf ihn. Und nur in diesem Bezogensein hat er seine Identität gefunden. Und so wird er auch im Sterben nur als »Bezogener« seine Identität finden.

Und in der Lebensrückschau des einen, der nun sein Leben abgibt, können sich andere (die selbst darin vorkommen oder Vergleichbares erlebten) wiederfinden. Alle gemeinsam können auf jeden Fall ihr Leben heilsam als endliches begreifen. Dies betrifft die Angehörigen ebenso wie den Seelsorger. Der Sterbende hat in seinem Sterben eine Botschaft für uns (nicht nur wir für ihn), er hat uns etwas Unwiederbringliches zu sagen – und es ist gut für uns, ihn zu hören. Denn der Sterbende, der in unserem Beisein auf sein Leben zurückschaut, zeigt uns das Paradox des Lebens: Er macht sich sein Leben noch einmal zueigen, um es loszulassen, ja vielleicht sogar, um es überhaupt loslassen zu *können*. Er nimmt es noch einmal in seine Hände, um es dann aktiv aus der Hand zu geben. Dies ist die Kehrseite des »re-owning«: Nur was ich mir zueigen gemacht habe, kann ich auch loslassen. (Wobei ich im Loslassen die Erfahrung mache, daß ich mein Leben nicht »verliere«, sondern es in neuer Weise entdecke.)

Ich kenne dies aus vielen Gesprächen in der Gestaltseelsorge: Der Schmerz, den man nicht zuläßt, hält uns fest. Der Zorn, den wir nicht geäußert haben, beschäftigt uns noch lange. Der Abschied, den wir nicht durchlebt haben, bindet uns an das Vergangene. Und umgekehrt: Der Schmerz, der Zorn, der Abschied, den wir wirklich mit Körper, Seele und Geist erleben – der gibt uns frei. Dies also ist der paradoxe Sinn der Lebensrückschau: Daß wir unser Leben noch einmal bei uns aufnehmen, es als unser eigenes erkennen und erleben – um es loszulassen und abzugeben, um es als unser eigenes beenden zu können.

In diesem Paradox ist zugleich die »quälende Doppelrolle» beschrieben, die der Sterbende spielt: Er ist »Autor und Zuschauer zugleich, wenn er sein Leben an sich vorüberziehen läßt ... Diese quälende Doppelrolle ist umso bedrängender, weil er gewesener Autor ist. Das Stück ist fertig, unverfügbar geworden. Er ist nunmehr nur noch Autor, Spieler und Zuschauer des letzten Aktes«, sagt V. Iljine, der als erster die »Lebensbilanz« in der Begleitung Sterbender gezielt angeboten hat.

Es sind dies bewegende, oft erschütternde Augenblicke (für alle, die es miterleben), wo dies einem Menschen bewußt wird: Ich bin nur noch Autor, Spieler und Zuschauer des letzten Aktes. Das Vergangene ist zwar erlebbar gegenwärtig – und dennoch unverfügbar. Die Gegenwart ist unvertretbar mein letzter Akt. Die Zukunft – die Tage, die Wochen, die ich noch zu leben habe, sind vielleicht schon an einer Hand zu zählen.

Ich habe miterlebt, daß in solchen Momenten die Beziehung des Sterbenden zu seinen Angehörigen sich noch einmal zu größerer Gemeinsamkeit verdichtet, daß sich für ihn, aber auch für die anderen sein Leben und sein Sterben in einem anderen Licht zeigte. Von daher bekam dieser letzte leidensvolle Lebensabschnitt oft noch einmal einen versöhnlichen Akzent.

Lebensbilanz und »unerledigte Situation«

Immer wieder begegnet der Sterbende bei seiner Lebensrückschau auch seiner »unbewältigten Vergangenheit«[41]. Diese ist oft so sehr verdrängt oder verschüttet, daß man sie konkret

41 Vgl. auch Engelke, 138.

nicht benennen kann, daß man stattdessen etwa von anonymen Schuldgefühlen geplagt wird, von einer unerklärlichen Unruhe getrieben ist oder ein unbestimmtes bedrückendes Gefühl nicht loswird.

Ein 64jähriger Unternehmer, der in seiner Lebensbilanz wie von einem hohen Berg auf ein weites Land zurückblickte, wurde in unserem zweiten Gespräch unversehens aus seiner poetischen Bildersprache herausgerissen. Er sah »wieder dieses Gesicht«, nämlich das Gesicht seines schon verstorbenen (um 10 Jahre älteren) Bruders. »Ich werde das nicht los!« Er habe es in den letzten Tagen immer wieder gesehen. »Was meinen Sie dazu? Sie verstehen doch was von Psychologie.«
Ich legte ihm nahe, in meinem Beisein sich noch einmal das Gesicht seines Bruders zu vergegenwärtigen. Es war ein merkwürdiges Doppelgesicht »wie ein Portrait von Picasso«. Die eine Hälfte des Gesichtes weinte, die andere blickte drohend. Das verursachte ihm ein sehr zwiespältiges Gefühl von Schuld und Mitleid auf der einen Seite, von Angst (und später Wut) auf der anderen Seite.
Nachdem er diese ambivalenten Gefühle seinem »Bruder« im Phantasiedialog mit dem Doppelgesicht direkt gesagt hatte, trat zunächst das weinende Gesicht als Gegenüber in den Vordergrund. Der Sterbende hatte mit einem Mal jene Szene vor Augen, als er den Bruder aus dem gemeinsamen Geschäft hinausgeworfen und ihn dabei finanziell auch übervorteilt hatte. »Das war späte Rache.« Von da an gab's keinen Kontakt mehr zwischen den beiden.
Im Rollentausch (meine Impulse: »Wenn Sie sich einmal an seine Stelle versetzen. . .« – Später: »Ich sehe, daß Sie nun selbst weinen müssen. . .«) erlebt er das weinende Gesicht seines Bruders jetzt als sein eigenes. Er weint um diese verlorenen Jahre, spürt, wie sehr er an seinem Bruder hing, aber auch, wie sehr er sich gegen ihn auflehnte. Im weiten Rückgriff auf die gemeinsame Kindheit und Jugend wird

die andere, drohende Seite des Brudergesichtes lebendig und damit eine Geschichte voller Auflehnung und Rivalität. Erst nachdem er seinem »Bruder« »ins Gesicht« gesagt hat, wie sehr er in seiner Kindheit unter ihm gelitten hat, wie er bis in die Mitte seines Lebens darum gekämpft hat, von ihm unabhängig zu werden, ihn »loszuwerden« – spürt er seine tief verschütteten Gefühle der Zuneigung.

Ich bat ihn, dies dem »Bruder« zu sagen. Er war daraufhin sehr erschüttert und diese Erschütterung steigerte sich noch, als er den »Bruder« sagen hörte: »Hättest Du mir das doch 20 Jahre früher mal gesagt. Ich glaube, wir hätten uns auch schiedlich trennen können. Ich habe immer auf ein Zeichen von Dir gehofft. . .«

Am Ende sagte er: Ich habe es nicht für möglich gehalten, daß ich mich mit meinem Bruder noch einmal aussöhnen könnte. Jetzt geschieht's posthum und ante mortem. Ich glaube, jetzt kann ich die Augen getroster schließen. . .

Der Sterbende hat hier, bedrängt von den unerledigten Situationen seines Lebens und von der »offenen Beziehungsgestalt« zu seinem Bruder, ein Stück seiner Biographie aufgearbeitet. Wir haben mit Gestaltdialog, Phantasie-Rollentausch und Identifikation einzelne Szenen »dramatisiert« und Ereignisse der Vergangenheit gegenwärtig gesetzt und so die Möglichkeit geschaffen, daß er seine »Dinge in Ordnung bringen« konnte. Denn das wollte er ausdrücklich. Er wußte, daß er wohl nicht mehr lange zu leben hatte. Er war Pragmatiker, der so zu arbeiten pflegte, »daß am Abend der Schreibtisch leer ist«. Erstaunlich war dabei für mich, daß er sich nach einer gewissen Anlaufzeit auch auf seine Gefühle ansprechen ließ. »Das macht mir schon was aus«, wiederholte er mehrmals. »Weinen« war eigentlich »seine Sache nicht«. Aber diese Geschichte »beschäftigte« ihn doch mehr, als er geahnt hatte: »Immer wieder dieses Gesicht! Und im Liegen sieht doch alles anders aus!«

Meine Beziehung zu ihm war von Anfang an voller Sympathie. Mir gefiel seine gerade, direkte Art, die Dinge anzusprechen und erst einmal »die Fronten zu klären«. Er wollte nicht den Seelsorger (dies Wort und diese Funktion »schmeckten« ihm »überhaupt nicht«). Zur Kirche habe er »ehrlich gesagt, keine Beziehung mehr, seit die Eltern unter der Erde sind«. Dennoch zieht ihn irgendetwas immer mal wieder »in ihre alten Gemäuer«. Auf Reisen pflegte er öfter mal »anonym« irgendwo eine möglichst leere Kirche aufzusuchen. – Also, den Seelsorger wollte er nicht, aber er habe gehört, daß ich »etwas von Psychologie verstehe«. Das war dann sozusagen seine Legitimation, doch mit mir zu sprechen und sich auch auf meine Vorschläge einzulassen. Er sagte dabei immer sehr direkt, was ihm »nicht paßte«, aber auch was ihm wohltat oder wo er sich verstanden fühlte. Am Ende war er auch mit dem »Seelsorger« »einverstanden«. Ich sei für ihn doch auch »ein Stück von jenem alten Gemäuer«, in dem er ja so oft anonym Zuflucht gesucht habe. Was »dahinter steckt« (hinter dem alten Gemäuer), werde er in diesem Leben (!) nun wohl nicht mehr »ergründen«.

Während der Auseinandersetzung und Versöhnung mit dem Bruder wuchs parallel offenbar auch in anderen Lebensbereichen manches näher zusammen, was sich sonst gegenseitig auszuschließen schien – ein Stück Integration abgespaltener Anteile!

Meine Aufgabe war es: mit ihm auf das Lebensganze zu schauen, aber auch an jenen Stellen fokusartig zu »tiefen«, wo sich ungelöste Konflikte aufdrängten – und schließlich auch wieder das »in der Tiefe« Wahrgenommene aufs Lebensganze zu beziehen. Er selbst blieb dabei nicht zur Zuschauer, sondern war engagierter »Autor und Spieler seines Schlußaktes«.

Übrigens ging auch bei ihm die Erkenntnis des möglichen nahen Sterbens dem Bedürfnis nach einer Bilanz des Lebens voraus.

Anders bei einer etwa 45jährigen Patientin, alleinstehend, an der Galle operiert, in Wirklichkeit voller Krebsmetastasen, fast zum Skelett abgemagert.
Ich war vom Arzt gebeten worden, einmal mit ihr zu sprechen. Er hatte den Eindruck, sie müsse eigentlich längst gestorben sein, aber sie könne wohl nicht sterben. Die junge Frau hielt sich an die delphische Auskunft des Chirurgen, der ihr die herausoperierten Gallensteine gezeigt hatte. Freunde, die sie täglich besuchten, stießen bei jedem vorsichtigen Versuch, vom möglichen Ende zu sprechen, auf Ausweichmanöver und Widerstände verschiedenster Art. Auch alle behutsamen Andeutungen des nun behandelnden Arztes ließ sie nicht an sich heran, und so wurde sie, in diesem System der ersten Lüge, ein isolierter Mensch und ein immer schwierigerer Gesprächspartner.
Der Arzt hatte sich schließlich ein Herz gefaßt und sie gefragt, ob sie vielleicht gern einmal mit einem Seelsorger sprechen möchte. Sie hatte dem zugestimmt und meinen Namen genannt, weil sie mich kannte. Als ich ihr Zimmer betrat (sie erwartete mich) kam sie mir vor wie ein in die Ecke gedrängtes, fast verhungertes Kätzchen mit großen, dunklen, starren, irritierten Augen.
In der Mitte unseres ersten Kontaktgespräches hatte ich den Eindruck: Sie hält sich mit allen Fasern an ihrem »ungelebten« Leben fest. Mein Einfall dazu: Ihr ungelebtes Leben hindert sie zu sterben... Ich schlug ihr deshalb vor: Vielleicht erzählen Sie mir noch mehr aus Ihrem früheren Leben. Ich glaube, Sie haben vieles entbehren müssen.
Sie nahm diesen Vorschlag fast begierig auf und erzählte in diesem ersten Gespräch (!) fast ohne Punkt und Komma von ihrer Kindheit, vom Verlust der Heimat, vom Tod der Eltern – und dann in einem raschen abkürzenden Bogen von den zwei letzten Jahren vor ihrer Operation und von ihrem Versuch, sich mit autogenem Training von ihrer häufig

auftretenden inneren Unruhe abzulenken. »Aber alles Ablenken hilft jetzt nichts mehr.«
Bei unseren zweiten Gespräch sprach sie zunächst von der für sie so schwierig gewordenen Beziehung zu dem befreundeten Ehepaar, bei dem sie lebte, in dessen Fürsorge und familiärem Lebensrahmen sie sich zunächst sehr geborgen fühlte, das sie aber jetzt im Innersten ablehne. Sie hätte das Gefühl, in einem feinen Gespinnst von lauter fürsorglichen Fäden festzuhängen.
Im Gestalt-Dialog mit diesem befreundeten Ehepaar fühlte sie sich plötzlich zurückversetzt in die Kindheitsbeziehung zu ihren Eltern. Die Figuren waren in ihrer emotionalen Besetztheit beinahe nahtlos austauschbar: In dem befreundeten Ehepaar hatte sie ihre verstorbenen Eltern »wiedergefunden«.
Sie spürte, daß sie aus dem feinen Gespinnst fürsorglicher Elternbindung nie herausgefunden hatte und sie merkte, daß sie momentan wie in einem kindlichen Trotz sich selbst isolierte. Zum ersten Mal seit langer Zeit konnte sie weinen in Trauer um die vielen nichtgelebten Möglichkeiten ihres Lebens. Ihre Augen verloren die Starre, das Gesicht war nicht mehr so lächelnd verbissen und sie fühlte sich seit langem wieder von ihrer eigenen Wärme gewärmt.
Für mein Miterleben ging dies alles atemberaubend rasch, als würde sie in einem ungeheuer konzentrierten Nacherleben alle ihre verfügbaren und neu frei werdenden Kräfte mobilisieren. Auffällig war auch, daß sie sich auf jeden meiner Vorschläge oder »Gestalt«-Impulse (Phantasie-Rollentausch, Identifikation mit dem kleinen Mädchen, das sie einmal war – Anrede an die tote Mutter: Was ich Dir noch sagen möchte. . .) ohne Vorbehalt einließ.
Auf dem Höhepunkt ihrer Auseinandersetzung mit der Mutter, erlebte sie sich im Bild einer fauchenden Katze. Das Tier, mit dem sie sich da identifiziert hatte, saß zunächst schnurrend auf Mutters Schoß, strich ihr um die Beine, fühlte sich dann aber eingesperrt, nein, eher eingelullt in lauter

weiche Kissen, aus denen sie nicht herausfand. Auf ihr heftiges Sich-Wehren fand sie sich in einer dunklen Ecke wieder, lauernd und sehr allein. Erst wollte sie weinen, da wurden für Augenblicke ihre Hände zu Fäusten und im Zuschlagen ihre Finger zu Krallen, ihr Mund schien zu fauchen. Und es sah so aus, als ob sie sich mit dieser Auseinandersetzung ein Stück Freiheit erkämpft hätte. Sie war sehr erschöpft, aber irgendwie seit langem zum erstenmal wieder erleichtert – und auch für die Freunde gesprächsbereiter. »Heute freue ich mich sogar, wenn sie nachher kommen.«
»Wenn ich ein Tier wäre, möchte ich eine Katze sein«, hatte sie in unserem ersten Gespräch beiläufig bemerkt. Jetzt war sie es in ihrem Phantasie-Erleben tatsächlich geworden. Ihre emotionale Identifikation mit diesem schnurrenden, lauernden und fauchenden Tier half ihr dazu, ihre gebundenen Energien ein Stück weit zu ent-fesseln. Das Thema »Auseinandersetzung mit den Eltern« war bei ihr stark tabuisiert. Schmerz und Trauer konnte sie in der Erinnerung an die Mutter und an der Verlust der Eltern wohl zulassen – nicht aber direkte Aggression und Vorwürfe. Erst in der »animalischen Verkleidung« war dies möglich.
Ich selbst war in dieser Szene zurückhaltend. Ich meinte eigentlich, das Durchleben der Trauer habe sie schon zu sehr erschöpft. Aber sie war derart erfüllt und »geladen«, daß sie nicht mehr nur weinen, sondern sich auch »wehren« wollte. Sie begriff dabei sehr genau, daß sie einen Schritt verspäteter Loslösung von den Eltern vollzog – und sie fügte hinzu: »Ich habe immer noch Angst, sie könnten mich im Dunkeln einsperren, wenn ich so böse bin. . .« Sie begriff aber auch den Zusammenhang zwischen der Elternbeziehung damals und heute: Gegenüber ihren Freunden habe sie ganz ähnliche Gefühle wie in der erlebten Auseinandersetzung mit den Elternfiguren.
Bei unserem nächsten Gespräch am folgenden Tag war sie voller Erzähldrang. Sie hatte in der vergangenen Nacht ihr

Leben wie einen ablaufenden Film erlebt. Sie erzählte sehr konzentriert und beteiligt, fast sprudelnd. Plötzlich verstummte sie. »Der Film ist gerissen.«
Ich bitte sie, sich die Stelle noch einmal anzusehen. »Es ist die Stelle, wo mein Leben zerrissen ist...« Und nach einigem Zögern: »Ich wollte daran nie wieder denken, ich wollte auch nie davon reden. Das sollte ein für allemal begraben sein...«
Sie »sieht« auch tatsächlich ein »Grab« vor sich – das Grab ihrer »großen Liebe«. Ich bitte sie, mit dem Grab zu sprechen.
Es ist auch für mich erschütternd mitzuerleben, wie nun ein ganzer begrabener Abschnitt ihres Lebens lebendig wird. Einzelheiten, die sie so noch keinem Menschen erzählt hat, nennt sie zum erstenmal wieder beim Namen. Sie nennt auch »ihn« zum erstenmal wieder mit Namen. Die ganze damals ins Stocken geratene Trauer beginnt aus ihr herauszufließen aber auch der Zorn darüber, wie er sich davongemacht hat (sie wird für Sekunden wieder zur fauchenden Katze). Sie spürt am Ende, daß sie einen Menschen von Herzen geliebt hat und daß sie, zumindest für eine begrenzte Zeit, auch von ihm wirklich geliebt wurde.
In dieser Lebensrückschau kam sehr viel Schmerzliches auf. Aber unter dem Schmerz waren gleichsam ihre Lebensschätze verborgen – ich hatte den Eindruck: Weit mehr Schätze, als sie in dieser knappen Zeit »heben« und sich zugänglich machen konnte. Ich spürte auch Kräfte, die ich in diesem ausgezehrten Körper nicht mehr vermutet hätte. Es kam mir vor, als würde sie alle ihre verfügbaren Energien auf jene Beziehungssituationen konzentrieren, in denen sie gefangen und festgefahren war – als würde sie nach-erleben, was sie sich zu leben nicht gestattet hatte.
Mein nächster Besuch bei ihr, eine Woche später, ist der letzte. Als ich ihr Zimmer betrete, erschrecke ich über das Elendsbild, das sich mir bietet. Im Kissen liegt ein völlig ausgemergeltes Hungergesicht. Und dieses aus Haut und Knochen bestehende Bündel hat die Energie, sich aufzurich-

ten und mir die Hand entgegenzustrecken. Sie schaut mich dabei unverwandt an und sagt: »Nicht war, Sie sind erschrokken.«

Ich: Ja, ich bin sehr erschrocken. – Sie sind so verändert, (Sie reagiert mit dem Versuch zu lächeln.)

Ich: Sie lächeln, als ob Sie mehr wüßten, als Sie sagen...

Sie: (schüttelt den Kopf) »Nicht mehr...«

Wir warten beide –

dann sagt sie: »Ich weiß es schon lange, daß ich sterben muß – –, aber ich konnte es vor keinem aussprechen –. Es kam mir wie eine Niederlage vor – –, aber jetzt nicht mehr.«

Etwas später: »Ich weiß jetzt, daß ich gelebt habe..., so wie es war, war es mein Leben.« –

Diese bilanzartige Feststellung machte sie noch einmal sehr traurig. Ihr Weinen war vielschichtig: Nicht nur erschütternd, sondern auch tröstlich, nicht nur voller Trauer, sondern auch liebevoll. Es war wie eine Sprache ohne Worte, als würde sie sagen: So vieles nicht gelebt, so vieles schuldig geblieben, so kurz, so unwiederbringlich! – Und doch: Es ist meins! mein Leben!

Die Worte »mein Leben« wiederholte sie auf meine Anregung hin noch einige Male und es klang, als würde sie sagen: »Mein Kind«, mein oft verletztes, oft nicht beachtetes, mein schutzbedürftiges, geliebtes Kind...

Am Schluß wandte sie sich ganz der Aussicht auf das »Leben danach« (wie sie es nannte) zu und bat mich, sie mit einem Gebet zu begleiten.

Nachdem sie vor mir dieses Tabuwort »Sterben« ausgesiprochen hatte, war sie auch von den andern wieder ganz neu ansprechbar. Es wurde noch einmal Beziehung möglich – für ein paar Tage wenigstens. Aber dieser kurze versöhnte Ausklang ihres Lebens war für alle Beteiligten wie eine Erlösung aus Beziehungslosigkeit. Sie starb wenige Tage nach unserem Gespräch.

Für diese Frau war offenbar die Einwilligung ins Sterben

sekundär gegenüber ihrem Grundgefühl, nicht gelebt zu haben. Das begrabene und nicht gelebte Leben, die nichtgelebte Auseinandersetzung und Ablösung von den Eltern, die nichtzugelassenen Gefühle von Trauer und Aggression – eben lauter »offene Lebensgestalten« – machten es ihr schwer, fast unmöglich, von sich aus ihr Leben loszulassen. Erst nachdem sie ein Stück weit in ihr Leben eingewilligt hatte (»so wie es war. . .«), konnte sie auch eher in ihr Sterben einwilligen[42].

Hier war das gezielte Angebot einer Lebensbilanz, auch die behutsame Anwendung von Gestalt-Dialogen eine entscheidend wichtige Hilfe für diese Frau, um ihr Leben zu sich einzuholen – und dann auch: Sich zum Sterben hin zu öffnen. Dies hieß für sie auch: Sich zum »Leben danach«, aber auch noch einmal zu den Lebenden hin zu öffnen!

Mich hat das Schicksal dieser Frau in seiner besonderen, mich betreffenden Aussage erst im nachhinein erreicht. Ich hatte während der Zeit unserer wenigen Begegnungen sehr viel anderes »um die Ohren« gehabt. Als sie starb, war ich für einige Tage verreist. So hatte ich auch nicht die Trauerpredigt zu halten, die mich noch einmal zu einer Auseinandersetzung mit ihr genötigt hätte.

Einige Zeit später, als ich meinen Schreibtisch aufräumte, fielen mir wieder meine Notizen in die Hand, und mit ihnen war mit einem Mal »alles« wieder lebendig vor mir: Ihr Gesicht, das Zimmer, die Atmosphäre, die bedrängende Situation, ihre Stimme, der Klang ihrer Worte – die Abfolge der Szenen, die in diesem letzten Satz ihr Lösungswort zu finden schienen: »So wie es war, war es mein Leben.«

Im Nachhinein kam mir dies alles noch atemberaubender vor: Daß sie aus ihrem Trotz, aus ihrer Stummheit erwachte, daß sie sich überhaupt der Situation des Sterbens und darin ihrem

42 Zum »Zirkel zwischen Leben-können und Sterben-können« vgl. Jüngel 1971, 38 ff. »Sterben zu können setzt eine Bejahung des Lebens voraus.« AaO. 39.

Leben »stellte«, daß sie so zielsicher aussortierte, was jetzt für sie wichtig war, daß sie das Ungelebte, Verdrängte hervorholte.

Was muß da alles in ihr vorgegangen sein und sich geordnet, geformt, ausgedrückt und gerundet haben!

Ich kannte das Phänomen, daß aus unserem »Lebensgrund« das wirklich Bedrängende »von selbst« an die Oberfläche tritt[43], aus vielen Gestalt-Gesprächen. Ich wußte auch, daß jenseits der Blockierungen der Fluß des Lebens »von selber« fließt.

Aber daß hier so vieles in derart kurzer Zeit ins Fließen kam, daß hier ein Mensch derart beschleunigt und konzentriert so viel Ungelebtes ins Leben brachte – und am Ende sogar, jedenfalls in diesem einen sehr gefüllten Augenblick, zusammenfassend sein Leben bejahte – dies alles hat mich nachträglich noch einmal in ein fast ungläubiges Staunen versetzt.

R. N. Butler[44] vermutet aufgrund vieler Beobachtungen, daß das Bewußtwerden vergangener Erfahrungen und speziell das »Wiederauftauchen ungelöster Konflikte« durch den nahenden Tod beschleunigt werde – eine Vermutung, die ich aufgrund eigener Wahrnehmungen in der Begleitung Sterbender bestätigen kann[45]. Dies würde bedeuten, daß nicht nur die Dynamik der rezipierten Vergangenheit, sondern ebenso die Dynamik der antizipierten Zukunft in die Gegenwart des Sterbeerlebens hineinwirkt: Der nahende Tod, die verkürzte Zukunftserwartung, die Ahnung des bevorstehenden Endes scheinen die Integrationsbemühungen des Sterbenden noch einmal verstärkt zu beschleunigen.

43 Vgl. Perls 1974, 30.

44 In: ITh 2/3, 1980, 142.

45 Vgl. z. B. die Abschnitte: »Vermeiden . . .« und »To suffer one's death . . .«; vgl. ferner Einsteins Bemerkung über die »Frühvollendeten« Mozart und Schubert: Sie seien »die beiden deutlichsten Beispiele . . . einer rasenden Beschleunigung des Tempos im Schaffen. Beide scheinen zu wissen, daß sie sich nicht Zeit lassen können« (100).

Diese Vermutung macht aber mein Erstaunen nicht geringer, zumal ich eine Reihe von Sterbeschicksalen vor Augen habe, bei denen ich den Eindruck hatte: Hier nimmt ein Mensch das, was ihn bedrängt, stumm mit ins Grab – oder aber die betäubenden Medikamente decken einen (gnädigen) Schleier über das Bewußtsein des Gewesenen.
Also das ist es, was mich nachträglich so sehr berührt: Die Wachheit, der Wille, die Konzentration, mit der diese sterbende Frau sich sozusagen in letzer Minute zu ihrem Leben bekennt.
Ich habe einmal versucht, ihren Schlußsatz auf mich selbst zu beziehen: »So wie es war, war es mein Leben. . .« und ich habe gemerkt, wie nahe mir da mein Leben auf den Leib rückt, wie fremd mir dieser Satz wird, wenn sich mein »Ungelebtes« meldet – vor allem: Ich habe gemerkt, daß ich so noch nicht »abschließend« sprechen möchte. Es ist noch zu vieles, was ich noch »vom Leben« erwarte, was ich selbst noch er-leben möchte – ich erschrecke vor dem Fragmentischen.
Diese Frau hat ihr Leben »als Fragment vollendet«. Und ich begreife nachträglich erst, daß sie sich dagegen so lange mit gutem Grund und mit allen Kräften ihres Widerstandes gewehrt hat und daß sie dann am Schluß – im Akzeptieren – genau dieses Paradox beweint und in ihrem Weinen ausgedrückt hat.
Ihre Lebensbilanz war noch einmal wie das Bewältigen einer Lebensaufgabe – Bekenntnis zu dem, was vielleicht am schwierigsten ist: Daß wir unser Leben nur als »Fragment vollenden« können.

Lebensbilanz und Kreativität

Lebensbilanz ist, wie gesagt, zumeist ein schöpferischer Akt, eine Möglichkeit, das eigene Leben noch einmal (nach-) zugestalten – und dies bedeutet: Im Sterben noch einmal aktiv zu leben – eben: Das eigene Sterben wirklich zu leben (statt es zu vermeiden). Ich habe jedesmal empfunden, daß diese kreative Begegnung des Sterbenden mit seinem gelebten Leben, ihn aus der ihm so oft auferlegten, deformierenden Rolle des Opfers löst und erlöst. Es werden Lebenskräfte geweckt, wenn er sein Leben erzählt oder gar Lebensbilder und Szenen nachgestaltet.

Unvergeßlich ist mir die Begegnung mit dem Maler und Theatermann Luigi Malipiero. Meine Frau und ich wollten eigentlich nur sein Torturmtheater in Sommershausen besichtigen und trafen einen unwirschen alten Mann, der uns am liebsten samt unserer Neugier hinausgeworfen hätte. Jede Störung war ihm verhaßt. Vielleicht wurde unser Zusammentreffen gerade deswegen eine Begegnung, weil er weder aus seinem Ärger noch aus seinem Schmerz einen Hehl machte. Aus einigen Bildern, die in dem düsteren Theaterraum verstreut hingen, sprach seine Auseinandersetzung mit dem Tod. Als ich das ansprach, meinte er kurz und barsch: »Um was soll es auch sonst gehen – in meinem Alter!« – Nach und nach löste sich unsere Beklommenheit und seine widerborstige Distanziertheit. Es war, als hätten wir zu dritt den Punkt gefunden, an dem wir uns gegenseitig berührten. Wir saßen dort einander zugewandt und jeder sprach von dem, was ihm z. Zt. in seinem Leben besonders wichtig ist. Wir hatten Zeit, viel Zeit. Schließlich sagte er: »Jetzt will ich es Ihnen doch zeigen« – nämlich sein persönliches Vermächtnis.
Er führte uns in einen mit schwarzem Tuch ausgeschlagenen Raum – und zeigte uns seine letzten Bilder: Es waren über 40 Zeichnungen, in 20 Tagen und Nächten gemalt, (nachdem er bei seinem letzten Krankenhausaufenthalt noch einmal Aufschub des Sterbens und Zeit zum Leben gewonnen hatte). Diese Bilder zeigten alle (soz. im Phänotyp) Werner Krauss, mit dem er sich identifizierte, in den verschiedensten Bühnenrollen – in Wirklichkeit »lau-

ter Selbstportraits«, in denen er sich selbst in den wichtigsten Rollen seines Lebens dargestellt hatte. Für ihn war diese Bildfolge die Quersumme seines Lebens, geschaffen, aus sich herausgesetzt in einer Explosion schöpferischer Lebenskraft – geboren aus dem Willen, sich noch einmal mit seinem so gelebten Leben auseinanderzusetzen, es als sein Ureigenstes sich selbst vor Augen zu stellen. Er sprach von einer Riesenanstrengung, die er sich da abverlangt hatte – dann die Worte: »Ich hätte noch viel mehr zu sagen. Mein Geist ist ungeheuer lebendig, voller Ideen und Entwürfe – aber mein Leib ist am Ende, ich bin am Ende, das spür ich genau. . .«

Dies Letzte sagte er ganz unvermittelt, nachdem er meinen Beruf erfragt hatte. Wenige Wochen später fand ich in der Zeitung die Notiz: Luigi Malipiero †

Dieser Mann hatte auf seine Art Lebensbilanz gemacht. Er hatte dabei noch einmal alle schöperischen Kräfte mobilisiert. Er spürte sehr betroffen den körperlichen Verfall und das bedrängende Herannahen seines Todes. Er spürte, daß dies schon sein Sterben war! Und im Erleben dieses Sterbens hat er sein Leben noch einmal nach-gestaltet, die Einzelszenen und -rollen noch einmal auf den Gesamtnenner gebracht: Dies war ich, dies bin ich! Dies ist mein Abschied von mir selbst! Er hatte dies alles für sich gemalt – und doch wurde in unserem Gespräch immer deutlicher, wie sehr er uns einbezog als Mit-Zuschauer, als Begleiter, als Mit-Menschen, deren Resonanz ihm wichtig war – Menschen, denen er zum ersten und letzten Mal in seinem Leben für drei Stunden begegnete. Auch dieses Erzählen, dieses beteiligte betroffene Sprechen von sich selbst vor der Staffelei war noch einmal – Lebensbilanz!

Lebensbilanz, ähnlich wie wir sie – in der integrativen Therapie – von der Begleitung Sterbender her kennen. Kollegen berichten[46], daß sterbende Menschen im Vollzug

46 Vgl. Petzold in: ITh 2/3, 1980, 185 ff.

der Lebenrückschau noch einmal z. T. verkümmerte Seiten ihrer Kreativität entfaltet hätten: Da unternimmt es jemand, evozierte Lebensszenen zu malen, sie tagebuchartig oder in Briefen niederzuschreiben, sein intensives Nacherleben von Einzelsituationen bzw. die Gesamtschau des Lebens in Lyrik in verdichtete Erlebnissprache zu fassen, oder die Begegnung und Auseinandersetzung mit Personen der Vergangenheit in dramatischen Dialogen auszudrücken, also eine kleine dramatische Szene zu schreiben. Das gelebte Leben wird gewissermaßen zu »Rohmaterial«, aus dem noch einmal das Lebensdrama und die Lebensbilder gestaltet werden.

Lebensbilanz und Kommunikation

Ich selbst habe zunehmend darauf geachtet, daß nicht nur zwischen dem Sterbenden und mir als Seelsorger ein solches gemeinsames Erleben zustande kam, sondern, womöglich, auch zwischen dem Sterbenden und seinen Angehörigen oder Freunden. Das war natürlich nur überall dort möglich, wo die Betroffenen und Beteiligten sich auf die Sterbesituation einzulassen bereit waren. In manchen Fällen war dann die Lebensrückschau eine Möglichkeit vertiefter, manchmal sogar neubelebter Kommunikation:
»Unser Vater bekam noch einmal eine ganz besondere Würde«, resümiert die Schwiegertochter beim Trauergespräch. Ich hatte anläßlich eines Besuches einige Wochen vor seinem Tode den bettlägerigen alten Mann in ihrem Beisein angeregt, aus seinem Leben zu erzählen. Es waren zunächst die »bekannten Geschichten«. Aber nachdem ich hier und da vertiefend nachgefragt hatte (z. B. ... das muß Sie doch geschmerzt haben – oder: Da haben Sie aber viel mit sich allein ausgemacht. . .) gewann das Erzählen eine neue Dimension: Der alte Mann war sichtlich beteiligt und öfter sehr bewegt. Die Geschichten verloren den Charakter von »Anekdötchen«. Entsprechungen zwischen den verschiedenen Lebenssituationen wurden deutlich, Wendepunkte traten

hervor – aber auch Eigenarten: z. B. wie seine Tendenz, sich zu vereinsamen, sein ganzes Leben begleitet hatte, eine Tendenz, unter der er, aber auch die Angehörigen, besonders in den letzten Jahren, gelitten hatten. – Jetzt wurde ihm (noch einmal) bewußt, daß er dies ja »schon als Kind so gemacht« hätte: Alles allein machen! Nicht auf andere angewiesen sein! Darauf sei er stolz gewesen – und darunter habe er zugleich gelitten. In den letzten Jahren sei er einfach nicht damit fertig geworden, daß er so vieles nicht mehr machen konnte, daß er immer mehr auf fremde Hilfe angewiesen war – und das Schlimmste: Liegen müssen!
Er habe sich hinterher selbst nicht ausstehen können, wenn er sich manchmal so abweisend, so herrisch und mürrisch verhalten habe... Solche Äußerungen ermöglichten der Schwiegertochter einen unverhofft neuen, emotionalen Zugang. Sie begann sich nun ganz anders für diesen lange Zeit so fremdartigen Mann und sein Leben zu interessieren. Er bekam wirklich eine »neue Würde«. Und beide gewannen in diesen Tagen einen Menschen. Sie hatten sich – manchmal mit wenigen Worten – erstaunlich viel zu sagen.
Lebensbilanz geschieht (etwa im Unterschied zum Erzählen »alter Geschichten«) immer mit emotionaler Beteiligung, mit Schmerz oder Glück, Zorn oder Freude. Wer von seiner Geschichte (und sei sie auch schon »bekannt«) selbst angerührt ist, der rührt auch andere an – und die bekannte Geschichte fängt an, ganz neu zu sprechen.
Lebensbilanz – die Bereitschaft, seinem Leben noch einmal mit persönlicher Betroffenheit zu begegnen, sich selbst im Spiegel seines Lebens anzuschauen und anschauen zu lassen – gab hier dem Sterbenden seine Würde.
Es kostete keine Mühe mehr, ihn ernst zu nehmen. Er hatte sich selbst ernstgenommen. Das machte die vorher lästige Pflege zu einer Chance der Begegnung. Die Schwiegertochter fühlte sich entlastet: »Es ist mir einfach leichter gefallen.« – Sie war nicht nur die Gebende, sondern sie empfing auch – von ihm, den sie versorgen mußte. Dabei blieben immer noch

genügend Anlässe, sich zu ärgern, sich zu ekeln und »dicht« zu machen. Er blieb ja doch irgendwie auch der »Alte« und sie entsprechend auch – aber da war auch überraschend eben dies Neue da.

Eine ähnlich kommunikative Wirkung hatte die Lebensrückschau in einer Sterbebegleitung mit umgekehrter Rollenverteilung. Der Sterbende war meist zu schwach, um selbst zu reden. Aber er nahm noch vieles erkennbar auf. Daß er wohl nun sterben müsse, hatte er selbst ausgesprochen. Die Angehörigen wechselten sich in der Betreuung ab. Die ältere Tochter empfand das Bedrückende der Situation am deutlichsten: Beim Vater sitzen, auf jede Regung achten, ihm die Stirn kühlen, die Lippen feuchten – und dann, während er in unterbrochenen Abständen meist sehr unruhig schlief, dabei sitzen und merken, wie die Erinnerungen aufsteigen an das gemeinsam gelebte Leben: In ihr wurde so viel lebendig und sie hätte es so gerne noch mit ihm ausgetauscht. Es täte sehr wohl, so viel körperliche Nähe zu erleben – aber es täte sehr weh, mit ihm nur das Nötigste (in ihren Augen: Belangloses) reden zu können, wo er doch so oft klar bei Bewußtsein wäre – eben nur nicht reden könne.

Ich fragte sie, ob sie ihm nicht in seinen wachen Phasen einfach einmal das erzählen möchte, was ihr an Erinnerungen in den Sinn käme. Sie könne ihn ja um ein Zeichen bitten, ob und wielange er das möchte.

Sie wollte dies gern einmal versuchen – und zu ihrer Überraschung hatte dieser Versuch eine belebende Wirkung – für sie beide. Der Vater war oft sehr bewegt von den Geschichten, ergänzte, korrigierte, so gut er konnte, brachte Wünsche vor: z. B. noch einmal das Photoalbum aus seiner Kindheit zu sehen. Es war ein z. T. sehr aufrührendes und gleichzeitig sehr glückliches »Wiedersehen« mit diesen »Lebensbildern«, die er mehr mit Gesten als mit Worten kommentierte. Am Ende bat er noch einmal um einige Bilder von seiner verstorbenen Frau. Er habe Bild für Bild angeschaut, habe zu einigen Bildern die Lippen bewegt, als spräche er zu ihr und er habe nach der Betrachtung des letzten Bildes sich in die Kissen zurückgelegt, die Augen geschlossen und mit dem Bild in der Hand vor sich hingeweint. Sie selbst sei von dieser Begegnung des sterbenden Vaters mit den Bildern der Mutter sehr tief angesprochen worden. Es sei alles fast wortlos vor sich gegangen. Sie habe diesen fast stummen Dialog nicht zu stören gewagt. – Aber am Schluß habe sie so sehr den Abschied von beiden (!) Eltern verspürt, daß sie ihren Vater weinend in die Arme genommen habe. Und so hätten sie beide geweint – und sich beide ohne Worte getröstet. Für sie sei dieses Erlebnis eigentlich der Abschied vom Vater gewesen. – Es war ihre vorweggenommene Trauer *vor* der endgültigen Trennung.

Die Lebensrückschau hatte diesen beiden Menschen noch einmal eine gemeinsame Sprache gegeben. Sie hatte das Gemeinsame noch einmal ins Gespräch gebracht. Sie hatte verhindert, daß der alte Mann auf seine Sprachlosigkeit reduziert wurde. Sie hatte ihm das emotional beteiligte Nacherleben von Lebensbildern ermöglicht – bezeichnenderweise von der Kindheit an. Sie hatte Wünsche in ihm geweckt, die ihn noch einmal in einen bewegten Dialog mit seiner verstorbenen Frau führten. Er hörte und sah die Geschichte seines Lebens noch einmal. Und dies alles, um davon Abschied zu nehmen!

Für die Tochter selbst war diese Lebensbilanz am Sterbebett des Vaters ein ungeheuer tiefgehendes Erlebnis mit noch lange nachklingender Wirkung. Sie hatte zunächst einmal das befreiende Gefühl, die Möglichkeiten der Kommunikation ausgeschöpft zu haben. Sie hatte das, was sie selbst bewegte, dem Vater noch mitteilen können. Sie hatte sich und ihm seine Sprachlosigkeit erträglicher gemacht. Er war bei ihren Erzählungen einige Male auch eingeschlafen – aber das war kein Zeichen von Desinteresse, sondern etwa so, als ob er »seine« Geschichten wie einen Traum erlebte, die er in den Schlaf hinübernahm, so daß er gelegentlich im Aufwachen bat, doch

weiterzuerzählen, als wäre also mit dem kurzen Schlaf für ihn der Zusammenhang gar nicht unterbrochen worden.
Aber es war eben auch eine Lebensbilanz für die Tochter selbst. Sie hatte im Gewand seiner Lebensgeschichte ihre eigene nacherlebt. Und so sehr sie dies mit dem Vater noch einmal zusammenführte – so sehr »hat mich dies alles auch von ihm gelöst«. Keiner in der Familie hatte sich bei seinem Sterben so intensiv engagiert – aber auch keiner hatte so gründlich Abschied genommen. Sie war später selbst überrascht, wieviel »gesunde Distanz« sie jetzt zu ihrem Vater gewonnen hatte – sie, die sich doch vorher immer als »des Vaters Töchterlein« verstand.
Auch hier wird wieder das Paradox des Lebens in der Lebensbilanz erkennbar: Nur was ich mir zu eigen gemacht habe, kann ich auch loslassen.
Lebensrückschau – nicht nur eine Möglichkeit für den Sterbenden, Bilanz zu machen, sondern ebenso auch für die Lebenden! – eine Chance, mit einander von einander Abschied zu nehmen und sich das eigene Leben neu zu erschließen.

Lebensbilanz posthum

Jedes Leben hat immer auch eine öffentliche Seite. Und wenn ein Mensch stirbt oder plötzlich gestorben ist, wird die öffentliche Resonanz seines Lebens im sozialen Kontext oft mit einem Schlag hörbar und sichtbar. Alle, die irgendwie an diesem beendeten Leben beteiligt oder davon betroffen waren, machen je auf ihre Weise ihre »Beziehungsbilanz« und beteiligen sich meist auch an der »Bewertungsbilanz« dieses nun verflossenen Lebens.
Für mich als Seelsorger ist die Grabrede oft der Ort, mich auf meine Weise an dieser öffentlichen Lebensbilanz zu beteiligen und damit zu einer bestimmten Sichtweise des andern aber auch (indirekt) des jeweils eigenen Lebens beizutragen.

Als Beispiel wähle ich die Grabrede für eine mir unbekannte, alleinstehende Frau aus. Sie war plötzlich verstorben, hinterließ nur ferne Verwandte, zu denen sie seit Jahren keinen Kontakt mehr hatte. Dafür lebte sie in einem intakten nachbarschaftlichen Beziehungsfeld. Ihre persönlichste, wohl sehr vertraute Gesprächspartnerin war eine ältere Mitbewohnerin des Hauses gewesen, mit der ich auch das Trauergespräch führte.

Ich bat die alte Dame, mir ein paar Bilder aus den verschiedenen Lebensaltern der Verstorbenen zu zeigen. Sie wußte fast zu jedem Bild etwas aus der jeweiligen Lebenssituation zu erzählen und so gestaltete sich vor meinen Augen mosaikartig das Bild eines Menschenlebens, das mich sehr beeindruckte. Noch am Abend, während wir zwischen ihren bescheidenen Möbeln über ihr Leben sprachen, war bei mir das Gefühl da: Sie ist wert geachtet in meinen Augen. . . und: Hätte ich sie gekannt, ich hätte sie wohl gern gemocht.

So entstand als Predigt[47] eine Lebensbilanz unter der besonderen Perspektive des Bibelwortes: »Weil Du wert geachtet bist in meinen Augen, wirst Du herrlich sein. . . und ich habe Dich lieb, spricht Gott der Herr« (Jes. 43, 4).

> Liebe Trauergemeinde! Ich habe die Frau nicht gekannt, die wir heute hier zu Grabe tragen. Ich habe nur einiges Wenige von ihr gehört, einige Bilder von ihr gesehen, und drei dieser Bilder habe ich deutlich vor Augen: Da ist ein Bild aus der Jugend. Zu sehen ist ein hübsches junges Mädchen – aber etwas zu ernst für dieses Lebensalter. Dann ein Bild aus den vierziger Jahren. Kriegszeit. Sie sitzt im Kreis der Familie, neben ihrem Sohn. Man spielt Kartenspiele. Aber ihr Gesicht ist sehr bedrückt, wie von Enttäuschung gezeichnet. Und das dritte Bild von ihr, wo sie um die Sechzig sein mag, zeigt sie mit einem regelrechten Leidensgesicht.

47 Zuerst veröffentlicht in: Pastoralblätter 3/1978, 174 ff.

Ich bin sicher, Sie alle kennen sie auch ganz anders, heiterer, freundlicher. Aber ich möchte zunächst gern bei diesen drei Bildern bleiben und zu jedem Bild, und das heißt ja zu jeder Lebenssituation, die da festgehalten ist, dieses Wort der Bibel hören: »Weil du wert geachtet bist in meinen Augen, wirst du herrlich sein, und ich habe dich lieb, spricht Gott der Herr.«

Da ist also zunächst das Bild aus der Jugend. Ein bißchen zu ernst für dieses Lebensalter, wie gesagt! Und ich höre: Sie hat früh ihre Mutter verloren, mit sieben Jahren, das war zu früh. Ich versuche, mir das einen Augenblick lang vorzustellen, mich da einzufühlen, wie das in einem Kind aussieht, einem Mädchen im zweiten Schuljahr, wenn die Mutter stirbt... Der wichtigste Mensch, der einem am nächsten steht, der die meiste Wärme ausstrahlt, der einen versteht, den man liebt. Der Mensch, von dem man das Gefühl hat: In ihren Augen bin ich wert geachtet – und sie hat mich lieb. Dieser Mensch fehlt und diese tägliche Erfahrung fehlt nun. Und eine neue Mutter – das müßte schon ein Glücksfall sein! Die gleiche Wärme? Die gleiche Liebe? Auch beim besten Wollen und Bemühen: wohl kaum! Vielleicht ist es diese Erfahrung, deretwegen das Gesicht des jungen Mädchens auf dem Bild zu ernst ist. Und dennoch wage ich es einmal: Ich setze auch über dieses Bild das Wort Gottes: »Weil du so wert bist und geachtet in meinen Augen, wirst du auch herrlich sein, und ich habe dich lieb.« Man sieht es dem Mädchen von damals wahrhaftig nicht an, aber einmal wird sie herrlich sein, weil Gott sie liebt. Einmal wird sie etwas ausstrahlen, etwas ganz Besonderes.

Und nun das zweite Bild, das Bild aus den vierziger Jahren. Kriegszeit. Sie sitzt neben ihrem Sohn. Ihr Gesicht ist von Enttäuschung gezeichnet und auch bedrückt, deutlich sichtbar. Inzwischen ist ja auch einiges geschehen. Aus ihrer ersten großen Liebe blieb ihr ein Kind. Die Liebe selber war eine herbe Enttäuschung. Aber was hieß –

damals – (auch heute noch) für eine junge Frau, unverheiratet, ein Kind zu haben! Was hieß das in unserer bürgerlich-scheinchristlichen Gesellschaft! Ich versuche auch wieder, mich da hineinzudenken. Und ich merke, das kann man gar nicht nachempfinden, was es heißt, unter den Vorwürfen der Umwelt ein Kind zu erwarten und zur Welt zu bringen. Was hat sie da alles mit sich selber ausmachen müssen. Und ist das Kind da, dann beginnt der graue Alltag. Sie muß ja früh aus dem Haus, ihr Brot verdienen, indem sie bei andern Leuten näht. (Und der Junge bleibt bei den Großeltern.) Und dennoch, ich habe mir sagen lassen, daß der Junge für sie Lebensinhalt und Lebensglück war. Für sie *der* Mensch, dem ihre Liebe galt. Auf dem Bild sitzen sie noch nebeneinander. Noch weiß sie nicht, daß der, den sie liebt, bald im Krieg umkommen wird. Es fällt mir deshalb besonders schwer, über dieses Bild das Wort Gottes zu schreiben: »Weil du so wert bist und geachtet in meinen Augen, wirst du auch herrlich sein, und ich habe dich lieb.« Aber ich vermute, daß es doch dahingehört, dieses Wort. Auch wenn wir es nicht begreifen.
Wie sie selbst darüber dachte, weiß ich nicht. Sie gehörte offenbar zu denen, die ihren Glauben still gelebt haben und die darüber nicht viel sprachen. Aber ich glaube, daß sie auf ihre Weise mit Gott im Gespräch war. Und – was noch wichtiger ist: Daß Gott auf seine Weise mit ihr im Gespräch war! »Weil du so wert bist und geachtet in meinen Augen (spricht der Herr), wirst du herrlich sein«, auch wenn du meine Wege nicht verstehst, auch wenn du durch viel Leid hindurchmußt.
Von diesem vielen Leid spricht dann schließlich das letzte Bild – aus ihren sechziger Jahren. Ich sagte eingangs: Sie hier werden sie vielleicht alle ganz anders kennen, heiterer auch und fröhlicher. Für die meisten von Ihnen ist sie eben die Tante »Manda«, die einmal auf die Frage, was sie am liebsten täte, gesagt hat: Am liebsten schenke ich! – Und nun müßten Sie eigentlich erzählen, die Sie sie besser

kennen. Aber vielleicht genügt es, wenn wir uns hier jetzt einmal fragen: Was hat mir diese Frau bedeutet? Was ist eigentlich von ihr ausgegangen, wofür ich zu danken hätte? Was fehlt uns jetzt alles in der Nachbarschaft und im Hause? Wenn sie selber soviel Schweres durchlitt, wie kommt es, daß das verwandelt wird, so daß von ihr etwas ausstrahlt, etwas Besonderes!? Wie kommt es, daß man weniger ihr Leiden spürte als ihre Fähigkeit, sich andern zuzuwenden? Vielleicht stimmt es doch, dieses Wort der Bibel: »Weil du so wert bist und geachtet in meinen Augen, wirst du herrlich sein, und ich habe dich lieb.«

In unserem Gemeindebrief stand einmal als Leitwort der Satz: Der Geist Gottes überzeugt durch die Unscheinbaren. Das heißt: Er überzeugt sehr oft durch die, die gar nicht so groß vom Glauben reden, die auch nach menschlicher Wertung gar nicht so bedeutend sind, sondern eben: unscheinbar. Aber der Geist Gottes wirkt durch die Unscheinbaren. »Weil du so wert bist, wirst du herrlich sein.«

Und noch ein Letztes. Das letzte Bild von ihr habe ich natürlich nicht gesehen, aber es wurde mir berichtet: Wie sie in ihrem Bett dalag, völlig überraschend – sanft entschlafen. Aber sehen Sie, das ist eben nicht das letzte Bild, sondern nur das vorletzte. Denn das letzte Wort hat nicht der Tod. Das letzteWort hat Gott, ja hat Gott schon gesprochen: In der Auferweckung Jesu Christi von den Toten! Und durch Jesus Christus hat er uns versprochen und hat er es speziell auch ihr versprochen: Daß wir verwandelt werden und dem Bild Christi gleichgestaltet. Das ist dann das letzte Bild von ihr. Nun wird Gott wirklich abwischen alle Tränen von ihren Augen. Und der Tod wird nicht mehr sein. Weder Leid noch Geschrei wird mehr sein. Denn das Erste ist vergangen.

Was wir hier sagen, übersteigt unser Begreifen und Verstehen. Aber vielleicht haben wir es schon bei den Bildern gemerkt: Wenn wir unser Leben von Gott her

sehen, übersteigt das immer unser Begreifen und Verstehen.
Es gibt ein Wort Jesu, außerhalb des Neuen Testaments überliefert, das heißt: Mit Staunen werdet ihr ins Reich Gottes eingehen! – Ja, mit Staunen darüber, wie herrlich das ist, was Gott für uns bereitet hat. Und so gilt als letztes die Verheißung unumstößlich, Jesus Christus selbst steht dafür ein: »Weil du so wert bist und geachtet in meinen Augen, spricht der Herr, wirst du auch herrlich sein, und ich habe dich lieb« – von nun an bis in Ewigkeit.

6. Eine andere Sprache für das »Unsagbare«– die Sprache der Träume[48]

Ein 83jähriger, alleinstehender alter Mann »wimmert nachts wie ein kleines Kind. Er träumt wieder mal so schwer.« – Die Nachtschwester versteht diese Sprache, setzt sich möglichst jedesmal an sein Bett, hält ihm die Hand, streicht ihm übers Gesicht und summt manchmal sogar eine beruhigende Melodie dazu...
Ein sterbender Mann, etwa 45 Jahre alt, der den Gedanken ans Sterben von sich weist, bittet nachts um ein Gitter vor seinem Bett: Er hat zweimal geträumt, neben ihm sei der Boden eingebrochen. Er ist »zu Tode erschrocken« aufgewacht aus Angst, in die Tiefe zu stürzen...

Im Gespräch mit ihm nehme ich zunächst diese Angst auf und versuche, für ihn »Gitter« zu sein, Schutz gegen seine Fallängste[49] – (z. B. indem ich längere Zeit an seinem Bett sitze, einfach da bin, ihn ab und zu bei der Hand fasse – und zuhöre). Ich selbst habe einen ähnlichen Traum gehabt in

48 Vgl. EXKURSE: »Traumarbeit ...«; Lit.: Petzold in: ITh 3/4, 1977, 147 ff; Franz in: ITh 2/3, 1980, 203 ff.
49 Fallängste als Todesangst vgl. Lowen, 177 f.

einer einschneidenden Umbruchsituation meines Lebens. Ich erzähle ihm das im Laufe des Gesprächs. Nach einigem Zögern greift er das auf und spricht von der Angst, daß sein Leben »in der Mitte abbrechen« könnte. Es dauert einige Tage, bis er sein mögliches Sterbenmüssen realisieren kann. »Irgendwie« bekommt er »Boden unter die Füße«, seine Falltängste lassen nach und hören schließlich auf. Der Traum hatte das »Unsagbare« artikuliert und ihm die Möglichkeit gegeben, sich seiner Sterbesituation zu stellen.

Eine 71jährige Frau, an Krebs erkrankt, was man ihr verheimlicht hat, was sie aber längst aus den Reaktionen der Umwelt abgelesen und was sie jetzt ihrem Arzt »vor den Kopf geknallt« hat[50] – träumt wenige Wochen vor ihrem Sterben von Frauen in prallbunten Kopftüchern, die ihr vom jenseitigen Rand eines tiefen Abgrundes zuwinken.

Dieser Traum war zunächst Einstieg in eine bilanzartige Lebensrückschau. Sie erkannte in diesem Grabenbruch den »Graben zwischen meiner fröhlichen Jugendzeit und meinem ganzen übrigen Leben«. In einer der Frauen, deren Gesicht sie in Großaufnahme »heranholt«, erkennt sie erst ihre Tochter (»die lebt ganz anders als ich!«) – dann sich selbst als junge, lebensfrohe Frau.

Im nacherlebenden Gespräch kommt sehr viel Trauer über so viele vertane Lebensjahre. »Ich glaubte, ich wäre schon ganz vertrocknet«, sagt sie, »ich habe noch nie so viel geweint, solange ich zurückdenken kann.«

Im tagtraumartigen Weiterträumen[51] füllt sich der Abgrund mit »Wasser«. Das Bild wandelt sich: Zwischen ihr und den Frauen in bunten Kopftüchern fließt ein Fluß. Sie sieht, wie die Frauen ihr winken, daß sie hinüber-

50 »Die meisten Patienten spüren an sich selbst, daß es mit ihnen zu Ende geht, oder lesen die Wahrheit schon aus dem Benehmen der Umgebung ...« Engelke, 140; vgl. Ansohn, 149 f.

51 Vgl. Petzold in: ITh 3/4, 1977, 164.

schwimmen solle. Aber sie traut sich nicht. (»Ich habe so vieles nicht gewagt.«) Aber »hinüberrufen« kann sie ja. Und sie ruft: »Ich komme!« Und später: »Drüben ist Leben.« Von beidem ist sie sehr berührt.
Als ich ihr den bunten Schal ihrer Tochter hole mit der Bemerkung: »Nur drüben ist Leben...?« begreift sie sofort und sagt: »Was ich jetzt alles erzähle, ist auch bunt, sehr bunt sogar (sie lacht dazu!). Ich bin gar nicht so vertrocknet, wie ich gedacht habe...«
Dennoch taucht das Wort »drüben ist Leben...« noch ein paarmal in unseren Gesprächen auf: Resigniert, seufzend, mit Weinen, auch neugierig, am Schluß wie ein Trost, eine Hoffnung auf das Leben »da drüben«.

Für zahlreiche Menschen, die ich im Sterben begleitet habe, war der Taum die Sprache für das »Unsagbare«, für das, was man nicht auszusprechen wagt. Das Erstaunliche dabei war oft, daß Menschen, die in ihrem bisherigen Leben (nach eigenen Aussagen oder nach Aussage der Angehörigen) kaum oder nie über das gesprochen haben, was in ihnen vorgeht, nun über das Medium des Traumes anfangen, von sich zu reden.
Der Traum scheint einerseits ihr lange zurückgehaltenes Bedürfnis nach Selbstäußerung zu offenbaren, andererseits auch wie eine zweite Ich-Instanz in Stellvertretung für sie zu sprechen. »Der Traum« hat ja zunächst einmal die Verantwortung für das, was er aussagt, so als wäre er zunächst wie eine andere Person oder Macht, die da etwas mit mir macht, »was mich bedrückt«, »beunruhigt«, »mich weckt«, »mich erschreckt«, was »so komisch ist«, »woran ich immer denken muß«.
Solche Nebenbemerkungen und Andeutungen sind sehr oft wie ein vorsichtiges Tasten und Testen, ob der Zuhörende, dem man davon erzählt, das wohl ernst nehmen wird – also ob er den Sterbenden mit seinen oft bedrängenden Traumgedanken ernst nimmt.

Diese Traumsprache ist der Sprache der »Ahnungen« durchaus verwandt. Gerade sterbende Menschen sind von solchen Ahnungen erfüllt. Nachträglich erklären Angehörige oft, der Sterbende habe sein Sterben »geahnt«. Aber meist hat niemand diese Ahnung aufgenommen. Auch in dieser Hinsicht sind sterbende Menschen oft isoliert. Die Sprache, die um sie her gesprochen wird, ist die Sprache der Befunde, der medizinischen Technik, der Behandlungsabläufe – und die Sprache der Vermeidung. Das Ziel mechanischer Lebensverlängerung verdeckt oft das Gespür für die emotionalen Lebensbedürfnisse. Auf die Signale der Todesahnung reagiert die Umwelt meist beschwichtigend oder verwehrend. Oft steigen von solchen Ahnungen nur kurze Worte, Wortgemurmel, kurze Bilderlebnisse an die Oberfläche oder sie drücken sich in Gesten, Blicken, Handbewegungen, in der Mimik oder in hilflosen Artikulationsversuchen aus.
Ich habe verschiedene Male erlebt, wie befreit und getröstet Sterbende davon berichteten, wenn eine bestimmte Krankenschwester oder der Pfleger oder ein Arzt, eine Mitpatientin oder Angehörige ihre oft ängstlichen Andeutungen oder – eben ihre Traumerlebnisse – aufgenommen haben.
Seit ich selbst, angeregt durch die Gestalttherapie, auf meine Träume achte und also offen und hellhörig bin, wenn ein anderer, und sei es in Andeutungen, von seinen Träumen spricht, haben mir erstaunlich viele Menschen ihre Träume erzählt. In der täglichen seelsorgerischen Beratungsarbeit kam es immer öfter vor, daß Ratsuchende das Gespräch nicht einleiteten mit dem Satz: »Ich habe da ein Problem...«, sondern: »Ich habe da etwas geträumt, was mich beschäftigt...«
Entsprechend häufig suchten auch gerade sterbende Menschen im Gespräch mit mir den Zugang zu sich über die Sprache ihrer Träume – öfter eingeleitet mit den erwähnten Nebenbemerkungen.

Die andere Sprache[52]

Träume – eine andere Sprache für das »Unsagbare«. Sie sind tatsächlich eine *»andere Sprache«*. Jeder weiß das, der sich an seine Träume erinnert: Da ist bildgestaltetes Erleben, da ist eine Sprache voller Symbole, in denen sich Emotionen und Erfahrungen verdichten. Da ist Dramatik und Poesie, da kommt uns das Leben, das ganze gedrängte Leben noch einmal entgegen. Da begegnen uns Personen und Gestalten, die wir nie gesehen haben – und trotzdem scheinen wir sie zu kennen. Da hören wir eine fremde Sprache, die wir noch nie gehört haben – und dennoch können wir sie verstehen. Gewiß, im Erwachen ist uns dies alles oft sehr fremd und merkwürdig. Wir sind es gewohnt, im Tageslicht die Nachtgedanken auszulöschen. Aber wenn wir uns vor Augen halten, daß wir – wir selber – dies alles hervorgebracht haben, daß das, was wir da im Traum erleben, unsere eigene Schöpfung ist: die fremden Gestalten – unsere Kreation, die fremdartige Sprache – unsere Erfindung! Wenn wir anfangen, zu begreifen, daß wir im Traum ganz wir selber sind – daß das, was wir da im Traum sind und tun, geschehen lassen und darstellen, daß jede Figur, jede Szene, die wir im Traum hervorbringen – wirklich Ausdruck unserer selbst ist. . ., dann ist das (vielleicht) zunächst einmal zum Erschrecken, weil wir etwa geträumt haben, daß unser Bruder von einem umstürzenden Baum erschlagen wurde. . . – oder aber es ist gerade aufregend schön, weil wir etwa geträumt haben, daß wir in einem großen Ballon über eine herrliche Landschaft segeln. . . (nur als wir landen wollten. . ., überkamen uns plötzlich Ängste und wir sind erwacht und wissen nun nicht, ob wir gelandet sind oder nicht. . .).

Der Traum – unsere Schöpfung, unsere ungeheuer kreative Fähigkeit, uns zu äußern, Erlebtes zu gestalten, Wünsche

52 Vgl. Watzlawick 1978; Dieckmann, 8 ff. Petzold in: ITh 3/4, 1977, 148 f.

sichtbar zu machen, Konflikte darzustellen, Nichterlebtes zu leben, Nichtgehörtes zu hören, Nichtgesagtes zu sagen.

Ja, mehr als das: Auch wenn wir uns an die meisten Träume nicht erinnern (auch wenn es Menschen gibt, die von sich behaupten, sie träumten nie – was gar nicht möglich ist): Wir brauchen unsere Träume. Sie sind lebensnotwendig. Wir würden nicht wir selber sein können, wir wären gar nicht lebensfähig, wenn wir nicht Nacht für Nacht im Traum all das verarbeiten würden, was Tag für Tag an Reizen, Konflikten, Erlebnissen, Eindrücken von außen und innen auf uns einstürzt. Träume haben die ungeheuer lebenswichtige Aufgabe, Konflikte zu verarbeiten, Konfluenz zu klären, Abgespaltenes wieder einzubeziehen, unerledigte Situationen zu artikulieren, offene Gestalten sichtbar zu machen, vielleicht gar zu schließen – und damit insgesamt zur »Integration der Person und des Lebensgeschehens« beizutragen. So etwa sagen wir's in der Integrativen Gestalttherapie. Der Traum ist in der Tat eine »existentielle Botschaft« von mir selbst an mich selbst. Er zeigt mir mich selbst in meinen gegenwärtigen Lebensbezügen, in meinem Lebenszusammenhang und er zeigt mir meine Lebensrichtung auf.

Oft allerdings ist das, was wir in unserm Leben unerledigt ließen oder was uns als Schicksal belastet, derart erdrückend vielfältig, daß wir es auch in unseren Träumen nicht verarbeiten können. Dann kann es sein, daß wir »konflikthaft« träumen oder in Variationen immer wieder dasselbe unbewältigte Problem im Traum vor uns haben.

Manchmal allerdings führt uns der Traum ganz nah an eine Lösung heran. Denn unsere Träume sind wirklich eine kreative Kraft: In ihnen schaffen wir Neues. Und oft ist schon dies das Neue, daß wir im Traum unsern Lebenskonflikt überhaupt wahrnehmen, auch wenn noch keine Lösung in Sicht ist. Aber sehr oft deutet der Traum die Lösung an: Symbolisch verschlüsselt, in andern Figuren verkleidet – (so daß nicht *wir* selbst der verantwortliche Akteur sind, sondern ein anderer. . . aber eben: der andere zeigt es uns – und *wir* haben ihm im Traum diese Aktion und die Verantwortung übertragen). Es ist dann, als ob sich für uns eine neue Zukunft eröffnet. Dies gilt insbesondere für die sog. »Schwellensituationen des Lebens«, also etwa beim Überschreiten der Lebensmitte oder gar beim Herannahen des Todes. Hier bringen wir in unseren Träumen oft Symbolentwürfe für ein entsprechend geändertes Bewußtsein hervor[53].

Während wir es uns weithin angewöhnt haben, in unserem Tagesbewußtsein solche existentiellen Markierungen unseres Lebens herunterzuspielen und in ihrer emotionalen und seinsmäßigen Bedeutung abzutun – meldet sich also unser Nacht-bewußtsein: Es macht sich soz. zum Anwalt für die übergangene, abgewertete Seite unserer Existenz. Die Träume sind unser bester Anwalt. Gerade weil sie die »Sprache des wilden Denkens« sprechen, gerade weil sie »existentielle Botschaft« sind, d. h. weil sie aus unserm Lebens- und Seinsgrund herauswachsen. In ihnen formuliert sich ein Bewußtsein, das gerade in den »Schwellensituationen« und in den Seinskonflikten aus einer Tiefe und Weite schöpft, die unseren begrenzten Lebenshorizont transzendiert. In den Traumsymbolen sind Erfahrungen von Generationen kondensiert. Nicht von ungefähr ist die Sprache der Träume der Sprache der Mythen und Märchen verwandt, in deren Symbolsprache die Lebenserfahrungen von Generationen eingefangen sind.

Die Traumsprache ist die Sprache des ganzheitlichen Erlebens, die dem analystisch-kausalen Tagdenken zwar fremd ist, es aber doch auch zugleich komplementär ergänzt. Traum und Reflexion sind zwei Weisen, unsere Wirklichkeit zu erfassen – und beide zusammen ergeben erst die Ganzheit.

In der Arbeit mit Träumen geht es entsprechend darum, diese beiden Sprachen miteinander ins Gespräch zu bringen – und

53 Dieckmann, 19.

dabei (vielleicht) Entdeckungen zu machen, von denen wir uns vorher »nichts träumen ließen«.

So hat z. B. die 71jährige Patientin, die von Frauen in prallbunten Kopftüchern träumte, und von dem Abgrund, der dazwischen gähnt – sie hat, angeregt durch diesen Traum, Erfahrungen mit sich selbst gemacht, die sie so »vorher niemals für möglich gehalten hätte«. Dabei ist nicht erst, *was* sie träumt, für sie das Neue, – sondern schon dadurch, *daß* sie überhaupt träumt, *daß* ihr überhaupt ein Traum etwas zu sagen hat – schon dadurch erfährt sie: wie kreativ sie ist, wieviel Lebendigkeit und Dramatik, wieviel gestalterische Fähigkeit »in ihr steckt«, wieviel »wildes Denken« ihr eigen ist.

Gewiß, der Traum zeigt ihr den Abgrund, das was sie »trennt vom Leben«. Sie spürt mit so viel seit Jahren nicht mehr erlebter Trauer, daß sie *ihr* »Leben an andere abgegeben« hatte. Sie habe oft nur noch »von ferne zugeschaut, wie die andern leben«. – Aber der Traum zeigt ihr nicht nur diese sie erschreckende Defizitseite ihres Lebens. Er zeigt ihr darüber hinaus etwas von sich selbst, was sie gar nicht mehr mit sich in Verbindung zu bringen wagte. Wie eine eher vertrocknete Pflanze beschrieb sie sich. Nun offenbart ihr der Traum, wieviel Buntes, vielfältig Lebendiges ihr winkt, seit sie anfängt, sich auf sich selbst einzulassen. »Merkwürdig«, sagt sie einmal, »diese Krankheit hat mich so ganz und gar auf mich zurückgeworfen, daß ich die andern ganz aus dem Blick verloren habe.« – Die andern, an die sie *ihr* Leben abgegeben hatte (die Tochter z. B., für deren Wohlergehen sie sich »in Fürsorge verzehrt« und die ihr das doch nie so recht gedankt hatte, im Gegenteil: Je mehr Fürsorge, »um so mehr Sorge hat sie mir gemacht«). Jetzt kommt sie erst einmal »zu sich selbst«. Und der Traum deckt auf, wie vielschichtig »sie selbst« ist:

Er hat sie zunächst zugleich erschreckt und fasziniert. Er

hat sie, als sie sich darauf einließ, in ihr Leben zurückgeführt und hat sie veranlaßt, abgetrenntes Leben wieder zu sich einzuholen. Er hat ihr die Tränen zurückgegeben, Wasser zum Leben – und die Erfahrung, daß sie lebendig ist und daß dies, was sie jetzt erfährt, Leben ist, schlimmes, trauriges, eingeschränktes, aber in manchen Stunden in sich hineingetrunkenes Leben.

Und er hat ihr schließlich immer mehr die Perspektive »nach vorn« eröffnet, »nach drüben«. Es war gewiß alles andere als eine ungetrübte Hoffnung auf das »Leben da drüben«. Sie war, wenn sie davon sprach, sehr oft zu Tode müde, vom Durst geplagt, und immer wieder bedrückt, daß sie so wenig wirklich Gelebtes »dorthin mitbrächte«. Sie malte sich einmal in einer von mir angeregten Phantasie ein alternatives Leben aus, wie sie es gern gelebt haben möchte. Sie war anschließend nicht nur traurig, daß es so nicht war, sondern auch glücklich, daß sie so viel Phantasie aufbrachte. Und so gab es auch Augenblicke, in denen sie neugierig nach vorn schaute. Und einmal sagte sie: Vielleicht ist das ja das »andere Leben«, das mir von drüben winkt.

Das »andere Leben« – der Traum hatte ihr dieses andere Leben in »prallbunten Farben« gezeigt, er hatte ihre Sehnsucht geweckt und ihren Schmerz, er hatte sie angeregt, das verlorene Leben zu betrauern und neues Leben zu entdecken. Nicht nur, *was* der Traum inhaltlich aussagte, sondern *daß* er überhaupt zu ihr sprach, *daß* soz. der Funke ihrer phantasievollen, kreativen Traumsprache auf ihr Tagdenken übersprang – das allein schon war ein qualitativer Zuwachs an Leben.

Ich kannte sie ja schon lange. Aber ich habe ihr nie vorher derart persönlich nah und selbst-berührt begegnen können wie in diesen »Traumgesprächen« in den wenigen Wochen vor ihrem Sterben.

Sie kam bis fast zuletzt immer wieder von selbst auf den Traum zu sprechen und formulierte ihr Erleben und ihre

Gedanken (»die ich mir so mache«) öfter im Anklang an seine Bildsprache – so als ob sie ihn bis zur Neige ausschöpfen wollte. Bei meinem letzten Besuch war sie so matt, daß sie kaum ein Wort sagen konnte. Sie hatte die Augen meist geschlossen. Irgendwann huschte ein Lächeln über ihr tief eingefallenes Gesicht – »die Kopftücher« sagte sie kaum hörbar – und nach einer Pause »die bunten Kopftücher«! und sie sah so aus, als ob sie sich amüsierte. – Und für eine Weile war mir selbst ganz heiter zumute.

In diesen »Traumgesprächen« war geschehen, was wir in der Integrativen Therapie »Permeation« nennen – das wechselseitige Durchdringen der beiden Sprachwelten: Durch betroffenes Nacherleben, durch Dialoge mit dem Traum und seinen Einzelbildern, durch Weiterphantasieren, durch das Beziehen des Traumes auf Lebenssituation und Lebenshintergrund, durch den beteiligten Austausch zwischen ihr und mir, hatte sich der Traum dem Tagdenken erschlossen, hatte sich das Tagdenken in die lebensvolle Phantasiewelt des Traumes hineingewagt, hatte beides im Zusammenklang ihr eine andere, nämlich ganzheitliche Weise des Selbstausdrucks ermöglicht.
Träume – eine andere Sprache für das »Unsagbare«: In ihrem Falle war das »Unsagbare« nicht unbedingt etwas Bedrängendes, was ihr den Mund verschlossen hätte. Es war eher das, was sie sich über sich selbst zu sagen nie getraut hätte: »Ich, eine lebensvolle Frau?« – das hätte sie weit von sich gewiesen. Jetzt im Nacherleben der Traumbotschaft wurde ihr ihre lang, lang verschüttete lebensvolle Seite wieder zugänglich. »Armselig genug« und vom Tode gezeichnet hat sie das noch erlebt.

Das »Unsagbare«

Der Traum – eine andere Sprache für das Unsagbare. Diesem »Unsagbaren« bin ich immer wieder begegnet. Und dieses Unsagbare hat viele Gesichter. Vordergründig meint es das, was man nicht sagen kann, was man vor andern verschweigen möchte, auch vor sich selbst. Manchmal ist es aber auch etwas, was man selbst nicht weiß, was man so weit von sich gewiesen (verdrängt) hat, daß es nicht greifbar, geschweige denn sagbar ist. Und oft ist es so, daß man selbst es wohl weiß, aber die Umgebung oder die Art der Beziehung, in der man lebt, »erlaubt« es nicht.

Sehr oft, ja meist bei Sterbenden ist dies »Unsagbare« die lange verschwiegene Erkenntnis: »Ich muß sterben« – so etwa im Traum jenes Patienten, der von seinen Falllängsten aufgeschreckt wurde (s. o.). Häufig aber sind es auch andere Erkenntnisse, die wahrzunehmen man sich scheut: So träumte ein sterbender frommer Mann von einem feisten, widerlichen Händler. Und es traf ihn hart, als er realisierte, daß er selbst diese ihm zutiefst verhaßte Händlernatur ist. Von seinem möglichen Sterben hatte er mir gegenüber schon bei meinem ersten Besuch gesprochen. Der Gedanke ans Sterben war ihm zwar schwer, aber nicht fremd oder gar unaussprechbar. Der Traum hatte ihm etwas anderes über sich selbst gezeigt, was ihm, dem »Ehrbarkeit« viel bedeutete, weit unannehmbarer erschien: Jene von ihm abgelehnte Seite, die er an anderen mit scharfem Blick auf Anhieb erkannte. Für ihn selbst war es sehr schlimm, sich in einem solchen Spiegel zu sehen[54]. –

Oder das »Unsagbare« ist der verschwiegene Lebenshintergrund, die zerstörte Kommunikation: So im Traum eines Mannes mit Leberzirrhose, der von einer unübersteigbaren Mauer träumt und schließlich in der Auseinandersetzung mit diesem Traumbild jenseits der Mauer seine von ihm getrennt lebende Frau und seine Kinder erkennt. Der Traum hatte ihn mit seiner Beziehungslosigkeit konfrontiert[55].

Manchmal trifft beides zusammen: Das Wort »Sterben« ist tabuisiert und die Kommunikation zu den nächsten Men-

54 Vgl. Wege zum Menschen (= WzM) 1/2, 1981, 53 f.
55 AaO. 57 f.

schen ist gestört oder verflacht, man hat sich einander entfremdet – wie soll man nun »das Letzte« vor einander aussprechen und miteinander teilen?

In einer solchen Situation befand sich ein älterer verwitweter Mann, der bei seiner Tochter lebte. Mit ihr besprach er kaum mehr, als was er auch »mit einer Haushälterin hätte besprechen können«. Die Tochter regelte zwar »alles« für ihn, was er einerseits dankbar anerkannte, was er aber auch andererseits als Bevormundung beklagte. Nach der letzten ärztlichen Untersuchung hatte man ihm den »wahren Befund nicht mitgeteilt«.
In der darauffolgenden Nacht träumte er: Der Arzt gäbe ihm ein Rezept, auf dem aber »etwas Falsches« stand – und die Tochter hole ihm aus der Apotheke eine Arznei, aber für eine ganz andere Krankheit. Er wacht auf, als er im Traum sieht, wie seine Tochter und der Arzt in der Meinung, er merke es nicht, sich etwas zuflüstern...
Er habe sich im Aufwachen sehr elend gefühlt, sehr hintergangen und allein. Er habe lange wachgelegen und vor sich hingesagt:
Die sagen mir alle nicht die Wahrheit. Die tun ja nur so, als ob noch was zu machen wäre. Ich glaub's nicht!
Am nächsten Morgen erzählt er diesen Traum seiner Tochter,und als diese ihn beschwichtigen will, kommt es zu einem heftigen Wortwechsel. Die Tochter berichtete mir später, der Vater habe ihr mit bebendem Gesicht gesagt:
Ich bin kein Schwachkopf, den man belügen kann! Ich weiß um mich Bescheid – besser, als ihr denkt!
Am Nachmittag des gleichen Tages habe sie sich ein Herz gefaßt und mit ihrem Vater gesprochen. Dies sei vielleicht das wichtigste und wahrhaftigste Gespräch gewesen, das sie in all den Jahren mit ihm geführt hätte.

Der träumende alte Mann »wußte mehr«. Er wußte nicht nur besser um *sich* Bescheid, er hatte auch mit »wachem«

Traum-Bewußtsein die aktuelle Situation erfaßt: Das Versteckspiel, das Täuschungsmanöver, die Bevormundung. – (An dem allem war er gewiß selbst mitbeteiligt – aber er war ihm auch ausgeliefert.) Es war schon schlimm genug für ihn, seinen hinfälligen körperlichen Zustand zu ertragen. Aber die entfremdete Beziehung und das Gefühl, hintergangen zu werden, machten das Leiden vollends zur Qual. Im Traum hatte er seine Wirklichkeit prägnant erfaßt und sich vor Augen gestellt. Und der Traum half ihm auch, sich nun mitzuteilen und dabei sogar den Konflikt zu wagen, der schließlich allen Beteiligten mehr Wahrhaftigkeit ermöglichte.

Träume sind eine andere Sprache für das »Unsagbare«. Sie geben dem »Unsagbaren« eine Sprache. Und sie geben damit auch uns, wenn wir auf sie achten (vielleicht) eine Sprache, das auszusprechen, was uns eigentlich den Mund verschließt.

Gerade in der Schlußphase des Lebens, in der sich die Lebenskonflikte noch einmal besonders intensivieren, in der wir unvertretbar in unserer Ganzheit betroffen sind (so daß man nicht mehr nur sagen kann: »Es sind die Nerven« oder »das Herz«), in der die große letzte Störung – der Tod – uns selbst in unserm Sein bedroht, in der viele Menschen einer chaotischen Fülle von einschneidenden Veränderungen und Belastungen ausgeliefert sind, in der Reizüberflutung von außen und innen die Stabilität der Ich-Grenzen erschüttert, unerledigte Lebenssituationen sich verstärkt bemerkbar machen und wir keine Zukunft mehr vor uns sehen – gerade in dieser letzten Lebenskrise kommt den Träumen in besonderem Maße diese konfliktverarbeitende, klärende, entlastende, verdeutlichende integrative Funktion zu.

Ich habe natürlich durchaus öfter erlebt, daß Menschen auch im Sterben die Sprachhilfe der Träume nicht unbedingt nötig hatten, um sich und ihrer Umwelt zu sagen, wie es um sie steht, was sie brauchen und wünschen, was sie fürchten, woran sie leiden und worauf sie hoffen. – Aber ich habe, wie

gesagt, erstaunlich oft erlebt, daß für einen sterbenden Menschen sein Traum die Sprache für das sonst »Unsagbare« wurde, Mittel der Verständigung, befreiende Möglichkeit, von sich selbst und den bedrängenden Todesahnungen oder offenen Lebenssituationen zu sprechen.
Aus den zahlreichen »Traumgesprächen« mit Sterbenden wähle ich nun noch zwei Begegnungen aus, die mich besonders beeindruckt haben. Sie sind für mich beide Ausdruck einer erstaunlichen Selbstwahrnehmung. Und in beiden Fällen erweist sich die Traumsprache als Bewältigungshilfe in der Sterbesituation.

Der Traum vom Todesboten[56]

Eine 78jährige Dame kommt zu mir während der Vormittagssprechstunde. Ich kenne sie schon lange aus den kirchlichen Gemeindegruppen. Sie war vor vier Jahren ins Altersheim in ein sehr enges kleines Zimmer umgezogen. Das war ein schwerer Schritt für sie. Wir hatten seinerzeit in einigen Gesprächen diese Entscheidung vorgeklärt. Dabei ging es nicht nur um die lebenspraktischen Dinge, sondern zugleich auch um Abschied, Heimatverlust, um die Bereitschaft, sich im letzten, kleinen Abschnitt ihres Lebens einzurichten, um die sichtbare Verkleinerung der eigenen vier Wände (sie damals: »Was danach kommt, ist dann ja noch kleiner. . .«); das war vor gut vier Jahren.
Sie war inzwischen sichtbar schmaler und zittriger geworden, ihre Sprechweise noch gebrochener, ihr Gang mit Hilfe eines Stockes noch tastender – aber ihr Geist war erstaunlich klar. Ich hatte eigentlich wenig Zeit an diesem Morgen (ich war mit der Vorbereitung einer Traueransprache noch nicht zum Abschluß gekommen). Das spürte sie gewiß an der Art meiner Begrüßung. Aber das war wohl nicht der einzige Grund, weshalb sie sich diesmal nur auf die Sesselkante

56 Zuerst veröffentlicht in: WzM 1/2, 1981, 58 ff.

setzte, so als wollte sie nur Platz nehmen, um gleich wieder aufzustehen.

Ich spüre das und fange an, mich auf sie einzustellen, lege also sozusagen innerlich meine Trauerpredigt beiseite und erkläre ihr, daß ich jetzt Zeit für sie hätte. Das ermutigt sie zu sagen: Ja, sie möchte wohl etwas mit mir besprechen, aber sie wisse nicht recht, wie sie anfangen solle. – Sie dächte manchmal, sie sei irre. – Ihr sei etwas ganz Merkwürdiges passiert. . . Sie hätte so merkwürdige Träume. In letzter Zeit hätte sie viermal denselben Traum gehabt. Und sie sei jedesmal erschrocken darüber. Sie hätte einigen Hausbewohnern davon erzählt. Aber die hätten ganz abweisend reagiert. Eine Zimmernachbarin hätte ihr gesagt, das sei Verkalkung und beim Mittagessen hätte sie vom Nebentisch her gehört, sie sei wohl nicht mehr ganz klar im Kopf. Nur ein älterer Herr hätte sie getröstet und ihr gesagt: Er hätte solche Alpträume manchmal auch. Das ginge wieder weg.

»Aber es ging nicht weg. Letzte Nacht hatte ich wieder denselben Taum. Und jetzt wollte ich einmal mit Ihnen darüber sprechen. . .«

Als ich ihr sage, daß ich selber sehr auf meine Träume achte und sie ernst nehme als Botschaften meiner Seele – und wenn ein Traum mehrmals wiederkehrte, so sei dies eine sehr wichtige Botschaft für mich – und als ich anfüge, daß ja in der Bibel oft Träume als Botschaften von Gott verstanden würden. . ., nickt sie zustimmend und lehnt sich erleichtert und aufatmend im Sessel zurück, fragt aber noch einmal vergewissernd: »Sie meinen also nicht, daß ich irre bin, wenn ich immer dasselbe träume. . .«

Ich sage: »Ganz im Gegenteil. Ich denke, daß Sie sehr klar bei sich selber sind, wenn Sie so auf Ihre Träume achten. . . Aber vielleicht erzählen Sie jetzt einmal, was Sie geträumt haben.«

Sie setzt sich wieder auf die Sesselkante, stützt sich auf ihren Stock und schildert zum Teil mit zitterndem Gesicht ihren Wiederholungstraum:

Erst klopft es an die Außentur, dann an die Inentür. Dann tritt jemand in mein Zimmer, bleibt an der Tür stehen – und wartet. Ich kann nicht erkennen, ob Mann oder Frau.
Er (!) bleibt an der Tür stehen, kommt nicht näher, steht da und wartet.
Ich erschrecke –, mache Licht und rufe: Hinaus! (Sie fährt dabei im Sessel hoch und schleudert den Arm hinaus in abweisender Gebärde.)
Eine kurze Weile ist er noch da – dann verschwindet er. Ich bin ganz erschrocken. Mir ist unheimlich. Ich rufe ihm noch nach: Was willst du von mir?! Laß dich nicht mehr hier blicken!. . .
Aber einschlafen kann ich dann nicht mehr. . .

Sie erzählt das, als hätte sie das soeben noch einmal erlebt. Der Schrecken steht ihr noch im Gesicht. Aber es ist auch ein Leuchten in ihren Augen. Ich sage ihr, daß mich ihr Traum sehr beeindruckt. Ich hätte ihn jetzt regelrecht miterlebt und ich hätte auch etwas von dem Schrecken gespürt. Ja, sagt sie, ich auch! Das Ganze erschreckt mich so. Am meisten diese stumme Gestalt. Die klopft und kommt herein – und steht da.
Ich muß auch tagsüber oft an diese Gestalt denken. (Sie hält inne, schaut zur Tür.)
Ich: Sie schauen zur Tür? Sie: Ja, es kommt mir vor, als stünde er (!) da. – – Da an der Tür! (Sie ist eher erstaunt als erschrocken.) Ich setze mich neben sie und sage: Ich bin jetzt bei Ihnen – können Sie etwas erkennen? Sie: Ja, in Umrissen. . . Ich: Vielleicht reden Sie ihn einmal an und sagen ihm, wie Ihnen zumute ist. . .
Sie: (etwas forsch) Jetzt bist du wieder da! Du hast (!) mich erschreckt in der Nacht mit deinem Klopfen –, und wenn du hereinkommst und stehenbleibst. . . (ihre Stimme klingt ab, als ob dieser Vorwurf jetzt nicht mehr angemessen sei).
Ich: Und jetzt? – Ist da etwas verändert? Sie: Ja, es ist anders,

heller, nicht mehr wie ein Schatten. Ich: Sagen Sie es ihm! Sie: Du bist jetzt so anders. . ., du bist heller. – Du bist nicht mehr so unheimlich. . . (nach einem Zögern) Ich kenne dich jetzt schon. – Ich muß ja auch dauernd an dich denken! Ich: Er ist Ihnen schon vertraut? Sie: (mit unverwandtem Blick zur Tür). . . Ja, du bist mir schon vertraut. – Ich: In der Nacht haben Sie »hinaus!« gesagt. . . Sie: (schüttelt den Kopf) Nein, das geht jetzt nicht. – Ich – (sie schaut vergewissernd zur Tür) ich – du. . . äh (stockt)

Ich: Ich und du?. . . Ist das jetzt schon wie eine vertraute Beziehung zwischen »ich und du«?

Sie: (atmet tief aus) . . . Ja – (unverwandt zur Tür blickend) ja, du bist sogar tagsüber bei mir in meinen Gedanken. Ich denke dauernd an dich! (sie stößt mit dem Stock auf den Boden) Du hast mir Angst gemacht! Abends, bevor ich einschlief, habe ich Angst gehabt, daß du wiederkommst. . . und dastehst und wartest! (Pause – und dann mit veränderter Stimme) Aber ich habe auch ein bißchen auf dich gewartet. Ich glaube, ich fühlte mich sogar geehrt. . . Du warst ja mein Gast. . . irgendwie. . . du hast ja angeklopft – (stockt). Ich: . . . Sie haben auf ihn gewartet. . .? – Er hat auf Sie gewartet? Sie: . . . Ja – ja, ich hab auf dich gewartet. . . und du hast auf mich gewartet (sie ist sichtlich gerührt).

Ich: Er ist viermal gekommen – hat sich nicht abhalten lassen – vielleicht hat er ja etwas Wichtiges zu sagen. . . – eine Botschaft oder so. . . Sie: (unvermittelt zu mir hin) Vor dem Sterben (!) habe ich ja eigentlich keine Angst! Ich: Sie meinen, seine Botschaft hätte etwas mit dem Sterben zu tun. . . Und dazu wäre er sooft gekommen. . . und hätte sich nicht abweisen lassen. . .?

Es entsteht eine lange Pause und dann sagt sie sehr zögernd und doch bestimmt: Dann würde er mir wohl sagen wollen: Mach dich bereit – es ist bald soweit – ich warte auf dich. . . (Sie ist sehr bewegt und ich mit ihr.)

Sie: (schaut noch einmal zur Tür) . . . Und ich hätte jedesmal »hinaus« gesagt. . . (sie schüttelt den Kopf). Ich: Vielleicht

möchten Sie ihm jetzt etwas anderes sagen...? Sie: ... Ja, ich möchte dir sagen: Ich habe dich erwartet... Bitte nimm doch Platz – . Ich sage nicht mehr »hinaus!« – – Ich hab dich verstanden –.
Sie ist sehr nachdenklich geworden und sagt nach einer Weile zu mir hin: Sie hätte heute morgen an Josef, den Vater Jesu gedacht. Dem erschiene ja auch (!) ein Engel (!) im Traum. Aber das wäre ja wohl zu vermessen – an so etwas zu denken.
Wir beginnen das gemeinsam zu erwägen: »Angenommen es wäre so...« Sie: ... Dann hätte Gott mir einen Engel geschickt...? Ich: ... Einen Boten mit einer Botschaft für Sie... Sie: Mh – gedacht habe ich das schon öfter. (längere Pause) Ich kann das natürlich keinem in unserem Haus sagen. Die denken dann: Jetzt ist sie völlig übergeschnappt – –. Aber eigentlich fänd ich das sehr schön. Und warum soll immer nur eine Predigt »Gottes Wort« sein? Ich: Genau das denke ich auch... Warum sollte Gott nicht durch die Sprache unserer Träume mit uns sprechen...?
Sie ist ganz tief beeindruckt davon. Und beginnt noch einmal, den Traum durchzuspielen. Sie: ... Dann wäre er also ein Gottesbote... Und ich wäre jedesmal erschrocken... und hätte jedesmal »hinaus« gesagt. Ich: Er hat ja auch eine Botschaft, die zum Erschrecken ist – auch wenn man keine Angst vor dem Tod hat... Sie: Ja, das habe ich vorhin gesagt: Vor dem Tod habe ich keine Angst –. Aber manchmal erschrecke ich doch. Dann sehe ich mich im Spiegel und denke: Was hängst du doch an deinem klapprigen Leben, an den paar Möbeln, an den Bildern, an den Buchfinken vor deinem Fenster... Dabei habe ich doch eigentlich keinen Menschen mehr. Die Schwester wohnt weit weg –, ich hab sie doch alle überlebt – –, wem bin ich denn noch was wert? (Sie weint.) Gehen kann ich nur noch mit dieser Krücke (fährt sie fort), mein Körper ist hinfällig. Manchmal, denke ich, wär's schön, wenn's überstanden wäre...
Ich: Und nun kommt ein Bote – wie ein Engel Gottes – und

sagt: Ich warte auf dich... Ich bereite dich vor..., du bist mir etwas wert... Sie: ... Ja, das ist zum Weinen schön... Ich fühle mich sehr geehrt. Ich glaube: Ich soll nicht allein gehen. (Nach einer Pause, mit Blick zur Tür): Er ist aber nicht mehr da! Ich: ... Ich denke, er hat ja auch seinen Auftrag erfüllt... Sie nickt. Ich: Vielleicht möchten Sie ihm trotzdem noch etwas sagen – zum Abschied? Sie: O ja – das möchte ich! Danke, möchte ich sagen! Gott, ich danke dir...

Wir haben noch eine Weile so nebeneinander gesessen, bis sie sagt: Das Ganze kommt mir noch einmal wie ein Traum vor. Ich sage: Mir sei zumute, als hätten wir gemeinsam ihren Traum zuende geträumt, und als hätten wir gemeinsam eine Begegnung mit Gott erlebt.

Beim Abschied sagte sie: Ich weiß jetzt, wo es hinausgeht –. Und ich weiß, »daß einer mit mir geht« – heißt es nicht so im Lied?

Sie starb nach einem knappen halben Jahr. Die betreuende Schwester sagte: »Ohne Kampf – sanft hinübergeschlummert«. Ich traf sie vorher noch einige Male. Der Traum wiederholte sich nicht. Sie hatte »verstanden«.

Dieses Gespräch hat mich noch tagelang beschäftigt. Das Miterleben war für mich so tief, als wäre ich selbst dem »Gottesboten« oder »Todesboten« begegnet. Ich war mir bewußt, hier etwas ganz Einmaliges miterlebt zu haben: Eine Frau träumt ihren Tod voraus! Ihre »Seele« weiß längst im voraus, daß »es soweit ist« und macht sich mit unüberhörbaren »Klopfzeichen« bemerkbar. Ihre Todesahnung hat sich zur Traumfigur des Todesboten verdichtet. Ihr Traum spricht die Sprache des »Unsagbaren«.

Meinem Tagesbewußtsein war diese Traumbotschaft in der Folgezeit immer wieder fremd. Mindestens zweimal in der Woche ging diese alte Dame an unserem Haus vorbei – ein Mensch, der sein Sterbegeheimnis schon wissend mit sich trug.. Verständlich die Irritation, die sie anfangs in ihrer Umgebung ausgelöst hatte, wo man die Sprache der Träume

nicht zu beachten gewohnt war – oder aber, wo man vielleicht sehr deutlich spürte, daß hier jemand verschlüsselt vom nahen Sterben sprach. Sie hat dort nie mehr davon gesprochen (außer einer betreuenden Schwester gegenüber). Sie brauchte jetzt keine Übersetzungshilfe mehr, kein soziales Ventil für ihr Erschrecken, auch nicht unbedingt mehr eine Resonanz der andern.
Sie war »sich selbst« begegnet, ihrem Schrecken, ihrer Angst. Sie war »ihrem Tod« begegnet. Sie hatte »ihn«, den Tod, angeredet und dabei – Gott entdeckt! (Eine Erfahrung, die ich in der Begleitung sterbender Menschen öfter gemacht habe.) Sie hatte die unheimliche Botschaft nicht mehr wie bisher abgewiesen (hinaus!), auch nicht mehr bagatellisiert wie bisher (vor dem Tod habe ich keine Angst). Indem sie sich ihm stellte, wurde der Schreckensbote eine Freundesgestalt, ein ihr schon vertrauter Begleiter – jenes »Du«, in dem offenbar ihre »Sterbegestalt« verkörpert war. Das »Ich« hatte seine Botschaft verstanden. Er war nicht mehr abgewiesen und brauchte sich nicht mehr gegen das »Hinaus!« Gehör zu verschaffen. Als erschrocken wahrgenommenes »Gegenüber«, das sich immer wieder bemerkbar machen mußte, »verschwand« er. Er war nun samt seiner Botschaft in ihr Selbst-Bewußtsein integriert. »Ich weiß jetzt, wo es hinausgeht. . .« Er machte sich überflüssig (wie das Engel so an sich haben, wenn ihre Botschaft angekommen und vom menschlichen Adressaten selbst übernommen ist) – aber der Glaube blieb. Ich könnte auch sagen: Der Gottesbote blieb ihr in der Gestalt ihres Glaubens: Nämlich, daß Gott selbst mit ihr geht auf dieser letzten Lebensstrecke. Dabei wird hier »Glaube« nicht ersetzt durch Erleben, sondern das Erlebte selbst ist ein Schritt gewagten Glaubens – und ist nur im Vollzug des Glaubens zu erleben.
In der Gestalttherapie gehen wir in der Regel noch einen Schritt weiter. Ich hätte ihr nahelegen können, den »letzten« Integrationsschritt zu vollziehen, sich in die Rolle des Boten zu versetzen, sich selbst als Boten zu erleben und auf diese

Weise dieses Gegenüber in ihr »Ich« erlebnishaft zu integrieren. Sie hätte dann ihren Traum als einen innerpsychischen Vorgang und die Traumfigur als ihre eigene »Botschaft an sich selbst« erfahren und bewußtmachen können.

Ich habe diesen »therapeutischen« Schritt zunächst einmal aus Gründen der Behutsamkeit nicht vollziehen lassen. Ich wußte zwar aus früheren Gesprächen, daß sie sich auf die »dritte Ebene der Erlebniswirklichkeit« (das Vorgestellte wird als so intensiv gegenwärtig erlebt, als würde ich ihm jetzt leibhaftig begegnen)[57] gut einlassen und auch geradezu »gestaltisch« direkt kommunizieren konnte – aber mit einem solchen »therapeutischen« Schritt hätte ich etwas Entscheidendes übergangen: Das Traumsymbol (Todesgestalt) war für sie ja am Ende überlagert durch das Glaubenssymbol (Gottesbote). Sie erlebte Gottes Wirklichkeit und Anrede als personhaftes Gegenüber. Und das galt es ernst zu nehmen.

Für mich kommt hier die gestalttherapeutische »Technik« der Identifikation an eine Grenze[58], und zwar sowohl aus »gestaltischen« wie aus theologischen Erwägungen: In der Gestalttherapie geht es grundsätzlich nicht darum zu tun, was »gestalt-technisch« möglich ist. Vielmehr ist der Einsatz der Interventionsmittel orientiert an dem Gespür dafür, was dem andern und mir selbst möglich und angemessen erscheint in dieser besonderen Situation. Hier trifft sich die gestalttherapeutische Erwägung mit der theologisch-seelsorgerischen: Wichtig ist, die besondere Weise der Gottesbeziehung dieser Frau nicht destruktiv anzutasten, sondern konstruktiv aufzunehmen und so die Möglichkeit zu einer neuen, vertiefenden Gottesbegegnung offenzuhalten: Die Traumfigur, die sich am Ende für sie zum Gottesboten gewandelt hatte, blieb auf

57 Wir unterscheiden in der Integrativen Therapie vier Ebenen der Erlebniswirklichkeit; vgl. EXKURSE A. 4.2 d.; Petzold in: ITh 3/4, 1977, 155.

58 Vgl. Neumann, 131 f.

diese Weise unangetastet ihr geglaubtes Gegenüber und wurde nicht einfach als innerseelische Figur verrechnet.
Für mich persönlich könnte auch eine solche innerseelische Figur die Qualität eines Gottesboten haben, durch die Gott als mein »Jenseits« und »Gegenüber« zu mir spricht und mir meine existentielle Wahrheit über mich selbst öffnet; d. h. für mich selbst könnte in entsprechender Situation Rollentausch und Identifikation durchaus sinnvoll sein – wobei »Identifikation« nicht heißen kann: Mich des Gegenübers zu bemächtigen, es mir verfügbar zu machen, im Sinne eines totalen naiven Psychologismus alles in »Ich« umzuwandeln und kein »Du« mehr gelten zu lassen. . . Der Sinn von Identifikation ist bescheidener und »menschlicher«: Es geht darum, die im »Du« verkörperten Ich-Anteile zurückzugewinnen, »die andere Seite« meiner Lebenswirklichkeit in mein Ich aufzunehmen, mir die Botschaft dieser anderen Seite nicht vom Leibe zu halten, sondern sie in mein Leiberleben zu integrieren.
Nur – ein solcher Übersetzungsschritt war in dieser Situation auch deshalb nicht angemessen, weil diese Frau ihn gar nicht mehr benötigte, um sich die Botschaft des Traumes zu eigen zu machen: Sie hatte dem Todesboten ins Angesicht geschaut und dem Schrecken der »letzten Wahrheit« standgehalten. Sie nahm nun den neu gesehenen Boten als Begleiter, als »Du Gottes« mit auf den letzten Wegabschnitt ihres Lebens (ich weiß, daß einer mit mir geht. . .). Und sie (die ja für niemand mehr etwas wert ist) fühlte sich durch den nächtlichen Gast in einer noch unfaßbaren Weise »geehrt« – eine Glaubensaussage von biblischer Größenordnung: Da ihr angesichts des Todes vom Angesicht Gottes her ihr unauslöschlicher Wert zuerkannt wird!
Der Traum hatte ihr – aber auch mir – zu einer Gottesbegegnung verholfen, wie ich sie in dieser Intensität sonst wohl nur aus biblischen Texten kenne.

Der Traum vom Todeskampf. . .[59]

Ein 75jähriger Mann (ich kenne ihn gut) liegt todkrank. Seine Frau bittet mich, ihn zu besuchen. Die Ärzte machten ihr (!) keine Hoffnung mehr, und er selbst wolle nicht mehr leben. Das täte ihr in der Seele weh, daß er so gar nicht mehr bei ihr bleiben wolle. – Mit dem sterbenskranken Mann habe ich vier Gespräche geführt, mit seiner Frau (und der Tochter) wesentlich mehr. In der Beziehung war sehr viel aufzuarbeiten. Der Mann litt unter schwerer Atemnot und klagte, meine Frau bedrängt mich so: »Du darfst mir nicht sterben« – und ich kann doch nicht mehr. Für die Frau war es sehr schmerzlich zu erkennen, wie »fürsorglich« sie ihren Mann umklammert hielt und ihm förmlich die Luft nahm – die Luft zum Leben und nun auch zum Sterben. Aber diese Erkenntnis kam erst, nachdem der Mann sich durch seine Träume in einer Weise artikuliert hatte, wie er es in der direkten Auseinandersetzung nicht vermochte. Natürlich konnte das lebenslang eingeschliffene symbiotische Beziehungsmuster der beiden nicht aufgelöst werden. Aber es war sehr deutlich spürbar, um wievieles gelöster das Verhältnis zwischen ihnen wurde, nachdem einerseits die Frau auch emotional mehr ins Loslassen einwilligen konnte, und andererseits der Mann nicht mehr nur in seine abweisende Stummheit verfiel. Die entscheidende Sprachhilfe leisteten ihm, wie gesagt, mehrere Träume, die ihn sehr beschäftigten. Wir hatten bei früheren Begegnungen schon einige Male über Träume gesprochen, und dabei auch den einen oder andern Traum erzählt. Er sagte mir damals zu meiner Verblüffung: »Mit so einem Traum kann ich mich manchmal noch einen ganzen Tag lang beschäftigen.« Dies täte er, seit er anläßlich einer Kur einmal einen Vortrag über das Thema »Träume – und was sie mir über mich sagen« gehört hätte. Er war ein sehr einfacher Mann mit durchschnittlicher Schul- und Wissensbildung,

59 Vgl. WzM 1/2, 1981, 50 ff.

aber von erstaunlicher Bildung, was das Wahrnehmen und Verstehen seiner Selbst betraf. Er konnte sehr plastisch erzählen. Ich hörte ihm gern zu. Dabei machte er wenige Worte. Die Gespräche waren immer schon mit viel Schweigen verbunden.

Diesmal hatte er mich rufen lassen. Es ginge ihm gar nicht gut, ob ich möglichst heute noch kommen könne. So dringend hatte er sich noch nie gemeldet. So ließ ich alles andere beiseite und kam sofort. Nach der Begrüßung saßen wir eine Weile schweigend beisammen. Er litt unter besonders beklemmender Atemnot und konnte deshalb nur mühsam sprechen, gab mir aber zwischen den Atemstößen zu verstehen, er müsse mir unbedingt etwas sagen – den Traum der letzten Nacht.

Eine kontinuierliche, inhaltliche Schilderung brachte er nicht zustande. Es handelte sich offenbar um einen Kriegstraum – »eine Vernichtungsschlacht« – aus dem er schweißgebadet und nach Atem ringend aufgewacht sei... Mit diesen Andeutungen war er schon wieder voll in sein Traumerleben einbezogen. »Ach«, sage er, »das kann man gar nicht erzählen. Es geht immer nur: Pfiiu wum! Und dann platzen die Luftminen. Immer wieder: Pfiiu wum! Und dann schreien die Kameraden vorne: Hilfe! Hilfe! – Und ich kriege keine Luft mehr... und ich kämpfe mich durch lauter Menschen hindurch... nur raus hier!«

In mir läuft während dieser kurzen und doch mit langen Pausen verzögerten Schilderung sehr viel ab. Gedanklich: Offenbar eigene, bisher nicht verarbeitete Kriegserlebnisse – damalige Sterbeängste als jetzige Sterbeängste im Stadium bedrängender Atemnot aktiviert. – Meine Wahrnehmung: Ich sehe und höre, wie er die Worte aus sich herauskämpft. Dazu röchelndes, pfeifendes Atmen. Sein Leiden greift auf mich über. Ich bin sehr beteiligt. Dann klopft er auf seine Brust und sagt: »Da! Da ist es...« Ich: Da ist der Kampf...? Er nickt, keucht und röchelt. Schließlich kann er husten und Schleim ausspucken. Er zieht dabei zwischendrin in hohen

Pfeiftönen den Atem ein. Dann klopft er wieder auf die Brust: »Da ist das! Da drin! – Es ist schrecklich. . .« Ich: . . . In Ihnen selbst tobt der Krieg. . .? Er: . . . Ja – es geht auf Leben und Tod. . . Er nimmt das Taschentuch vor den Mund und bellt den Husten aus sich heraus. Ein-, zweimal, dann noch einmal schwächer. Nach einiger Zeit atmet er tiefer durch, wird etwas ruhiger und schaut mich an: »Das war grad wie in der Nacht« (er atmet wieder mit Mühe), »dabei – – so was hab' ich im Krieg gar nicht erlebt – oder doch – ich weiß es nicht. . .« Ich wische ihm den Schweiß ab. »So was müssen Sie sich nun alles anhören und ansehen«, sagt er. »Ja«, sage ich und lege meine Hand auf seinen Arm, »das war ein schrecklicher Kampf – wie auf Leben und Tod.« – »Ja (er nickt mit dem Kopf), ich hab's jetzt erst mal hinter mir, glaube ich.« Ich: »Haben Sie sich jetzt erst mal durchgekämpft? – – Durch all die Menschen. . .?« Er: (stutzt) – »Ja, ja.« (bricht ab) Dann beginnt er zu weinen – und nach einer langen Pause: »Meine Frau bedrängt mich so: ›Du darfst mir nicht sterben. . . – und ich kann doch nicht mehr. . . (er weint). Und da habe ich ihr gesagt: Ich will jetzt mit dem Pastor L. sprechen. . . (und wieder nach einer Pause, wobei er mir die Hand auf den Arm legt) gut, daß Sie bei mir waren. . . (und später) ich bin jetzt sehr müde.«

Dieses Erlebnis hat mich körperlich und seelisch sehr angegriffen, das spürte ich nachher. Wenn ich es reflektorisch betrachte, so war dies eine der kürzesten und intensivsten »Gestalt-Traumarbeiten«, die ich miterlebt habe. Dabei war das Traumerleben involvierter Ausdruck des körperlichen Erlebens und umgekehrt. So sehr der Traum Artikulation alter »unerledigter Situationen« sein mochte, er war zugleich Artikulation der momentanen Lebenssituation: Ausdruck des Todeskampfes, so empfand er es selbst, – aber auch Ausdruck seiner ihn einengenden Beziehungssituation.

Auffällig war sein Drängen: Die Bitte an mich, heute noch zu kommen, die zielstrebige Eröffnung: Er müsse unbedingt seinen Traum erzählen, und die ungeheure Anstrengung, die er sich dazu abverlangte. Im medizinischen Ablauf wurde seine Atemnot lediglich als körperliches – bzw. als Krankheitssympton beachtet und behandelt.[60]. Die Traumsprache aber gab dieser »Körpersymptomatik« ihren existentiellen Ausdruck[61]. Sie offenbarte seinen eigentlichen, bedrängenden Hintergrund. Und es war, als hätte er sehnsüchtig darauf gewartet, daß jemand diese Sprache versteht, daß endlich jemand bemerkt, wie sehr der Todeskampf – und nichts anderes – da in ihm tobt, jemand, der ihn in diesem Schreckenserleben begleitet, ohne ihn daran zu hindern, von seinem Sterben zu sprechen. In der Traumsprache: Er hatte sich mit seinem »Hilfe!«-Ruf durch all die Menschen zu jemandem »durchgekämpft«, dem er sich mitteilen konnte.

Dabei genügte es nicht, daß er dies vor mir ausgesprochen hatte. Zum aktuellen Kontext gehörte ja das Drängen seiner Frau: Du darfst mir nicht sterben! – Ich hätte Wesentliches übersehen, hätte ich diesen Bezug außer acht gelassen. Für ihn selbst war die Beziehung des Traumerlebens zu seinem Leiberleben die entscheidend wichtige Erkenntnis. Der Traum hatte ihm die Botschaft seines Leibes vermittelt: Es geht auf Leben und Tod! Es war ihm, als hätte er mit dieser durchlebten Erkenntnis den schrecklichsten Teil seines Todeskampfes erst einmal hinter sich. Die Erleichterung war auch sichtlich zu spüren. – Aber der Traum hatte ja deutlich gesagt: Daß er sich »durch lauter Menschen hindurchkämpfen« mußte. Und es bedurfte nur der angedeuteten Wiederholung eben dieses Traumsatzes (wir nennen das »Impulsdeutung«) – und schon war er in Kontakt mit seinem »Hintergrund«: Mit seiner Trauer und Hilflosigkeit gegenüber all den Menschen, die ihn bedrängten, vor allem gegenüber seiner Frau. Hier hatte der Traum offenbar sehr

60 Zum Thema »Der sterbende Mensch als Gegenstand der Medizin« vgl. Jüngel 1971, 25 ff.

61 Perls 1976, 208: Der Traum als »existentielle Botschaft« vgl. EXKURSE A. 4.1 b.

dramatisch das ihn schier erstickende Netz seiner aktuellen Beziehungen artikuliert, die allesamt das gleiche Kennzeichen trugen: Ihn am Sterben zu hindern und ihm gerade damit die Luft zu nehmen! Er mußte ja gegen seine gesamte Umgebung für sein Sterbendürfen »kämpfen«: gegen eine Medizin, die ihn partout am Leben erhalten wollte, gegen seine Frau und Familie, die ihn bedrängte, doch am Leben zu bleiben – und wohl auch gegen seine eigenen Widerstände: gegen sein Verstummen, wenn er hätte reden sollen, gegen die lange eingespielte Unterdrückung seiner Aggression, die ihm hätte Freiraum verschaffen können usf...

Draußen im Flur wartete seine Frau. Sie empfing mich mit der erwartungsvollen Frage: Nun, was sagen Sie? Ihre Augen sagten mehr als ihre Worte. Sie sah mich an, als wollte sie sagen: Haben Sie etwas für mich tun können, daß er wieder leben will...?

Ich bat sie in die Besucherecke, wo wir uns nebeneinander auf eine Bank setzten, und berichtete ihr von seinem Sterbetraum – und daß er gesagt hätte, er könne einfach nicht mehr – und daß er offenbar den Wunsch hätte, auch mit ihr darüber reden zu können. Sie verstummte zunächst, lehnte sich dann an mich, weinte, sagte einige Male seinen Namen und fügte schließlich hinzu:... »Dann in Gottes Namen – wenn's denn so Gottes Wille ist...«

... und vom »schwebenden Baum«

Als ich ihn das nächste Mal besuchte, war er sehr viel gelöster und sichtlich gekräftigt. Seine Atemnot war erträglicher. Der Arzt hatte mir von dieser Besserung des Zustandes schon im Flur berichtet, aber hinzugefügt: Er selbst habe nicht mehr viel Hoffnung. Dennoch würde man es noch einmal mit einer anderen Medizin versuchen. Ich sagte ihm meine Bedenken gegen eine nur medizinisch herbeigeführte Verlängerung des Lebens, weil ich das letzte Mal den Eindruck gehabt hätte, daß er selbst eigentlich sterben wolle. Er teilte diese Bedenken durchaus, meinte aber, der Patient sei zur Zeit Tagesschwankungen unterworfen und dann müsse man nun doch medizinisch das Menschenmögliche zur Erhaltung des Lebens tun.

Die ersten zehn Minuten unseres Gesprächs bestätigten diese Einschätzung des Arztes vollauf. Wir unterhielten uns im Plauderton und er redete flüssig erzählend wie selten, bis er sich unvermittelt unterbrach mit der Bemerkung: Ich habe letzte Nacht wieder etwas geträumt – etwas ganz Seltsames.

Er sagt das zunächst fast heiter, als ob er mir ein schönes Geheimnis anvertrauen wollte, wird dann aber zusehends ernster und ganz schweigsam – wendet sich dann mir zu und sagt: Es ist nicht so schrecklich wie das letzte Mal. Eigentlich ist es ein wunderbarer Traum. Heute morgen habe ich gleich gedacht: den möchte ich Ihnen gern erzählen!

Ich sage ihm: Ich will ihn auch gerne hören. . . und merke, daß er sehr berührt ist.

Sein erneutes Schweigen ist kein Verstummen – eher Andacht. Er schließt die Augen, faltet die Hände über der Brust und ist spürbar ganz bei sich selbst. Nach einer Weile bewegt er die Hände, als ob er etwas greifen wollte, dann sagt er: Jetzt ist das Bild wieder da! – Und dann schildert er sehr bewegt, was er da »sieht« und »erlebt«:

> Ich sehe einen alten knorrigen Baum über einer Steilküste. (Er zeichnet mit einer Handbewegung die Konturen von Baum und Steilküste.) Er ist nur noch zur Hälfte im Erdreich verwurzelt. Die andern Wurzeln greifen in die leere Luft

Er atmet schwer, als er dies sagt. Nach einer Weile zu mir hin: Das greift mich an – das Bild. Ich: Ja, das ist auch ergreifend. . . Ein Baum, der nur noch zur Hälfte hier auf der Erde verwurzelt ist. . .

Er: . . . Ja, und zur Hälfte schon drüben. . . (er schweigt, liegt da mit weit geöffneten Augen und weint lautlos).

Dann: . . . Ich hänge doch noch sehr an meinem Leben. Heute morgen – da schien die Sonne durch die Zweige am Fenster. Da sind mir soviele Erinnerungen gekommen. . . (Pause)
Die Tochter war wieder hier – die hängt so an mir. (Er weint.)
Und dann meine Frau. . . Sie hat mir gesagt: Vater, wir wollen uns in alles schicken, wenn's denn so Gottes Wille ist. . . (Er weint sehr.)
Und vorhin, bevor Sie kamen – dachte ich an das Lied: »Geht hin, ihr gläubigen Gedanken, ins weite Feld der Ewigkeit. . .«
Manchmal bin ich schon weit fort. (Er sagt das mit einem in die Ferne gerichteten Blick.)
Ich: So wie der Baum? – Noch hier – und schon drüben. . .?
Er: (nickt) . . . Ja, wie der Baum –, sagt er und scheint für Augenblicke zu versinken. Es ist als ob er »entgleitet«, und es dauert eine Weile, bis er aus dieser Versunkenheit wieder auftaucht.
Als er sich mir wieder zuwendet, sagt er fast entschuldigend: Das habe ich jetzt öfter – dies Gefühl – dann bin ich gar nicht mehr hier. . .
Ich: – Ja, ich hab's gespürt. . . Es ist wie in Ihrem Traum. . .
Er wartet eine Weile. Dann sagt er: Ja, es ist mir wie im Traum –.
(Er richtet sich im Kissen etwas auf): Aber der Traum geht noch weiter (fügt er mit kräftigererStimme hinzu), das Wunderbare kommt noch. Er macht eine Pause. Er schaut suchend, als ob er sich das Bild wieder vergegenwärtigen möchte. Dann spricht er Wort für Wort, als erlebte er das Geschilderte jetzt wieder:

. . . Da steht er – der Baum – halb im Erdreich – halb in der Luft.
Dann löst er sich – verliert den Halt und stürzt ab.

Mir stockt der Atem (der Atem stockt auch jetzt). Und dann passiert das Wunderbare: (er unterbricht sich, sichtlich gerührt)
Er macht mit den flach nach oben gekehrten Handflächen eine tragende, sanfte Bewegung und kommentiert:
Der Baum schwebt! – Er stürzt nicht – er schwebt – Wohin? – Ins Meer? – Ich weiß es nicht...

Und sonderbar, wie ich aufwache, kommt's mir vor, als ob ich selber schwebe. Und vorhin hatte ich dasselbe Gefühl. (Er schweigt und fügt dann hinzu): Am liebsten möchte ich in diesem Gefühl sterben. Ich hab manchmal richtig Sehnsucht danach. Angst habe ich keine mehr.

Es ist dämmrig geworden im Zimmer. Wir schweigen eine Weile. Dann sage ich ihm:
Ich bin sehr bewegt von Ihrem Traum – von allem jetzt ––. Sie haben mich ein Stück weit mitgenommen »ins weite Feld der Ewigkeit«... Ich hab jetzt selbst das Gefühl, ich müßte mich auch nicht mehr erschrecken vor dem Sterben...
In diesem Gespräch habe ich etwas erlebt, was mir öfter bei bewußt Sterbenden aufgefallen ist, aber auch etwa bei körperlich (Schwer-) Behinderten oder chronisch Kranken, die ihre Behinderung bzw. Krankheit in ihr Leben integriert hatten. Ihr existentiell vollzogenes Annehmen ihrer jetzigen Lebens- (bzw. Sterbe-) Situation gab ihnen eine besondere Würde, Kompetenz und Autorität. Das »Rollengefälle«: Seelsorger-Patient war hier aufgehoben, wenn nicht gar umgekehrt. Mein Eindruck: Der andere ist mir »voraus«. Ich bin sein Begleiter, der »nachfolgend« mitgeht.
So war es auch hier.
Dieser Mann hatte sein Sterben angenommen. Der Traum war die Sprache, in der er seine Auseinandersetzung, sein Erschrecken, seine Not und seine Einwilligung, ja seine Sehnsucht ausdrückte.
Dabei verfuhr er selbst »gestaltisch« mit seinen Träumen. Er identifizierte sich (aus der Übereinstimmung mit seinem

Traumerleben heraus) mit seinen Trauminhalten (Baum, Grenzsituation zwischen hier und »drüben«, Sturzgefühl, Schwebegefühl). Es bedurfte keiner Fremddeutung, überhaupt keiner »Deutung«. Er erlebte seinen Traum im erzählenden Nachvollzug bis ins Körperliche beteiligt nach. Was er suchte und brauchte, war ein Gegenüber zur partnerschaftlichen Resonanz, einen »Gleichgesinnten«, der seine Traumsprache als Ausdruck seiner existentiellen Situation ernst nahm.

Er selbst bestimmte dabei das Tempo, den Rhythmus von Erzählen und Meditieren des Erzählten. Er selbst setzte, ohne es ausdrücklich als methodischen Schritt zu tun, die Traum-Bild-Erlebnisse in Ich-Kategorien um. Er war so sehr identisch mit seinem Traum, daß sich für ihn schon im Traumvorgang selbst ein Stück »Evidenz«[62] ereignete: Also ein nicht nur gedankliches, sondern ganzheitliches Erlebnis der Bewußtheit »so ist es! so erlebe ich mich! ja, genau das bin ich, was ich da im Traum vor mir sehe und als Traum erlebe!«

Und ich staune nun selber, während ich dies alles unter »Gestalt«-Gesichtspunkten reflektiere. Und ich denke mir, daß natürlich auch die Art unserer Beziehung dies ermöglichte, in der die Traumsprache immer schon eine gemeinsame Sprache war und in der ich jetzt auch von meiner Seite sehr viel Gleichklang (sogar im Rhythmus von Schweigen und Reden) verspürte. Einem solchen alten Mann, der mir gegenüber so offen und identisch, so achtungsvoll von seinem persönlichsten Empfinden sprach, der mich wie seinen Vertrauten zu sich bat und mich Anteil nehmen ließ an seinem Ausblick über die Grenze zur Ewigkeit – einem solchen alten Mann galt natürlich meine besondere Zuneigung und Vorliebe. Dessen war ich mir bewußt und das hat er gespürt.

62 Vgl. Petzold in: Die neuen Körpertherapien, 280 f.

Als wir uns zum Abschied die Hände gaben, war das wie ein Abschied für immer.
Aber er starb nicht!
Zum Staunen des Arztes »griff« die Medizin. Er wurde erstaunlich schnell entlassen. Seine Frau war überglücklich. Ich selbst war überrascht, irgendwie fassungslos.
Aber nun erlebte ich etwas ganz Sonderbares: Einen Menschen, der jenseits seines erlebten Sterbens noch weiterlebte. Er war noch schweigsamer als früher und »nicht mehr richtig da«, wie er es selbst ausdrückte. »Ich komme in dieses Leben gar nicht mehr zurück. Ich sehe die Dinge gar nicht mehr richtig, als ob immer noch was anderes dazwischen wäre.«
Er lebte noch ein knappes Jahr und starb dann plötzlich. Wenige Wochen vor seinem Tod, als ich ihn zu seinem Geburtstag besuchte, vertraute er mir an: »Ich war schon zum Sterben fertig – ich hatte die Ewigkeit schon geschmeckt. Dann verliert man den Geschmack an diesem Leben. – Das Bild mit dem Baum – das hab ich immer vor Augen. . .«
Ich persönlich glaube, daß der medizinische »Erfolg« das Leben dieses Mannes verlängert hat für ein Leben, das nicht mehr sein Leben war. Anders gesagt: Der medizinische Eingriff hat verhindert, daß dieser Mann in seinem eigenen Zeitrhythmus sein Leben zu einer »guten Gestalt« abrunden konnte. Er war gewiß kein ethischer »Grenzfall« medizinischer Lebensverlängerung. Dennoch: Dieses im Namen der Medizin verordnete Leben war für ihn nichts als ein künstlicher Anhang an sein schon zu Ende gelebtes Leben.
Nachträglich fällt mir auf, daß ich als Seelsorger mit dem Arzt zwar sporadisch Kontakt aufnahm, daß wir uns aber nicht zusammen mit dem Patienten und den Angehörigen zu einer gemeinsamen Entscheidung abgestimmt haben, wobei die Freiheit des Patienten, seine Mündigkeit und sein Recht auf *sein* Sterben den Vorrang hätten haben müssen vor dem

medizinischen Grundsatz der Erhaltung des Lebens um jeden Preis.
Dies hätte natürlich sehr viel mehr Zeit gebraucht, als sie im medizinischen Betrieb üblicherweise und von der personellen Besetzung her zur Verfügung steht. Der Arzt selber, ein Mann mit feinem Gespür, wäre bei gezielterem Engagement meinerseits sicherlich für eine solche Abstimmung offen gewesen.
Die hier berührte Frage zielt nicht nur auf ein berufsethisches Umdenken im Bereich der Medizin, sondern auf ein Umdenken im Bereich der Gesellschaft, der Rechtsprechung – und sicher auch der Seelsorge.
Ich persönlich wünsche mir für mich selbst in entsprechender Situation, daß man mein Recht auf Sterben höher achtet, als ein im Namen der Medizin und der medizinischen Technik verordnetes Leben.
Es geht meines Erachtens letztlich darum anzuerkennen, daß unser Leben endlich und nur als Endliches auch menschlich ist. Wo das Recht auf Sterben[63] mißachtet wird, da wird letzlich auch das Leben und damit die Menschenwürde mißachtet.

63 Zur Frage des Rechtes auf Sterben und zur Kooperation der Beteiligten im Umkreis des Sterbens vgl. Stollberg. Wenn Gott menschlich wäre, 124 ff; dazu: Heifetz/Mangel, 11 ff; Ansohn, 147 ff, 171 ff; Engelke, 154.

B. DAS LEBEN ENTDECKEN – IM ANGESICHT DES TODES

Gestaltseelsorge als Begegnung

Vorbemerkung

Von zentraler Bedeutung im Gestalt-Lebenskonzept ist der Begriff der »Begegnung«[1]: Daß ich mir selbst begegne und mehr und mehr entdecke, wer ich bin. Daß ich »Dir« begegne und etwas davon spüre, wer Du bist. Daß »Du« mir begegnest, daß ich den Dingen begegne, so daß eine Beziehung wird. Daß ich einem »Wort« begegne, so daß es anfängt zu sprechen. Daß ich dem Augenblick begegne, so daß ich wirklich in meiner Zeit bin. Daß ich dem Sterben begegne, so daß ich meine Endlichkeit bejahe. . . Dieses Wort »begegnen« ist wie ein Schlüssel, der Leben aufschließt und Beziehung ermöglicht.
Und entsprechend verstehe ich »Gestaltseelsorge« im Kern als personale Begegnung zwischen Menschen, als ein Miteinandersein im Namen Gottes.
Insbesondere die Seelsorge-Begleitung sterbender Menschen führt mich an die Grenz- und Basisfragen unserer gemeinsamen Existenz, führt mich also in eine Begegnung von letzter existenzieller Bedeutung[2]. Außer in der Begegnung Liebender geht es wohl kaum irgendwo sonst derart existentiell um die Fragen: Wer bin ich? Wer bist Du? Was ist das – Leben? Was ist das – Sterben? Was ist das – Sinn des Lebens? . . . als in der Begleitung Sterbender.

1 Vgl. Maurer/Petzold in: Die Therapeutische Beziehung . . ., 96 ff und Besems in: Gestaltpädagogik, 54 ff; Petzold, Die Rolle des Therapeuten, 238 f, 244 ff; ders. in: Freiheit und Methode, 116 ff.

2 Vgl. Besems in: ITh 3/4, 1977, 176 ff zum Stichwort »Intersubjektivität«.

Kaum irgendwo sonst auch geht es darum, sich selbst derart auszusetzen, sich betreffen zu lassen, sich anrühren zu lassen – und gleichzeitig doch seine Grenze, seine Persongrenze, zu finden[3], »Ich« und »Du« abzugrenzen, als hier, wo wir einander begegnen auf der Grenze von Leben und Tod, von Sein und Nichtsein.

Ich habe in meiner bisherigen Schilderung von Möglichkeiten der Gestaltseelsorge mit sterbenden Menschen weniger die Begegnungs- und Beziehungsseite dargestellt. Dies soll im folgenden nun ausführlicher geschehen. Denn hier, in der Beziehung, geschieht das Wesentliche.

Lange Zeit habe ich in der Seelsorge vor allem gefragt: Was ist mit Dir? Ich habe dabei die andere Frage: Was ist mit mir? fast völlig unterdrückt.

Was es mir ausmacht, was in mir vorgeht, wenn ich zu einem Sterbenden gerufen werde, wieviel Angst und innere Abwehr sich in mir regen, wenn ich das Sterbezimmer betrete – was also von meiner Seite, durch mein Verhalten, meine Gesten, mein Schweigen und Reden in die Begegnung mit einem Sterbenden einfließt... in welchem Maße meine persönliche Einstellung zur Endlichkeit des Lebens, zu Krankheit und Sterben, die eigenen gelebten oder ungelebten Anteile, auch meine Tendenz, mir die »Störung« vom Leibe zu halten, mich nicht der Betroffenheit auszusetzen oder aber meine Bereitschaft, mich diesem Menschen in dieser besonderen Situation wirklich zu stellen... in welchem Maße dies alles meine Beziehung zu einem sterbenden Menschen beeinflußt – – das habe ich lange Zeit zuwenig beachtet[4].

Einem Sterbenden begegnen, heißt aber, in einem nicht geahnten Maße sich selbst begegnen, heißt auch, es ihm ermöglichen, daß er sich selbst begegnen kann. Dabei geht es um den fließenden Austausch von Ich und Du. Zwischen

3 Zum Thema »Kontakt und Grenze« vgl. Perls, Grundlagen, 34 ff; zu »Ich-Grenzen« vgl. Polster, 109 ff.

4 Zur Wechselseitigkeit von Beziehungseinflüssen vgl. Watzlawick 1972, 47 f, 120 f.

»Dir und mir« fließt etwas – oder es stagniert. Außer der Atmosphäre, dem Raum, der Situation ist jeder von uns beiden Auslöser von Fließen oder Stagnieren.
Immer wieder stelle ich fest, daß das, was ich in mir selbst nicht zulasse, auch den andern blockiert; und daß das, was ich gelten lassen kann, auch dem andern die Möglichkeit gibt, es zu äußern[5].
Und wo so Begegnung möglich ist, ist Leben möglich – sogar Leben im Angesicht des Todes.

Das für mich bisher intensivste Erlebnis in der Begleitung eines sterbenden Menschen ging über mehr als zwei Jahre: Frau Inge K., etwa so alt wie ich selbst, verheiratet mit einem Bauingenieur, zwei Töchter (18 und 11 Jahre), eine sehr vitale, lebendige, schlagfertige, humorvolle Frau, die den Eindruck erweckt, daß sie »den Laden schmeißt« – sie starb an Krebs.
Die Begegnung mit dieser Frau ist für mich eins der erschütterndsten und zugleich beglückendsten Erlebnisse meines bisherigen Lebens. In der Rückschau, während ich nun anhand von Notizen und Gedächtnisprotokollen meine Geschichte mit ihr niederschreibe, merke ich noch einmal, was für ein Glücksfall es war, daß ich ihr begegnet bin (und ich denke, so war es umgekehrt auch für sie). Ich merke auch, in welchem Maße diese sterbende Frau mit ihrem Schicksal mich herausgefordert hat, mich auszusetzen, betreffen und anrühren zu lassen – – und wie schwer mir gerade dies oft gefallen ist und wie oft es mir nicht möglich war.
Kurz vor ihrem Sterben träumte ich, daß ich in der rechten Bauchseite eine Krebsgeschwulst hätte, aus der eine wundervolle, farbenprächtige Blüte von fast überirdischer Schönheit wüchse. Dieser Traum zeigte mir (wie auf eine

5 »Der wirklich lebendige Therapeut aus Fleisch und Blut wird unausweichlich seine eigene Persönlichkeit und seine eigenen Vorurteile in die therapeutische Situation einbringen ...« Perls 1976, 123.

Erlebnis-Kurzformel gebracht) die Doppelgesichtigkeit meiner Beziehung zu ihr und zu mir selbst, sozusagen den Schmerz-»Preis« dieser Sterbebegleitung (Krebsgeschwulst) und den Lebensgewinn für mich (Blüte).
Im Einlassen auf ihr Sterben habe ich / hat sie das Leben entdeckt im Angesicht des Todes.

Wenn ich im folgenden die Begegnungsgeschichte mit dieser sterbenden Frau beschreibe, kann ich dies nicht im Stil einer »Falldarstellung« tun. Ich kann angemessen nur so davon sprechen, daß ich immer wieder gleichzeitig meine Beziehungsseite mitbedenke. Denn es ist nicht nur ihre Geschichte, sondern zugleich meine Geschichte, die ich hier entfalte.
Dabei kann gleichzeitig deutlich werden, auf welche Weise für mich »Gestalttherapie« und »Seelsorge« miteinander verbunden sind und was es heißt, daß nicht sosehr meine Gesprächsmethode als vielmehr meine Person selbst das wichtigste »Instrument« meiner Seelsorge ist[6].

I. Erste Berührung mit dem Tode – und Rückkehr ins Leben

Eines Tages treffe ich den Ehemann in der Stadt. Er erzählt mir weinend, seine Frau läge im Krankenhaus – Krebs – Brustamputation. . . Sie sei sehr »tapfer«, sagt er mit bebendem Gesicht. Und er bäte mich, ihnen beizustehen. Sie liegt Zimmer 438.
Da stand ich mit meiner Einkaufstasche. Dies war das Ende eines fröhlichen Stadtbummels. Die Nachricht war für mich ein Schock. Ich spürte es, wie ich blaß wurde. Mir war übel. In Sekundenschnelle passierte unheimlich viel in mir.
Die Hilflosigkeit dieses Mannes machte mich selbst hilflos.

6 Polster, 31 ff.

Seine Bitte um Beistand legte sich auf mich wie eine schwere Last, wie ein Schicksal. Die brutalen Worte »Krebs« und »Brustamputation« empfand ich wie Stiche, wie Schnitte in meinem Körper. Ich kannte das. »Todesurteil auf Raten«, ging mir durch den Kopf. Ich sah den hoffnungslosen Ablauf vor mir, den ich schon öfter miterlebt hatte, der mit dieser Verstümmelung begann, in den Bestrahlungskammern fortgesetzt wurde, bis dieses qualvolle Aufgefressenwerden von innen her auch durch Chemotherapie nicht mehr zu verheimlichen war.

Ich sah die Frau vor mir, diese lebensvolle Frau und ich konnte es mir nicht vorstellen. – »Doch nicht sie!«

Ich sah wieder den Mann, der da vor mir stand und der davon sprach, daß vielleicht doch noch alles rechtzeitig erkannt worden wäre – und daß vielleicht doch noch ein Wunder . . .? – »Man darf die Hoffnung ja nicht aufgeben« – »beten Sie. Wir können jetzt alles brauchen, was vielleicht noch helfen kann. . .«

Er war schon weitergegangen, da stand ich immer noch an der Säule, an der Ecke, während die Menschen mit ihren Einkaufstaschen um mich herströmten. Vor wenigen Minuten war ich noch einer von ihnen. Jetzt war ich herausgenommen aus der Welt der Gesunden und hineinbezogen in dieses Krankheitsschicksal. Ich war stumpf und fassungslos – und wollte mich nicht einlassen. – »Doch nicht ich!«

Ich merkte, wie ich wütend wurde, wütend auf diesen Krebs, wütend, daß ausgerechnet Frau K. dieses Schicksal hat, wütend, daß ich nun da hineingezogen wurde und wütend auf meinen ohnmächtigen Gott, den ich nun als Pfarrer zu vertreten hatte und von dem »Wunder« erwartet wurden, die er nicht tat.

Ich ging mit der Einkaufstasche gleich Richtung Krankenhaus, machte aber erst noch einmal einen Bogen, um irgendwo allein zu sein. Ich brauchte erst einmal Zeit für mich und viel Luft zum Durchatmen. – Etwas Abstand vom ersten Schock. Ich fing an, mit mir selbst zu verhandeln: Soll ich lieber doch erst nach Hause gehen und den Besuch morgen machen? (Ich merkte wohl, daß sich in mir die von Frau Kübler-Ross beschriebenen »Trauerphasen« im Eiltempo abspielten: Schock, Nichtwahrhabenwollen, Zorn, Verhandeln . . .)[7] Mir war schließlich wohler, als ich mich nach einer Weile entschloß, jetzt gleich den Besuch zu machen. Obwohl ich vor mich hin öfter »Oh Gott« murmelte, war ich mit Gott keineswegs daccord!

Frau K. lag in einem Zweibettenzimmer. »So sehen Sie mich wieder«, sagte sie. Sie lächelte und weinte und biß sich die Lippen und hielt meine Hand lange fest. Ich war entsetzlich angespannt, bis ich sagte: »Ich muß mich erst einmal setzen. Ich habe soeben Ihren Mann getroffen. Der hat mir erzählt, was ist . . .«

Sie mußte heftig weinen. Und mir kamen die Tränen. Sie weinte lange. »Ach«, sagte sie nach einiger Zeit und richtete sich auf, »ich muß damit fertig werden. Ich will mich nicht hängenlassen. Ich muß an meine Kinder denken und an meinen Mann. Ich habe dem Doktor schon gesagt: Lange bleibe ich Ihnen nicht hier. So schnell wie möglich will ich hier heraus. Der Busen ist nicht die ganze Frau. . .«

Sie fing an, viel zu reden, unterbrach sich dann selbst, hielt beide Fäuste vors Gesicht, weinte fassungslos und wiederholte immer wieder vor sich hin: Ich bin doch noch so jung! – Und dann zu mir hin: »Ich muß immer hadern, mit Gott hadern. Als ich heute morgen wach wurde, wollte ich es gar nicht fassen. Ich habe immer gesagt: Das kann nicht sein! Das darf nicht sein! – Und dann muß ich hadern. Ich will das gar nicht. Ich habe Angst, daß ich mich versündige. – Was denken Sie?«

Ich sagte ihr: »Mir geht es ganz ähnlich. Ich kann's noch gar nicht fassen. Ich bin innerlich auch ratlos und ich bin auch wütend – über diese Krankheit – und auch über Gott. . .« Aber ich hätte seit einiger Zeit eine Abmachung mit Gott, die

7 Kübler-Ross, 41 ff.

hieße: so ehrlich wie möglich! – Und wenn ich hadern muß, dann sage ich ihm das auch. Ich will ja wenigstens vor Gott der sein, der ich bin...
Sie reagierte sehr erleichtert, sagte ein paarmal, wie gut es ihr täte, daß ich hier an ihrem Bett säße. Sie hätte das Gefühl, jetzt brauche sie sich nicht mehr so entsetzlich zusammenzunehmen.
Erst jetzt sprach sie ihre Überraschung aus, daß ich überhaupt schon so schnell bei ihr einen Besuch machte. Sie war mit einem Mal tief gerührt davon – und bat mich am Schluß, ob ich bereit wäre, in dieser Zeit ihr Seelsorger zu sein. Ich stimmte (wie ich merkte: gerne) zu und wir stimmten uns ab, daß ich sie in einem wöchentlichen Turnus besuche und daß sie sich von sich aus meldet, wenn sie zusätzliche Begleitung braucht. Diese letzte Anregung ging von ihr aus.
Als ich das Zimmer verließ, war ich längst nicht mehr so beladen. Ich war sogar etwas befreit. Ihr Schicksal war mir immer noch wie eine Last, das spürte ich. Aber zwischen ihr und mir war Beziehung, Einverständnis, gegenseitiges Spüren möglich gewesen. Wir hatten in diesem ersten Gespräch schon sehr Persönliches voreinander ausgesprochen und miteinander erlebt – und außerdem eine klärende Vereinbarung getroffen.
Dies also war der Anfang eines gemeinsamen Weges über zweieinhalb Jahre bis zu ihrem Tod.
Von Anfang an bestand sie darauf, die Wahrheit über ihre Krankheit zu erfahren. Sie erfuhr zunächst aber nur, daß der »Mammatumor« bösartig sei, über die Bildung von Lymphknotenmetastasen in der Achsel wurde sie zunächst nicht aufgeklärt. Immerhin das Wort »Krebs« wurde ausgesprochen. Aber sie spürte dieses Restverschweigen ganz genau. Ein paarmal äußerte sie: Der Doktor ist ja ein ehrlicher Mensch, aber alles sagt der mir auch nicht. Ich werde ihn aber solange »löchern«, bis er mir nichts mehr verschweigt. – Aber das klang entschlossener als sie war. Eigentlich wußte sie genau, daß sie vom Arzt jede Auskunft bekam, die sie selbst

wirklich erfragen wollte. Sie umging aber zunächst diesen direkten Weg und wählte den indirekten Weg, die ganze diagnostische Wahrheit herauszufinden: Aus dem, was an Behandlung nötig war und aus den Antworten, die man ihr auf gezielt gestellte Fragen nicht oder zögernd oder ausweichend gab, zog sie nach und nach ihre Schlüsse. Sie wußte Bescheid und sprach das schließlich auch aus.

Mir fiel auf, wie wichtig es für sie war, sich erst nach und nach in das Wissen um das volle Ausmaß ihrer Krankheit hineinzutasten. Es war der vorsichtige Weg, mit ihrer eigenen Angst vor der ganzen Wahrheit umzugehen.

Aber dieser indirekte Weg, Wissen über sich selbst zu sammeln, hatte auch noch eine andere Wirkung: Es war (wie sie später einmal sagte) das Gefühl, eine »Macht« zu haben. Sie sei sich vorgekommen wie ein Kind, das mehr weiß, als die Großen denken – und das damit eine heimliche Macht hat. Es war ein Gespräch, in dem sie aussprach, wie sehr sie sich ausgeliefert fühlt an dieses Schicksal und das Wissen der Ärzte und des Pflegepersonals. Und die »Großen« – das waren alle die, die um sie Bescheid wissen, ohne es ihr zu sagen. Sie mußte dabei sehr viel weinen. Kindheitssituationen, in denen sie sich beschämt und kleingemacht vorkam, wurden ihr bewußt. Sie wurde wütend auf diese »Großen« damals (die Mutter, die immer Bescheid wußte, eine Freundin, die mit vierzehn Jahren schon »Erfahrungen« hatte und die sie wie ein Dummchen behandelt hätte) und wütend auch, daß »solche Schwestern mehr über mich wissen dürfen als ich selbst«. Sie spürte am Ende des Gespräches sehr deutlich, daß diese »heimliche Macht« ein kindlich kaschiertes Ohnmachtsgefühl war. Und sie spürte auch, wieviel mehr Selbstbewußtsein und Kraft in ihr freigesetzt wurden, wenn sie sich direkt und offen die Auskünfte einholte, die sie haben wollte.

Später war die Frage der Diagnose und Befunde in diesem Sinne für sie kein Thema mehr. Es gab nichts mehr zu verheimlichen – oder sie wollte auch nicht mehr alles so genau wissen. Die Wahrheit über sich selbst erschöpfte sich nicht mehr allein in diagnostischen Begriffen.

Das Ansteckende an ihr war ein ungeheuer vitaler Wille zum Leben. Sie sammelte Überlebensinformationen (wer alles schon seit Jahren mit einer amputierten Brust lebt), sie knüpfte telefonische und briefliche Kontakte, belebte alte Freundschaften, suchte sich allerdings auch sehr genau aus, mit wem sie persönlich reden wollte.

In den Gesprächen mit mir breitete sie die ganze Skala ihrer Gefühle aus: Sie haderte mit Gott, sie haßte »diesen Krebs in meinem Leib«, war wütend auf alle wehleidigen Tröster, weinte um ihre Verstümmelung, seufzte halb erleichtert, daß sie zum Glück mit einem Mann verheiratet sei, dem diese Schönheitseinbuße nicht so wichtig wäre, lutschte weinend wie ein kleines Kind am Bettzipfel, klagte: Ich bin doch noch so jung!, trauerte um dieses was nun »ein für alle Mal futsch ist«, redete dann wieder etwas großspurig über ihr Elend hinweg, was meist zur Folge hatte, daß sie in eine depressive Stimmung versank.

Morgens im Aufwachen überfiel sie fast täglich »das heulende Elend«. Einmal rief sie mich ganz früh an, sie brauche mal telefonischen Trost: Mit dem lieben Gott funktioniere heute die Verbindung nicht, da hätte sie nächst dem lieben Gott an mich gedacht. Nach diesen burschikosen Eingangssätzen brach der ganze Jammer aus ihr heraus. Meine Bemerkung am Schluß: Dies sei auch eine Möglichkeit zu beten, leuchtete ihr sofort ein. »Das ist wahr«! Und noch ein paar Tage später freute sie sich, daß sie so viele Möglichkeiten hätte zu beten[8]: Weinen, stöhnen, Danke sagen, schimpfen mit und über Gott, sich einfach freuen – und: sich Gedanken machen, wie sie jetzt mit diesen Veränderungen leben könne.

Wir haben am Ende dieses ersten Krankenhausaufenthaltes mehrmals die Rückkehr ins Leben durchgespielt.

8 Es geht darum, »die volle Breite des Gefühlsausdrucks Gott gegenüber wieder zu erreichen«, Essen, 179.

Was ist wie früher?: Z. B. der Lebensrahmen, die Wohnung, die Familie, der Tagesablauf, die Freundesbeziehungen, bestimmte Verpflichtungen...

Was ist anders?: Zunächst ihr körperliches Befinden, weniger Kräfte (»aber das kann sich ändern«), sie braucht Bestrahlungen, sie kann den »Laden zunächst mal nicht mehr so schmeißen« wie gewohnt, sie darf nicht schwer tragen, sie braucht noch Schonung, die Familie muß einen Teil ihrer bisherigen Funktionen übernehmen.

Immer wieder und vor allem aber ist es ihre Beziehung zu sich selbst, zu ihrem Körper: Das Gefühl, nicht mehr vollwertig zu sein als Frau in ihrem weiblichen Selbstwertgefühl (eine »viertel Ruine« nannte sie sich, »aber manchmal sind ja Ruinen interessanter als das Original, siehe Gedächtniskirche«, fügt sie hinzu) »man muß das erst einmal sehen. Ich muß jetzt damit leben. Da hilft nichts«, sagt sie pragmatisch. Und ihr Pragmatismus erweist sich wiederholt als Ausdruck ihres Lebenswillens: Sobald sie nach der Entlassung bei Kräften ist, nimmt sie eine Halbtagsbeschäftigung als Sekretärin an. »Ich habe doch keine Lust, ins Grübeln zu verfallen.«

Dennoch, die Kehrseite meldet sich bald: Einige Wochen nach der Entlassung bittet sie um ein Gespräch. Die Beeinträchtigungen durch die Bestrahlung sind erheblicher, als sie gedacht hatte. Die Angst meldet sich, ob der Krebs nicht doch wiederkehrt. Ihre sexuellen Gefühle sind irgendwie verkümmert und manchmal »wie abgeschnitten«. Die Krankheit ist allgegenwärtig. In der Familie wird das Thema tabuisiert. Der Ehemann kommt kurz zum Gespräch dazu: »Man darf nicht immer davon reden. Wir schaffen das schon, gelt Mutti.« – Das macht sie einsam in ihrer Angst. Eigentlich erwartet die Familie (und das ist nur allzu verständlich), daß es wieder so ist wie früher. »Aber es ist nicht mehr so. Ich bin nicht mehr dieselbe, weder im Bett noch in der Küche.«

Sie wagt zunächst nicht, mit ihrem Mann darüber offen zu sprechen. Aber es wird ihr klar, daß dies unumgänglich ist.

»So geht das nicht weiter, Ich muß es aber mit Vorsicht und Gefühl machen.« Ein Gespräch meinerseits mit dem Ehemann offenbart, daß er selbst die Veränderungen wohl auch spürt, selber Ängste hat, aber einfach auch seine Kräfte zum »Beruf und für den Mehraufwand in der Familie aufsparen« möchte. »Meine Devise heißt: durchhalten und nicht immer alles merken lassen, das belastet doch nur noch mehr«, sagt er.
Dieses Rollenverhalten ist eingespielt. Es ist auch Schutz gegen die drohende Angst vor dem Unabwendbaren. Es hilft ihm, auf seine ihm mögliche Weise, damit umzugehen. Denn »nichts dagegen machen können« wäre unerträglich. Dennoch wagen sie beide etwas mehr Offenheit im Äußern eigener Ängste und erleben dies als wohltuend, »als ob mehr Liebe im Spiel wäre«.

II. Leben vor dem Hintergrund des Schreckens

Genau ein Jahr nach der Brustoperation verspürt sie Schmerzen im Bauch: Lebermetastasen. Der Krebs ist wieder da! Es ist furchtbar. Sie schwankt zwischen Verzweiflung, Panik, totaler Resignation und Wut. Beim ersten Besuch klammert sie sich an mich. Sie weint fast schreiend, laut und ungehemmt. Ich weine mit ihr.
Vier Monate später werden Wirbelmetastasen festgestellt. Und nach abermals zwei Monaten müssen die Eierstöcke operativ entfernt werden. Die Wirbelmetastasen werden mit Röntgenstrahlen behandelt. Rippenfellmetastasen treten auf, weitere Knochenmetastasen. Die Halswirbelsäule wird bestrahlt, um eine Querschnittlähmung zu verhüten.
Aber alle diese Maßnahmen erzielen keine Besserung. Es ist eine scheußliche Quälerei. Sie liegt erneut im Krankenhaus. Ihr Zustand und Aussehen sind erschreckend, die Schmerzen fast unerträglich. Sie ist sehr abgemagert und oft sehr

schwach. Eigentlich ist ihre Situation aussichtslos. Und oft auch ist sie »zu Tode betrübt« und »des Kämpfens müde«. »Ich habe oft keine Kraft mehr«. Unsere Gespräche kreisen zum erstenmal um Sterben und Tod. Einmal sagt sie: »Ich finde keine Beispiele mehr, daß jemand mit soviel Metastasen im Leib noch überlebt hat.«

Auch der Ehemann reagiert auf den erneuten Ausbruch der Krankheit mit Panik. Er stürzt sich in eine fast atemlose Geschäftigkeit. Er pendelt zwischen Krankenhaus und Wohnung, gönnt sich keine Ruhe. »Ich muß jetzt den Kopf oben behalten.« Es ist rührend, wie liebevoll er seine kranke Frau mit allem nur Erdenklichen versorgt. Er liest ihr jeden Wunsch von den Augen ab, weiß oft schon im voraus, was sie wünscht. Zuhause übernimmt er die Versorgung der Familie und des Haushalts. Aber es wird ihm zuviel. Eine freiwillige Familienpflegerin aus der kirchlichen Gemeinde hilft aus. Manchmal nimmt er mich beiseite, hält sich an mir fest und weint erschütternd, ermannt sich dann wieder. »Ich darf die Hoffnung nicht aufgeben. Wir müssen alles tun, um unsere Mami zu erhalten«.

Die ältere Tochter übernimmt die Rolle des Anwalts der Realität: »Wir müssen alles versuchen, was möglich ist – alles. Aber wir müssen auch mit allem rechnen, auch daß die Mutti stirbt. Wir dürfen nicht so tun, als ob das nicht eintreten könnte. Sonst machen wir ihr und uns was vor und machen es uns nur noch schwerer«, sagt sie fast beschwörend in Richtung Vater bei einem Dreiergespräch in der Wohnung und fügt hinzu: »Ich weiß nicht, was Du mit der Mutti redest. Bei mir hat sie auch schon angedeutet, daß sie manchmal keine Hoffnung mehr hat.« Der Vorwurf trifft den Vater sehr. Es gibt Streit, bis er schließlich sagt: »Kind, ich kann's nicht. Manchmal verliere ich selbst die Hoffnung. Das halte ich nicht aus. Ich will noch nicht ans Sterben denken. Ich kann's noch nicht.«

Meine Hilfestellung in diesem Gespräch bestand vor allem darin, Freiraum zu geben, daß der Vater dies überhaupt einmal aussprechen konnte, auch daß jeder der beiden überhaupt einmal hinhört, was der andere meint und empfindet, und daß jeder dem andern seine andersartige Weise des Umgangs mit Krankheit und möglichem Sterben der Mutter zugesteht – d. h. insgesamt Hilfestellung zur Gesprächsfähigkeit, damit die ohnehin schreckliche Situation der Familie durch Gesprächsbarrieren nicht noch zusätzlich belastet würde.

Ich selbst übernehme die weitere Begleitung schon wie eine gewohnte Last. Ich lasse mich wieder in den gewohnten Besuchs- und Gesprächsrhythmus hineinziehen, ohne allzusehr auf mich oder meine Gefühle zu achten. Dabei merke ich nach jedem Gespräch, wie angestrengt und völlig k. o. ich bin. Im Nachdenken fällt mir auf, wie sehr ich mich zurückhalten muß, das Gespräch *nicht auf das Sterbethema* hinzulenken. Ich erschrecke vor dem Gedanken, daß ich sie selbst schon dem Sterben überantwortet habe. Ich habe keine Hoffnung mehr, will dies aber nicht zeigen.

Ich versuche im Rollendialog[9] mit mir selbst, meine Beziehung zu ihr etwas klarer zu sehen:

> Kurt: Ich glaube nicht, daß Du diese totale Attacke der Metastasen im ganzen Körper überleben kannst. . .
> Inge: Du hast mich aufgegeben. Du ermutigst mich nicht. Du nimmst mir meine Hoffnung. Ich muß mich auch noch gegen Dich durchsetzen, um ein Fünkchen Lebenshoffnung zu bewahren. (Ich spüre an ihrer Stelle meine ganz verzweifelte Lage. Ich komme mir vor, wie jemand, den andere für verrückt halten, weil er noch eine Lebenschance sieht.)
> Kurt: Was Du sagst, erschüttert mich. Ich habe Dich wirklich aufgegeben. Ich spüre, wie schlimm das ist, wie verzweifelt. (Ich muß weinen.) Ich glaube, ich habe Dich gar nicht mehr gespürt – nur noch die Patientin mit dieser

9 Zum »Rollentausch« in der Gestalttherapie vgl. Perls 1974, 84 ff; ders. 1976, 144 ff; Petzold, Gestalttherapie und Psychodrama, 12.

Diagnose – irgendwie war ich in meinem Fühlen tot, stumpf – jetzt spüre ich wieder Leben in mir, Leben für Dich – ich kann Dich wieder sehen – ich kann Dich wieder spüren. . .

Dieses kleine Stück Arbeit an mir selbst hatte überraschende Auswirkungen. Ich habe auch weiterhin die deprimierende Diagnose nicht bagatellisiert. Ich habe auch weiterhin mit ihrem möglichen Sterben gerechnet. Aber zwischen ihr und mir war wieder Leben, Gefühl, Gespür. Irgendwie war ich wacher für den Augenblick. Es war nicht mehr so schrecklich anstrengend zwischen ihr und mir. »Leben« war vor allem die Lebendigkeit in unserer Begegnung. Es war Beziehung möglich.
In dieser Zeit beginnt man, die Metastasen mit Chemotherapie zu behandeln und erzielt innerhalb von drei Monaten erstaunliche Besserung der Schmerzen (allerdings mit zeitweiligem Einsatz von Valoron) und eine völlige Rückbildung der Rippenfellmetastasen.
Frau K. selbst, vor allem aber ihr Ehemann, erlebt diese Wende wie ein »Wunder«. Ich selbst bin sehr zwiespältig. In einem Gespräch mit dem behandelnden Arzt erfahre ich, daß man mit dieser Chemotherapie in solchen schweren Fällen bisher keine Heilung, aber Aufschübe bis zu einem Jahr erreicht hätte. Auch er selbst sieht sich im Zwiespalt: Einerseits ob man mit diesem nochmaligen Aufschub das Sterbeerleben eines Menschen nicht über Gebühr verlängere, ob man nicht falsche, trügerische Hoffnungen wecke – andererseits aber, ob man nicht tatsächlich einen Gewinn an Leben ermögliche gerade für jemand, der so wie diese Frau am Leben hängt und um ihr Leben kämpft.
Und sie kämpft – manchmal scheint es: Um jedes Fünkchen Hoffnung, das ihr Lebensaussicht verheißt. Oft habe ich den Eindruck, als ob sie in ihrem Körper jede leise Veränderung zum Besseren genau erspüren könnte. Ich selbst stütze und spiegele solche Lebenshoffnungen. Ich bin spürbar erleichtert

über jede Stimmungsaufhellung, über jedes Erwachen von Lebenskraft, aber ich aktiviere und verstärke diese Kräfte nicht als Kampf gegen den Krebs, wohl aus dem Gefühl heraus, daß solches Aufbäumen zu spät käme.

Sehr viel später lese ich von der Forschungsgruppe des amerikanischen Onkologen Simonton, die in der Krebsbehandlung »ihre Patienten zur Verwendung von konzentrierten visuellen Vorstellungen ausbildet... Der Kranke wird z. B. aufgefordert, sich intensiv vorzustellen, daß seine weißen Blutkörperchen reißende Eisbären sind, die heißhungrig durch seinen Körper schweifen und raubtierhaft über jede Krebszelle herfallen, die sie finden können[10]«. Ich glaube, daß Frau K. in dieser Phase ihrer Krankheit sowohl zur Aggression gegen den Krebs in ihr als auch zu der hier erforderlichen konzentrierten Selbstwahrnehmung fähig gewesen wäre. Ich selbst war im Innersten aber gewiß zu sehr befangen von der Unabwendbarkeit des Krankheitsverlaufs, eben weil die Metastasenbildung diese zerstörerischen Ausmaße angenommen hatte. Ich habe meine Wut gegen den Krebs und dieses Schicksal mehr als ohnmächtige Wut verspürt, nicht aber als Affekt zur direkten Auseinandersetzung mit dem Krebs.

Sie selbst wäre gewiß zu allem entschlossen gewesen und hätte gewiß auch diesen Weg der konzentrierten Konfrontation nicht gescheut. Es ist ihr ausdrücklicher Wille, auch medizinisch alles zu versuchen: »Ich muß meinen Kindern doch erhalten bleiben, vor allem für die Kleine, sie ist doch erst elf« – und dann wieder mit den zurückgewonnenen Kräften und dem gleichzeitig klareren Empfinden für ihr Schicksal: »Ich bin doch noch so jung!« – Und wiederum gleichzeitig die »wahnsinnige Hoffnung« (wie sie es einmal nennt), doch die eine Ausnahme zu sein, der diese Chemo-

10 Watzlawick 1978, 54 f.

therapie Heilung bringe, jedenfalls für ein paar Jahre. Sie lebt gefühlsmäßig in fast unerträglichen Extremen, manchmal stürzt ihre Stimmung innerhalb von Minuten aus Lebenshoffnung in Todesängste oder befreit sich aus Verzweiflung in eine neue Weise realistischer Lebenserwartung.
Sie erholt sich und wird zusehends kräftiger. Die Schmerzen und Beeinträchtigungen reduzieren sich auf ein Fremdheitsgefühl im linken Bein (»als ob das nichts an meine Befehlszentrale angeschlossen wäre«). Sie entwickelt Appetit. Sie legt wieder sehr viel Wert darauf, sich schön zu machen. Das Interesse an sich selbst kehrt wieder. Leben, auch um ihrer selbst willen!
Sie beginnt, mit dem Arzt um baldige Entlassung zu feilschen. »Aber der will mich ja nicht gehen lassen. Die sind ja hartnäckig hier und manchmal schwerhöriger, als ich es meinen Kindern erlauben würde. . .«
Die Beziehung zu den Familienangehörigen, auch zu nahestehenden Freunden, ist in dieser Zeit besonders innig. Und die Sehnsucht wächst, noch einmal in den eigenen vier Wänden ganz normal und alltäglich zu erleben, wie das Leben ist. Dies ist sicherlich das auffälligste Kennzeichen am Ende ihrer stationären Behandlung: Eine auf erfüllbare Lebenswünsche ausgerichtete Naherwartung!

Sie möchte noch einmal mit der Familie Urlaub machen.
Sie möchte noch einmal in einem stillen See in der Abenddämmerung schwimmen.
Sie möchte noch einmal bei einer Freundin auf der Terrasse frühstücken.
Sie möchte noch einmal von ihrem Lieblingsaussichtsplatz aus das Waldhügelbild ihrer Heimat in sich aufnehmen.
Sie möchte noch einmal ihren beiden Töchtern selbst die Schulbrote zubereiten.
Lauter Wünsche, die sie sich nach ihrer Entlassung erfüllt.

Meine seelsorgerische Begleitung während dieses zweiten Krankenhausaufenthaltes hatte vier Schwerpunkte:

1. Das stützende Begleiten in der Eingangsphase und das zu realistischer Lebenserwartung anregende in der Schlußphase. Das wichtigste auf meiner Seite war: mitzugehen! In ihren extremen Schwankungen mitzugehen, nicht vorauszueilen, sondern eher ihr folgend auf gleicher Höhe zu sein. Dies erforderte dauernde Arbeit an mir selbst in dem oben (S. 125) geschilderten Sinne. Bei ihr sein hieß oft: auf das krasse Gegenteil dessen gefaßt zu sein, was nach dem Eindruck der letzten Begegnung an Stimmung zu erwarten gewesen wäre. Das ist mir längst nicht immer gelungen. Dennoch sagt sie am Ende, ich sei in dieser Zeit der einzige Mensch gewesen, bei dem sie sich nicht hätte verstellen müssen, sondern immer so hätte sein können, wie ihr gerade zumute gewesen wäre. Das war für mich das schönste Lob.

2. Der zweite Schwerpunkt: Mit ihr den Anblick des möglichen Sterbens auszuhalten. Ausgerechnet in ihrer Genesungsphase, als die Kräfte wiederkehrten, äußerte sie einige Male Sterbegedanken. Oft versteckt in Anspielungen, etwa: Was sagen Sie denn zum Tod von Frau X. Die war doch auch noch nicht so alt. Ein andermal: In früheren Jahrhunderten wurden die Menschen ja im Schnitt nicht älter als 35 Jahre. Ihr geliebter Mozart ist doch auch so jung gestorben. Und nach einer Pause: Da war ein Sterben mit 40 ja was ganz Alltägliches! Wir sind heute durch die hohe Lebenserwartung auch einfach verwöhnt. Oder: wenn man es ja genau betrachtet, gehört der Tod ja von vornherein zum Leben. Und dann einmal sehr persönlich: Im Innersten hatte ich diesmal mit allem abgeschlossen. Sie spielt dann auf eins unserer Abendgespräche während der Zeit tiefster Schwäche an, als ich zum Schluß ein Abendgebet gesprochen hatte: Bleibe bei uns Herr am Abend des Tages, am Abend des Lebens, am Abend der Welt. . . Ich hatte damals mit diesen Worten des alten Kirchengebets unser Gespräch beschließen wollen. Und sie hatte gesagt: Gut, daß sie das ausgesprochen

haben. Ich glaube, ich kann damit jetzt gut einschlafen. Jetzt sagt sie: Damals habe ich noch lange wach gelegen. Und ich habe immer wieder die eine Zeile vor mich hingesagt: Bleibe bei uns am Abend des Lebens... Ich hätte damals ganz getrost einschlafen und sterben können. –

Es war ein Meditieren des Sterbens nach der Krise. Wie jemand, der noch einmal zurückschaut, und der nun von sich bekennt: »Du hast mir das Leben noch einmal gegeben, als es schon verloren schien.«

3. Der dritte Schwerpunkt war unser gemeinsames Meditieren. Ich hatte ihr von unserer Meditationsgruppe in der Kirchengemeinde erzählt, und sie war sofort sehr neugierig darauf eingegangen. In unserem gemeinsamen Meditieren eröffnete sich ihr eine ganz neue Erlebnisdimension: Sich selbst entdecken, wache, intensive Wahrnehmung. Im Schutze des Schildes an der Tür »Besuche nur mit Genehmigung des Arztes« hatten wir öfter vormittags und einige Male abends eine »stille Zeit«. Wir begannen nach den ersten guten Erfahrungen immer damit, den Körper zu erspüren, nicht im suggestiven Stil des autogenen Trainings, um Entspannung zu erzielen[11], sondern im lockeren, schweifenden Wahrnehmen, in der konzentrierten wachen Aufmerksamkeit für sich selbst, wie ich es aus der Gestaltselbstwahrnehmung kenne[12].

Ich war immer darauf gefaßt, daß sie bei erhöhter Sensibilität ihre Schmerzen vielleicht doch in verstärktem Maße spüren könnte. Zu meiner Überraschung erzählte sie statt dessen von einem bisher so kaum erlebten Körpergefühl, ein regelrechtes Glücksgefühl. »Ich habe meinen Körper noch nie so intensiv

11 Zum »Fetisch Entspannung« vgl. Perls in: ITh 1, 1978, 15.

12 Vgl. Stevens, 11 ff, 15 ff; Naranjo, 172 ff; Perls nannte dies »Sensory Awareness«. Dabei werden durch aufmerksame Bewußtheit für den eigenen Körper »alle Sinne (Fühlen, Sehen, Hören, Riechen) zum Leben erweckt und neu angeregt. Man nimmt seinen Körper, seine Umgebung, andere Personen und jeden einzelnen Körperteil intensiv wahr« (vgl. Kamm, 212).

gespürt«, sagt sie. Es war das Glück einer Erstlingsentdekkung, und es folgte für sie eine neugierige Entdeckungsreise zu sich selbst. Sie war tief angerührt: »Da muß ich erst ein halbes Wrack werden, bis ich merke, was für ein Prachtstück von Körper ich bewohne« – als ob sie anfinge, »ein Instrument zu spielen«, so übte sie in den ungestörten Zeiten, sich selbst zu erleben. Sie erfand Spiele, z. B. alle paarigen Körperteile jeweils zugleich zu spüren: die beiden großen Zehen, die Knöchel, die Oberschenkel, die kleinen Finger, die Stirnhöcker, die Ohren. Was man mit seinen fünf Sinnen alles erleben kann! wunderte sie sich. »Und der Körper, das ist ja eigentlich ein Wunder. Ich habe bisher viel zuviel den Kopf oben gehalten und viel zuwenig darauf geachtet, was in meinem Körper vor sich geht.«[13]

Dennoch kam sie, vor allem in der Anfangszeit, immer wieder an ihre Schmerzstellen. Ich legte ihr deshalb anfangs in den Meditationsimpulsen nahe: »Wenn ich einen Schmerzpunkt spüre, streichle ich behutsam darüber hin und sage ihm: Ich spüre dich... Ich spüre, daß du zu mir gehörst... Ich verweile bei dir... Jetzt verabschiede ich mich... Jetzt gehe ich weiter...

Sie hat zu solchen oder ähnlichen Begegnungshilfen mit ihren Schmerzpunkten nachher öfter geäußert: Ich hatte das Gefühl, ich werde bei der Hand genommen und ganz vorsichtig geleitet. Oder: Heute konnte ich länger verweilen. Ich habe mich nicht mehr so sehr verkrampft. Ich hatte weniger Angst vor den Schmerzen – oder: Erst habe ich den Atem angehalten, dann hatte ich den Eindruck, daß der Schmerz anfängt zu zerfließen –.

Später habe ich keinerlei nähere Anleitung mehr gegeben. Es genügte etwa die Einleitung: »Wir versuchen, uns wieder auf uns selbst einzulassen, zu spüren, daß ich – jetzt – hier – bin – den Körper wahrzunehmen – wach zu sein für den Augen-

13 Zum Zusammenhang von: Entdecken des Körpers und Entfaltung der angeborenen Kreativität vgl. Walker, 20.

blick –.« Entlastend kam hinzu, daß sie in den letzten vier Wochen effektiv keine quälenden Schmerzen mehr verspürte, außer jener Taubheit im linken Bein.

Eine besondere Weise der Meditation war es, sich einfach dem Erlebnis des Schweigens und der Stille zu überlassen[14]. Schweigend lauschen, hören, sich selbst begegnen – für sie war dies eine ganz neue Entdeckung. Gewöhnlich war sie schnell im Reden mit Worten. Dies war nun eine ganz neue Weise, mit sich selbst und den Dingen zu »reden« – ohne Worte!

Wir haben manchmal diese Stille auch nachher nicht mit Worten kommentiert oder in Worte übersetzt. Wir haben sie stattdessen »ausklingen« lassen. Für mich waren diese Zeiten der Stille Oasen der Sammlung, auch der beteiligten Zwiesprache und Begegnung im gemeinsamen Schweigen. Sie selbst fand einmal, daß sie sich und mir im gemeinsamen Schweigen ungeheuer nahe gefühlt habe – und später: »Das ist noch lange mit mir gegangen. Ich war nachher allein und doch nicht allein.«

Öfter probierte sie diese für sie neue Wahrnehmungsweise allein aus. Das half ihr sehr in den Abendstunden vor dem Einschlafen und in den Tagesstrecken, in denen sie mit sich selbst allein war. Sie fing an, die »Dinge« zu meditieren: Etwa einen Blumenstrauß anzuschauen und den Gesamteindruck, die Farben, die einzelnen Blüten lange auf sich wirken zu lassen. Sie begann, die Dinge anzureden, ihnen als »Du« zu begegnen[15]. »Ich hätte das sonst ja für eine komplette Spinnerei gehalten – aber ich bekomme ein ganz anderes Verhältnis zu diesen Dingen.« Die Welt um sie her wird lebendiger und sprechender. »Manchmal bin ich ganz hin und weg, irgendwie versunken in die Schönheit einer Blume.

14 Vgl. Tilmann, 124: Schweigen im Schweigen.

15 Vgl. Tilmann, 70 ff. Zum Thema: Er- und Du-Beziehung vgl. Besems in: ITh 3/4, 1977, 176 ff.
Zur Veränderung der Beziehung durch die Anrede in der zweiten Person vgl. Besems in: Gestaltpädagogik, 57.

Dann kann ich gar nicht mehr verstehen, wie ich früher daran vorbeigelaufen bin. Ich denke heute oft: Wo habe ich nur meine Augen gehabt.«

In solchen Augenblicken wird ihr die Enge des Krankenzimmers oft weit. Es ist, als ob sie die Welt, in die sie nicht mehr hinaus kann, zu sich hereinholte.

»Manchmal gönne ich mir auch meine Weltreise, die ich immer schon mal machen wollte«, frotzelt sie über ihre eigene »Meditiererei«.

Eigentlicher Auslöser für unser »Meditieren« war für sie ja die Aussicht auf das Meditieren biblischer Texte gewesen[16]. Darin lag auch das Hauptgewicht. Anfangs haben wir die Erlebnisse der Körperwahrnehmung zunächst ausgetauscht und erst danach im Anschluß an eine erneute Selbstwahrnehmung als zweiten Schritt etwa einen Psalm oder eine biblische Geschichte gehört und uns im freien emotionalen Fluß auf eine Begegnung mit dem Gehörten eingelassen. Später haben wir ohne Zwischenäußerung beide Schritte miteinander verbunden. Sie erlebte dabei biblische Worte ungeheuer intensiv. Es waren manchmal Begegnungen, die sehr viel in ihr auslösten: Beim Meditieren der Psalmzeile »Ich will all das Gute nicht vergessen, das ich von Gott empfangen habe« etwa spulte fast ein ganzer Lebensfilm vor ihr ab, und zwar in einem ungeheuer dichten Erleben. Sie hatte nachher tagelang damit zu tun, dieses dichte Erleben auseinanderzufalten und verweilend anzuschauen und nachzumeditieren. Dies war eine sehr glückliche Strecke, in der sie oft die Zeit vergaß, weil ihre Lebenshöhepunkte so abrufbar in der Erinnerung gegenwärtig waren. Sie mußte dabei auch öfter weinen, nicht erschüttert, sondern eher angerührt von soviel Gutem, was im Tageserleben oft vergessen schien und jetzt wieder zugänglich wurde. »Mein Leben ist bis jetzt schon sehr reich gewesen«, faßte sie einmal die Fülle der Eindrücke zusam-

16 Vgl. zur Gestalt-Meditation mit biblischen Texten: Backofen, 64 ff und Neumann.

men[17]. Und: »wenn ich an Gott denke, kommt's mir vor, als müßte ich dauernd danke sagen.«

Für mich selbst waren diese gemeinsamen Meditationen regelrecht beglückende Erlebnisse. Es war mir manchmal, als würde ich in diesem Krankenzimmer gesund, als fände ich für mich selbst meine oft verlorene Mitte wieder. Parallel zu ihrem integrierenden Nacherleben kamen auch mir ganze zum Teil versunkene Lebensabschnitte in den Sinn, vergessene Höhepunkte, die wieder lebendig wurden. Ich hatte öfter das Bedürfnis, zu sagen: Ich danke, daß ich lebe. –

Auch in ihrer Gottesbeziehung[18] war zeitweise diese gesteigerte Intensität ihres Erlebens zu spüren. Ich hatte sie in einer Abendmeditation zunächst angeleitet, wahrzunehmen, wie das Bett sie trägt, zu spüren, wie der ganze Körper in einer weichen Schale ruht – in dieses gespürte Schalengefühl hinein hatte ich ein Psalmwort gesprochen: »Ich liege und schlafe und erwache, denn Gott hält mich...« Sie erlebte in diesem Spüren und Hören eine Geborgenheit und Gottesnähe, wie sie das bis dahin so noch nicht erfahren hatte. »Es war, als läge ich in Abrahams Schoß – als könnte ich spüren, wie Gott mich trägt – als ob er mich umgibt, so nah wie mein Bett.«

Von dieser Erfahrung, daß Gott ihr »hautnahe«, »zum Greifen nahe« sei, hat sie bis an ihr Lebensende immer wieder in besonderen Augenblicken erzählt. Gott schien mehr »Person« zu sein, mehr Gesicht, mehr Herz zu haben, mehr sprechendes Gegenüber für sie zu werden, zeitweise ihr fast allgegenwärtiges »Du«.

»Ich sage manchmal nur ›Du‹, wenn ich Gott anrede, und dann wird mir ganz weich ums Herz.« – Dieser Satz veranlaßte mich, bei unserer nächsten »stillen Stunde« Martin Bubers Lied vom »Du« zu meditieren[19]:

17 Diese Art von »Meditation« (= bewußter, kontinuierlicher Wahrnehmung vgl. Perls 1976, 82 ff) hatte oft die Erlebnisqualität und integrierende Kraft einer Lebensbilanz (s. o. Abschnitt: Lebensbilanz).

18 Vgl. Essen, 170 f.

19 Tilmann, 144.

Wo ich gehe – Du / wo ich stehe – Du / nur Du, wieder Du, immer Du / Du – Du – /
ergeht's mir gut – Du / wenn's mir weh tut – Du / Du, Du, wieder Du, immer Du.
Du – Du – Du /
Himmel – Du / Erde – Du / oben – Du / unten – Du /
Wohin ich mich wende, an jedem Ende, nur Du, wieder Du, immer Du.
Du – Du – Du!

Ich selbst kam mir etwas überschwemmt vor von dieser Du-Flut. Aber für sie war dies offenbar gesammelter Ausdruck ihres derzeitigen Gotteserlebens. Sie bat mich noch zweimal, ihr dieses Du-Gebet vorzulesen, wieder ganz langsam, Wort für Wort. Dabei hatte ich den Eindruck, daß in ihr beim Mithören weit mehr vor sich ging, als ich mitvollziehen konnte. Offenbar erlebte sie Gott als eine qualitativ neue Begegnungsgröße, eben als ihr neu entdecktes »Du«.

Dies schloß Zeiten nicht aus, in denen sie das »Du« nicht über die Lippen brachte[20]. Ich habe das zweimal miterlebt in der Zeit vor dem Einsatz der Chemotherapie. Nicht einmal mit Gott zu schimpfen oder zu hadern, gelang ihr in dieser stummen Zeit. Meist hatte sie dann keinerlei Gefühle, konnte auch die Gegenwart bestimmter Menschen nur mühsam oder gar nicht ertragen. Es war dann, als ob sie unter der Last ihrer Krankheit zusammengebrochen und verstummt wäre. Ich habe dieses Verstummen auch für mich und mein Miterleben wie eine erdrückende Last empfunden. Beim erstenmal kam ich mir so gepreßt vor, als ob jede Körperzelle unter erhöhtem Druck stünde. Ich vermutete zunächst auch, meine Gegenwart mache sie stumm, bis ich begriff, daß sie einfach verstummt war in ihrer Qual. Das machte es mir möglich, auch stumm zu werden – nicht »stumm da zu sitzen «,

20 ». . . weil Gottes Abwesenheit auch zu unserer Realität gehört wie der Tod«, Essen, 171.

sondern wirklich zu verstummen vor ihrer Qual. Für mich gehört dieses Verstummen zum Erschütterndsten, was ich in der Begleitung Sterbender erlebt habe. Diese Erschütterung hielt an, bis ich am folgenden Tag mit ihr darüber sprechen und mit ihr weinen konnte. Und mitten in dieses gemeinsame Weinen hinein, war das Du Gottes – wie von selbst – gegenwärtig. »Ergeht's mir gut – Du. Wenn's mir weh tut – Du. Wohin ich mich wende – Du –.«

4. Der vierte Schwerpunkt war unsere »Erzählstunde«. Nachdem der erste Schock, die erste Verzweiflung dem erneuten Sich-Einrichten auf die Krankheit gewichen war, mochte sie das wieder etwas eingespielte Rollengefälle: Seelsorger / Patientin nicht weiterführen. Sie wollte mehr am Leben draußen nehmen. Ich solle ihr also von draußen erzählen. Und ich sagte ihr: »Mich interessiert, was Sie erlebt haben, erleben und denken.« Gleichzeitig sollten unsere Gespräche auch nicht immer nur das Schwere, die Krankheit und ihre Bewältigung zum Inhalt haben. So kamen wir auf die Idee: ab und zu eine Erzählstunde einzurichten, in der jeder von uns beiden erzählen sollte, was er erlebt hat oder auch, was er sich vielleicht ausdenkt.

Wir hatten sofort Lust dazu und verfielen auf »kleine Abenteuer«, die jeder von uns zu bestehen hatte. Das war unwahrscheinlich spannend und die Zeit verging im Fluge. Ein andermal haben wir uns köstlich amüsiert über die Erzählungen: Was jeder von uns Verbotenes getan hat, oder denkt, oder möchte. Es war, als ob Kinder miteinander spielen und etwas gemeinsam aushecken. Wir empfanden es als einen herrlichen Spaß und haben in diesen Minuten völlig vergessen, daß wir im Krankenhaus sind. Es folgten noch: eine Phantasiereise, Erlebnisse mit einem guten Freund und ihr Vorschlag: Was wir mit unseren Kindern erlebt haben. Später dann, bei ihrem letzten Krankenhausaufenthalt: »Ein Baum in meinem Heimatdorf« (wir stellten uns vor, was der Baum alles von uns erzählen könnte) und »meine Schlüsselblumenwiese« (hier kamen »Schlüsselerlebnisse« aus dem

allerpersönlichsten Winkel unserer Kindheit zutage, zum Teil mit der Intensität eines katathymen Bilderlebens)[21].
Eigentlich war dies alles ungeheuer nah und verspielt, persönlich und auch ein bißchen verzaubert. Ich finde heute noch beim Niederschreiben, daß diese heiteren Erzählstunden etwas ganz Kostbares für uns beide waren. »Inge und Kurt im Kinderland«. Ich habe als Seelsorger selten diese (meist ungelebte) Seite meines Berufslebens so unbelastet spielen können wie mit dieser todgeweihten Frau.

III. Sterben – eine neue Weise, in der Welt zu sein[22]

1. Ihr »letzter Versuch« – und mein Prozeß vom »diagnostischen« zum »betroffenen Wissen«

Nach ihrer dritten Einlieferung ins Krankenhaus war sie zunächst völlig apathisch. Sie zeigte kaum Gefühle, sie schlief sehr viel. Ich war nur kurz bei ihr. Sie sagte: »Ich sehe Sie nur ganz fern. Alles um mich ist wie taub.« Sie versuchte ein Lächeln. »Mein letzter Versuch«, sagte sie müde und »wenn sie es jetzt nicht packen, komme ich einfach nicht wieder« – bis dahin reichte ihr Galgenhumor. Sie wurde ganz ernst und fügte nach einer Weile hinzu: »Ich muß mich wohl einrichten auf eine lange Zeit.« Ich nickte ihr zu. Dann schloß sie die Augen und wurde ganz stumm, atmete einmal tief und schien dann in Schlaf zu sinken. Ich blieb noch eine Weile schweigend bei ihr am Bett sitzen. Als ich ging, hob sie nur kurz die Hand und sagte leise: »Bitte wiederkommen.« Ich antwortete fast schon routinemäßig: . . . »Zur gewohnten Zeit.«
Sie war in den ersten Tagen oft sehr niedergeschlagen und

21 Vgl. Leuner, Katathymes Bilderleben . . .
22 Keleman, 36.

sehr schwach, zuerst eher stumpf wie unter einem Schock, nachher mußte sie sehr viel weinen. Nach 14 Tagen etwa wirkte sie erstaunlich gekräftigt und erholt.
Die Angehörigen boten in der Aktivität das schon bekannte rührende Bild der Fürsorge, fast noch entschlossener. Im gegenseitigen Ablösen beim Besuch, in den Handgriffen, im Erfüllen der bekannten Lieblingswünsche war schon Routine. Aber die Ratlosigkeit in den Gesichtern, das angestrengte Haltungbewahren tat mir weh. Der Ehemann begleitete mich bis in den Flur hinaus. »Jetzt ist es aus«, flüsterte er. »Ich glaube nicht mehr an ein Wunder. Das halten wir alle nicht mehr lange durch. Wenn ich meine Kinder nicht hätte. Was die leisten! Unsere arme Mami! Es ist furchtbar. Ich glaube nicht, daß wir sie da noch mal herausholen. Da hilft auch kein Beten mehr.«
Ich spürte seine Verzweiflung und seinen Angriff – auch auf mich und meinen hilflosen Gott. Zum Retten eines Menschenlebens taugte er wirklich nichts. Ich wollte mich verteidigen mit einem nutzlosen Satz wie: Ich glaube aber doch, daß Beten uns allen schon viel geholfen hat – dabei war mir selbst zum Fluchen zumute. Zum Glück brachte ich in dieser Richtung kein Wort heraus. Mein Mund war trocken. Und so nickte ich nur und sagte: Es muß für Sie ganz furchtbar sein, ihr nicht helfen zu können – und gleichzeitig denke ich: Wieviel Liebe sie sich gegenseitig erweisen. – Ich will, so gut ich kann, mithelfen.
Diese Situation erinnerte mich sehr an unsere erste Begegnung in der Stadt. Die verzweifelte, liebevolle Hilflosigkeit dieses Mannes rührte mich sehr an. Ich war sehr bewegt. Ich spürte: Ich bin in einer ähnlichen Lage wie er.
Nachträglich fiel mir auf, daß ich die erneute Begleitung während dieses dritten Krankenhausaufenthaltes (wieder) wie etwas Schicksalhaftes auf mich nahm . . . »zur gewohnten Zeit« – also freitags um 11.00 Uhr (oder auch dienstags) – das gehörte nun wieder zu meinem Rhythmus und dies mußte nun zwischen all der anderen Arbeit eben auch noch getan

werden. Was dieser »letzte Versuch« *mir* ausmachte, das habe ich zunächst gar nicht an mich herangelassen. Auch ich war dabei, mich »einzurichten auf eine lange Zeit«. Wohin diese lange Zeit münden würde . . .?

Die Situation um mich und in mir war jener bei ihrer zweiten Einlieferung sehr ähnlich – und doch charakteristisch anders: Die Aussichten auf Heilung waren aus medizinischer Sicht nun ganz und gar gleich Null. Auch mit Chemotherapie war da nichts mehr zu retten; diese Therapie hatte den ihr möglichen Aufschub bewirkt und zugleich war ihre Wirkung damit aufgebraucht. In mir war dieses »Wissen« um die Null-Chance. Irgendwo in mir hockte das schreckliche Gefühl: Jetzt ist sie zum Tode verurteilt – und zwar ganz total und unausweichlich! Es war irgendwie mein Urteil über sie, und das wollte ich doch nun um Gottes willen sie auf keinen Fall spüren lassen. Aber sie spürte es natürlich.

Vor mir selber kleidete ich mein Urteil in medizinisches Wissen: Bei diesem Krankheitsbild und -verlauf mußte in den nächsten Monaten »mit allem gerechnet werden«. Dies wußte hier jeder. Das wußte sie auch. Und es wäre eigentlich an mir gewesen, ihre deutlichen Signale aufzunehmen. Ich habe es nicht »übers Herz gebracht«. Statt dessen habe ich versucht, dieses diagnostizierende Vor-Wissen, das ich in jede Begegnung mitbrachte, unter Kontrolle zu halten. Aber das war natürlich der Tod der Gespräche, die auch prompt immer wieder stagnierten, vorzeitig abgebrochen wurden oder ausfielen.

Es war schon ein Schritt zu mehr Klarheit, als ich mir bewußt machte, *daß* dieses »Vor-Wissen« in mir steckte, auch wahrzunehmen, daß es z. B. die Funktion hatte, mich überlegen zu machen. Insgeheim dachte ich: Ich weiß ja doch mehr als Du! Wie kurzsichtig, noch Hoffnung zu haben! Wie kindlich! Gewiß, jeder Mensch hängt am Leben, aber . . .

Ich bin damals nicht einmal über diese mir bewußt werdende Haltung erschrocken. Oder, ich habe nicht einmal mehr mein

Erschrecken gespürt, mein Erschrecken darüber, daß mir diese doch so vertraut und lieb gewordene Frau in der Routine der täglichen Abläufe zum »Fall« wurde. Im späteren Reflektieren dieser Situation fiel mir auf, in welchem Maße die medizinische Diagnose Ärzten und allen (professionellen) Mit-Wissern, also auch mir selbst eine nur schwer umgängliche Macht verleiht. Schwer umgänglich, weil sie in mir die Schutztendenz verstärkt, mich gefühlsmäßig zu distanzieren und die schmerzliche Solidarität zu verlassen. Der Fachmann weiß es ja schon besser, wobei dieses »Wissen« ein diagnostisches, aber kein gelebtes Wissen ist. Ich habe an mir selbst bemerkt, daß diese Art von professioneller »Macht« oft die Kehrseite meiner nicht eingestandenen persönlichen Ohnmacht, meiner Hilflosigkeit ist, meiner Schwierigkeit, mich wirklich auf die Begegnung mit dem Sterbenden und seiner Ausweglosigkeit einzulassen.

Das gelebte Wissen eines Kranken, der schließlich selbstbetroffen weiß: »Ich werde nun sterben«, hat eine ganz andere Qualität als das medizinische Wissen des Arztes bzw. das Mitwissen des Seelsorgers, der qua Befund weiß: Er / Sie muß nun sterben.

Ich habe in dieser Zeit bezeichnenderweise auf alte, frühere »Seelsorge«-Klischees zurückgegriffen, indem ich mich z. B. zweimal unter Vortäuschung von Geschäftigkeit und knapper Zeit mit Kurzbesuchen und einem jeweils verlesenen Bibelwort und kurzem Gebet einer wirklichen Begegnung entzog, was auf sie sehr befremdlich wirkte und mein Unbehagen über mich selbst noch verstärkte.

Es hat eine Zeitlang gedauert, bis ich begriff, daß es hier um *meinen* Abschied geht und daß in Entsprechung zu ihrer »Morgenarbeit« (s. u. S. 144) es nun an mir ist, mich auf ihr Sterbenmüssen wirklich einzulassen mit allem, was das für mich bedeutet. Dies wäre vielleicht die andere Funktion der medizinischen Diagnose: Daß sie dazu nötigt, mich rechtzeitig auf diese Realität einzustimmen.

Nachträglich weiß ich wohl, daß ich auch anders mit meinem

»Wissen« hätte umgehen können. Ich hätte z. B. ansprechen können, was ich denke und welche Schwierigkeiten ich habe, mich auf diesen ihren »letzten Versuch« einzulassen. Aber gleichzeitig sehe ich auch, daß dieser penetrante Anspruch an mich, als Mensch und Seelsorger stets identisch zu sein, dem andern immer mit meinem sensiblen Gespür zu begegnen, »partnerzentriert« und solidarisch zu sein, dazu der Selbstvorwurf, ich hätte in diesen ersten Wochen Frau K. mit ihren heimlichen und angedeuteten Sterbegedanken im Stich gelassen ... Ich sehe, daß dies alles haargenau meinem »allmächtigen Helferbild« entspricht, jenem Sklavenhalter in mir selbst, der mir keine Schwäche oder Hilflosigkeit gestattet. Und genau das war ich: Hilflos, in meinem Gefühl für mich selbst blockiert, mit einem starken Bedürfnis, mich innerlich zu schützen.

Und ich habe auch nicht, wie sonst in solchen Situationen, mir mit »Gestalthilfen«, z. B. mit einem Rollentausch-Dialog Klärung verschafft. Ich habe mir in dieser Zeit auch nicht, wie sonst nach unseren Gesprächen, Notizen gemacht – Ausdruck für meine eigene Blockierung. Ich habe in diesem Vermeiden und Nichtwahrhabenwollen der Sterbesituation an mir selbst erfahren, wie schwer es ist, Sterben wirklich zuzulassen. Es war *mein* Sterbe- und Abschiedsprozeß, in den ich nicht einzuwilligen bereit war. (Und ich kann nachträglich erst die frühere Weigerung des Ehemanns verstehen, sich auf das Sterben seiner Frau einzustellen, s. o. S. 124). Ich habe auch gemerkt, wie das Verschweigen dessen, was ich fühlte und dachte, mich in der Beziehung zu Frau K. isolierte. Unsere Beziehung war in dieser Zeit mühsam und anstrengend wie noch nie. Und nicht nur sie, sondern auch ich war allein.

»Den andern annehmen, wie er ist« – ich hatte in der Schule der »partnerzentrierten Seelsorge« wohl begriffen, daß dies ein Kernpunkt jedes seelsorgerlichen Gesprächs ist. Aber dieses Kernproblem hat die Gestalt einer Ellipse und hat zwei Brennpunkte. Und der zweite Brennpunkt in diesem Kommunikationsprozeß bin ich selber, ich, der Seelsorger. Das Annehmen des anderen wird zu einer maßlosen Überforderung, wenn ich mich dabei auslasse[23].

Nicht nur Frau K. hatte den »Prozeß« einer Einwilligung ins Sterben erst noch vor sich, ich selber ebenso. Und ich habe aus der Rückschau den Eindruck, daß ich auf meine Weise eine durchaus spiegelbildliche, krisenhafte Entwicklung durchmachen mußte wie sie – sozusagen vom »diagnostischen« zum »betroffenen Wissen«.

Und dies war eine Entwicklung, die sich auch zwischen uns beiden abspielte. Immer wieder habe ich bemerken können, daß das, was ich nicht zulasse, auch sie blockiert hat (s. u. S. 156 f). Und was nicht in ihr reif war, dazu konnte ich sie auch nicht veranlassen, selbst wenn ich (als der nicht direkt in der Existenz Betroffene) ihr in der »Einsicht«, im Wahrnehmen, im Spüren einen Schritt voraus gewesen wäre (sehr oft und im Entscheidenden, nämlich im existenziellen Vollzug, war es aber umgekehrt, daß sie mir voraus war).

Der Prozeß war also wechselseitig und auch die Beeinflussung und die Anregung waren wechselseitig[24]. Und oft war sie es, die den nächsten Schritt zuerst vollzog – so auch jetzt in dieser Phase der Stagnation.

> Nach mehreren sehr unbefriedigenden Gesprächen sagte sie eines Morgens: Ich weiß nicht, was es eigentlich ist. Aber irgendwie kommen Sie mir verändert vor. Ich kann irgendwie nicht mehr so mit Ihnen sprechen wie früher ... Vor allem das letztemal, als Sie sagten, Sie hätten nicht viel Zeit – und ob Sie mir nicht ein Wort der Bibel vorlesen dürften. Da habe ich mir gedacht: Was ist nur mit dem Mann los? Irgendwie waren Sie mir richtig fremd.
>
> Sie sagte dies mit einem sehr lieben, eigentlich werbenden Klang in der Stimme. Ich war tief getroffen und brauchte einige Augenblicke, bis ich von mir sprechen konnte. Ich

23 Vgl. Jung 1932, 19; Tacke, 144.
24 Watzlawick 1972, 120 f.

spürte Trauer und Erleichterung, als ich antwortete: Es trifft mich sehr, was Sie sagen – es stimmt. Ich merke das auch, schon lange. Ich war mir selbst irgendwie fremd – ich hatte auch kein Gespür mehr für Sie. – Ich bin sehr bewegt jetzt. (Nach einer Pause) Ich komme hierher, weil ich Sie mag. Sie sind mir sehr vertraut geworden in den letzten zwei Jahren. Was ich mit Ihnen erlebt habe, hat mein Leben sehr geprägt. Aber (ich stocke) jetzt fällt es mir sehr schwer. Ich glaube es schmerzt mich sehr, Sie so hier anzutreffen . . . Das spür ich jetzt. (Wir schweigen.) Es tut mir gut, daß ich jetzt wieder spüren kann . . .
Sie nickt, als kennte sie das. Wir sind beide sehr berührt, aber irgendwie auch sehr erleichtert, vielleicht sogar glücklich. Sie sagt nach einer Weile: Schön, daß ich so mit Ihnen sprechen kann. Ich fühle mich jetzt auch nicht mehr so allein. Ich: Ja, ich war auch – allein, wenn ich hierher kam. Aber jetzt – bin ich – wieder – – gemeinsam.
Dies letzte war so brüchig gesagt, irgendwie unbeholfen. Aber, ich denke, genauso stimmte es – auch in der Hilflosigkeit war ich, waren wir »gemeinsam«.

Aus der Rückschau lese ich die Notiz von diesem Gespräch wie eine Verabredung: Von jetzt an gehen wir gemeinsam und aufeinander eingestimmt das letzte Stück ihres Weges, und es erlebt jeder auf seine Weise den schwierigen Prozeß der Einwilligung ins Sterben und des Abschieds. Aber das stand uns noch bevor. Denn vom Sterben hatten wir jetzt noch nicht offen miteinander gesprochen. Auch das wurde mir erst später bewußt. Ich meinte zwar, es mit meiner Andeutung (es schmerzt mich, Sie hier so anzutreffen) getan zu haben, aber das war noch zu sehr verschleiernd, und die eigentliche, existentielle Krise stand noch aus.

2. »Meine Verstümmelung . . .«

Ich bin gerade soeben angekommen, sagte sie bei einem der nächsten Besuche. Ich brauche morgens immer ein paar

Stunden bis ich da bin. Kurz vor dem Aufwachen, das ist oft die Hölle. Im Schlaf hab ich meist alles vergessen. Und dann fällt mit einem Schlag alles auf mich: Dies Krankenzimmer, der Krebs, die Schmerzen, mein Leid, – meine Kinder – mein Mann – o Gott! Jeden Morgen der gleiche Kampf. Und dann muß ich weinen und hadern!
Sie hat mir vom Ablauf dieser harten »Morgenarbeit« öfter erzählt: Der Schock des Erwachens, die grausame Realität, Abwehr: Doch nicht ich!, weinen, hadern mit Gott und den Menschen, verzweifeln, nicht mehr leben wollen. Es wäre, als ob sie erst wieder in ihren krebsgeplagten Körper zurückkehren müsse, und es dauert lange, bis sie das angenommen hätte – dazwischen die Krankenhausabläufe. Gegen 10.00 Uhr war sie dann meist die, die sie nun ist: die krebskranke Inge K. im Zimmer Sowieso, am Freitagmorgen.
An diesem Vormittag hatte sie sich mit dem Erspüren ihrer Operationsnarben beschäftigt. Das sei diesmal ihre Morgenarbeit gewesen. Gleich beim Aufwachen hätte sie an ihre Narben denken müssen und sie hätte dann eine ungestörte Stunde genutzt, um einmal auf ihre Narben zu achten. »Die gehören ja nun zu mir.« Und ich bin ja eine gelehrige Schülerin, sagt sie mit einem Seitenblick zu mir herüber, und so habe ich meinen Körper »meditiert«, wie Sie das nennen würden.
Erst hätte sie etwas Angst gehabt, aber dann hätte sie sich auf zu erwartende Schmerzempfindungen eingestellt und sich tapfer an die Narben herangetastet. »Es war ein ganz komisches Gefühl.« Sie hätte an der Narbe entlang die Trennung des Zerschnittenen deutlich gespürt, irgendwie sei das wie taub gewesen und dann wieder wie ein frischer Schnitt, die ganze Brust sei ihr wie eine heftig schmerzende Wunde vorgekommen. »Ich hab geheult vor Schmerzen. Ich dachte, es ist fast, als ob ich ohne Narkose operiert werde«, so intensiv sei für Augenblicke der Schmerz spürbar gewesen. »Ich glaube, ich habe da meine Operation noch mal erlebt.«

Sie hätte dann die Narben mit ihren Händen so liebevoll und zart wie möglich zugedeckt. Das habe sie sehr beruhigt, irgendwie getröstet. Sie hätte dazu unwillkürlich die Worte geflüstert: »Meine schlimmen Narben«. Sie hätte dabei sehr viel weinen müssen und sie sei auch noch einmal »so böse und so wütend« geworden auf diesen Krebs. »Ich habe vor Wut mit den Fäusten aufs Bett getrommelt.« Nachher habe sie noch ein paarmal vor sich hingesagt: »Meine Narben«. Ihr sei dabei sehr wehmütig zumute gewesen, aber irgendwie auch liebevoll und dann zu mir gewandt: »Ich denke jetzt, die Narben gehören zu mir wie meine Sommersprossen«, das sagte sie fast heiter.

Was sie da in dieser Morgenarbeit an sich selbst vollzogen und erlebt hatte, erschien mir wie ein Stück Integration ihrer Krankengeschichte[25]. Früher schon hatte sie öfter über ihre Entstellung durch die Operation gesprochen, teils in witzigen Bemerkungen, teils aber auch sehr verletzt in ihrem Selbstwertgefühl als Frau. Es war, als ob dieses »Thema« im Untergrund weitergearbeitet hätte und nun erneut und gewandelt aus einer tieferen Schicht an die Oberfläche träte, zunächst im Nacherleben der Operation, dann noch einmal in der Auseinandersetzung mit dieser feindseligen Krankheit und schließlich in einer teilweisen Aussöhnung mit dieser in ihren Körper eingravierten Geschichte.

Aber dieses »Thema« berührte noch andere Erlebnisebenen und andere Bereiche ihrer Person und Biographie.

Bald darauf kam sie wieder auf ihre Narben und die Verstümmelung ihres Körpers zu sprechen. Es sei ihr der Gedanke gekommen: »Ausgerechnet meine Frauenorgane sind betroffen«, »andere kriegen's an die Lunge oder am Magen, aber ich krieg's da. Ist das wohl immer die schwächste Stelle im Organismus, die es trifft? – Jedenfalls bin ich da nun verstümmelt, ausgerechnet da.«

25 Vgl. zur Meditation des Körpers: Kirchmann, 104 f: »Das Erspüren des Körpers . . . führt den Menschen zum Erlebnis seiner Selbst als einer leibseelischen Einheit.«

Es war ein oft unterbrochenes Gespräch an diesem Morgen. Aber ich hatte den Eindruck, daß diese Frage sie sehr beschäftigte. Ich sagte ihr das und daß ich das nächste Mal, wenn wir ungestörter sein könnten, gern mit ihr darüber weitersprechen möchte. Sie sagte noch: »Ich denke, das ist nicht nur organisch, das ist vielleicht irgendwie noch was anderes (und dann mit einer Handbewegung) ach, das ist vielleicht ja doch nur so eine Idee von mir« – und ich ließ mich, sozusagen im Abschiednehmen, noch auf diese Bemerkung ein und sagte: »Mich beschäftigt das auch, was Sie da sagen. Mir kommt's vor, als ob Sie vermuten, daß diese körperliche Verstümmelung etwas mit ihrem Leben zu tun hätte – wie Sie mit sich selber umgegangen sind – meinen Sie das? / Sie (etwas zögernd): Ja, – ich glaube – ja, das meine ich. / Ich: Heute können wir ja nicht mehr weiter darüber sprechen. Vielleicht können Sie aber für sich schon einmal unter diesem Gesichtspunkt auf Ihre Lebensgeschichte schauen? / Sie (schaut mich fragend an) / Ich: Ich meine, was Ihnen aus Ihrem Leben alles so in den Sinn kommt, wenn Sie an das Wort »Verstümmelung« denken. / Sie begriff sofort: Puh, das mag ich eigentlich gar nicht! – Nee! – Ich glaub, das tu ich mir nicht an. Auch nicht aus Sympathie für Sie.
Sie bekam Durst und bat mich, ihr den Trinkbecher zu füllen. Ich sagte ihr noch, daß ich jetzt selbst erschrocken sei vor dem, was ich ihr da nahegelegt hätte. Dies sei nun auch alles im Aufbruch gesagt. Und ich sei dafür, daß wir jetzt wirklich nicht weiter darüber sprächen. Wenn es ihr das nächste Mal noch wichtig sei, könnten wir ja dann noch einmal neu darüber reden.
Im Hinausgehen war ich unzufrieden. Sauer auf sie, weil sie mir das Thema angeboten, es aber auch wieder zurückgezogen hatte. Sauer auf mich, daß ich mich trotz ihres spürbaren Zögerns und ihrer Ambivalenz im Hinausgehen noch auf eine derart existentielle Fragestellung einließ. *Ich* war es im Grunde, der weitergebohrt hatte, und ich war es, der versucht hatte, ihren vagen Vermutungen eine eindeutige Tendenz zu

geben. Die Brücke von der körperlichen Symptomatik zur Lebensgeschichte war mein Einfall.
Was also war mein eigenes, vielleicht verstecktes Interesse? – Ich erkannte wohl, wie sehr ihre Verstümmelung mich beunruhigte. Und wenn ich im nachhinein auf meinen Tonfall achtete, so klang darin ein Unterton. Übersetzt sagte der Unterton etwa: Da muß doch etwas vorausgegangen sein. Diese Verstümmelung kommt doch nicht von ungefähr. Sie ist doch wohl das Ergebnis einer Entwicklung ...
Hier kam Gelesenes[26] und Vermutetes zusammen. Je öfter ich Krebspatienten begleitete, um so nachhaltiger wurde meine Vermutung, Krebs habe etwas mit Selbstunterdrückung zu tun. Wollte ich eventuell nur diese Vermutung bestätigt haben?
Aber das schien mir doch zu distanziert. Ich kannte wohl meine Neigung, am andern aufzudecken, was ich an mir selbst verbarg. So versuchte ich es einmal selbst mit der Empfehlung, mein Leben unter dem Gesichtspunkt der Verstümmelung anzusehen. Und mir fiel sofort meine aktuelle gegenwärtige Situation ein: Ich sah (was ich ja schon wußte, aber jetzt gesammelt und voll bewußt), ich sah, wie meine Berufsverpflichtungen mein Leben wie Krebsgeschwülste überwucherten. Kaum freie Zeit für mich selbst. Die Allgegenwart des Berufs ohne Feierabend, die niemals erfüllbaren Ansprüche von außen und von innen, mein Selbstanspruch, ein beliebter Pastor zu sein. Der Konkurrenzdruck unter den Kollegen, die dauernde Endmoräne der unerledigten Dinge. Wo war da Platz für mich selbst? Ich kam mir abgeschnitten vor – irgendwie abgeschnitten vom Leben. Ich merkte, daß ich vor lauter Trauerbesuchen, Beerdigungen, Gottesdiensten, Gruppenverpflichtungen, Ausschußsitzungen lange nicht mehr gelacht hatte. Ich mochte manchmal keinen Menschen mehr sehen. Fast jeder Telefonanruf war wie eine lästige Störung – und schellte jemand an der Tür,

26 Vgl. Reich, 314 f; Watzlawick 1978, 54 f; Zorn, 132.

wurde ich ärgerlich: Wer will denn jetzt schon wieder etwas von mir?! Ich war immer Ratgeber, immer öffentlich, selbst beim Einkauf. Wo – außer in der Familie – konnte ich mich »fallen« lassen, schwach sein, versagen – oder auch ohne Anspruch einfach freie Zeit erleben?
Ich sah vor Augen, wie ich mich selbst »verstümmelte«. Ich selbst. Ich spürte, wie die ungelebten Möglichkeiten sich regten. Im Rollentausch wurde ich wütend auf diesen totalen Berufsmenschen, der ich geworden bin. Und ich erlebte in der biographischen Assoziation, wie da ein von fremden Augen gesteuerter kleiner Junge, etwa 14 Jahre alt, seine lebensvolle Kindheit begrub und sich mit religiösen und moralischen Grundsätzen selbst »verstümmelte«. »Du gehst sehr lieblos mit dir selber um«, das war der entscheidende Satz, der sehr viel Trauer um verlorenes Leben in mir löste. Aber aus dieser Trauer wuchs auch eine neue Kraft.
Ich habe in den Folgewochen einige Konsequenzen gezogen: Nicht unbedingt notwendige Verpflichtungen abgesagt, »ehrenvolle« Anfragen (ein Vortrag hier, ein Festgottesdienst dort) nicht angenommen, mich aus synodalen und anderen Ausschüssen abgemeldet. Ich habe also meine Arbeit konzentriert. Dabei habe ich vielleicht zum erstenmal meine Arbeitsgebiete unter der Fragestellung sortiert: Was macht mir Spaß? Wo können meine Begabungen und meine derzeitigen beruflichen Interessen am besten zur Entfaltung kommen? Also: welches ist der Kür-Teil meines Berufs? – Vor allem aber habe ich mir Inseln der Freiheit geschaffen: Freie Zeiten für Kreativität, Ruhepausen mitten in der Woche, mitten am Tage, allein für mich selbst oder allein mit der Familie ...
Bei unserem nächsten Gespräch empfing sie mich mit den Worten: Ich habe über die Verstümmelungen in meinem Leben doch nachgedacht. / Ich sagte: Ich auch. / Sie: (ganz verblüfft) Sie auch?! / Ich: Ja – und das war bitter nötig. – Ich hätte nach unserem letzten Gespräch ein ganz ungutes Gefühl gehabt. Ich hätte dann gemerkt, daß ich eine sonderbare

Neugier für Ihre Verstümmelungen entwickele, und dabei allen Grund hätte, bei mir selber nachzusehen usf.
Sie hörte sehr beteiligt zu und konnte meine Wahrnehmungen gut nachvollziehen. Denn sie hatte für sich ähnliche Entdeckungen gemacht und sprach im folgenden fast ohne Unterbrechung. Es sei ihr beim Nachdenken sehr merkwürdig ergangen. Was ihr da alles in den Sinn gekommen sei!
Ich war machmal sehr hart, erzählt sie, sogar in meiner Stimme. Ich höre sie oft klingen, wie ich mit meinen Kindern schreie. Das ist mir komischerweise zuerst eingefallen. – Aber vor allem mit sich selber sei sie oft ganz rigoros verfahren. »An mich selber denken – nee! Zuerst die Familie, zuerst der Mann. Man hat ja auch als Frau bestimmte Wünsche. Träume oder wie ich es nennen soll.« Aber sie habe sich so vieles »verkniffen«.
Sie spricht von der besonderen Art ihrer Beziehung zu ihrem Mann. Sie spricht einerseits liebevoll von ihm und gleichzeitig vorwurfsvoll.
Es hört sich eine Weile lang so an, als ob sie ihm anlasten wollte, was sie sich selbst »verkniffen«, d. h. was sie sich selbst an Lebensbedürfnissen verboten bzw. nicht erfüllt hatte.
Ich sage ihr dies als meinen Eindruck. Aber sie bleibt noch eine Weile bei ihren unterschwelligen Vorwürfen. Da ist offenbar viel bisher Unausgesprochenes, was sie jetzt mehr für sich selbst als für meine Ohren vor sich hin sagt:
Sie – als Frau mit ihren Gefühlen – käme oft nicht auf ihre »Rechnung«. Über das, was sie empfinde, könne sie mit ihm »wenig bis gar nicht« sprechen. Sie fühle sich dann mit sich selbst allein und so unverstanden.
Sie wird sehr traurig bei diesen Sätzen. Ihr werden die Unterschiede deutlich, an denen wohl beide zuweilen gelitten haben (und leiden), ohne sich ändern zu können: Die Unterschiede in der Lebenseinstellung, in den Erwartungen aneinander, in der Art und Fähigkeit, sich mitzuteilen, in der

Beziehung zu den Kindern, in der Weise, Konflikte auszutragen – diese Unterschiede benennt sie jetzt sehr nachdrücklich, und zwar zunehmend weniger vorwürfig oder selbstbezichtigend, sondern eher so, als ob sie sich gestattete, genauer hinzuschauen und zu sehen: »Ja, so war es, so ist es! Da sind wir sehr verschieden« – und dabei zu spüren, wie sehr diese Verschiedenheit sie auch geschmerzt und wieviel Groll sich da auch angesammelt hat.

Dieses Sehen und Aussprechen des Unangenehmen wirkt spürbar entlastend und ermöglicht es ihr, dann auch die gute, liebevolle (z. B. die fürsorgliche) Seite ihrer Ehebeziehung anzusprechen und zu würdigen.

Sie sieht auch, daß sie selbst eben sehr oft nicht Anwalt ihrer wichtigen Bedürfnisse war, daß sie selber durch ihr Verschweigen und ihre Uneindeutigkeit zu jenem sich wiederholenden unseligen Kreislauf von: unausgesprochenen Erwartungen – unterschwelligen oder offenen Vorwürfen – Entfremdung-Wiedergutmachung (ohne wirkliche Konfliktlösung) beigetragen hat. – Dies alles mußte sie erst »loswerden«, bevor sie schließlich wieder auf den eigentlichen Kernpunkt ihrer »Verstümmelungsgeschichte«, auf ihre Beziehung zu sich selbst als Frau zu sprechen kommt: »Ich habe bei mir so vieles abgeklemmt, so vieles! Und jetzt merke ich, ich glaube, erst jetzt, daß ich mich selbst nicht ernstgenommen habe – ich selbst!«

Ich hab schon verstanden, was Sie vorhin meinten, daß ich das nicht meinem Mann zuschieben kann. – Als wir heirateten, damals, da war ich auch noch ein anderer Mensch, da war ich in meiner Entwicklung irgendwie noch ein Kind. Das klingt komisch. Ich war so selbständig und doch noch ein Kind. Ich hab mich, glaub ich, selber als Frau nicht besonders gemocht. Obwohl alle sagen, ich hätte sehr viel Charme – und ich kann auch sehr schick sein . . . (Ich sage dazwischen, das empfände ich auch so.) Aber irgendwie habe ich das nicht so richtig in mir zugelassen: Daß ich als Frau ganz bestimmte Wünsche habe, die ich nur deshalb habe, weil ich eine Frau bin! Das ist

es! Frau geworden – bin ich wohl erst in den letzten Jahren. Bis dahin bin ich mehr über mich hinweggetrampelt. Und kaum habe ich mich endlich so richtig zur Frau entwickelt – da ist dies alles passé. (Sie zeigt auf ihren Körper und weint sehr.) Aber das ist ja eine ganz alte Geschichte. Das habe ich jetzt gemerkt.
Sie erzählt, daß sie in der Kindheit manchmal lieber hätte ein Junge sein wollen. Als Mädchen habe sie sich eigentlich nicht so recht akzeptieren können.
Sie haben neulich einmal vom »Kind in mir« gesprochen, sagt sie: Das »Mädchen in mir« habe ich eigentlich recht stiefmütterlich behandelt. In der Pubertätszeit war das ja nun nicht mehr zu verheimlichen. Ich hab nach außen so getan, als machte mir das gar nichts ... Und was man so als Frau vorzuweisen hat: Busen, hübsche Beine – habe ich eigentlich nie so hervorgehoben. Die Beine vielleicht doch, doch! Darauf war ich stolz ... Aber was man sonst hat als Frau ... (Beide Hände liegen nach innen gewinkelt auf der Brust – sie weint.)

Ich hatte kurz zuvor (im Zusammenhang mit einer Körperwahrnehmung) vom Körpergedächtnis bzw. muskulären Gedächtnis[27] erzählt und dies an mir selbst verdeutlicht. Ich hätte z. B. öfter Rheuma in Rücken, Schultern und Nacken. Die Muskeln der entsprechenden Körperregionen seien oft sehr verspannt und mir sei bewußt, daß in diesen Verspannungen ein ganzer Strang meiner Biographie »festgehalten« sei, z. B. die unterdrückte Wut seit meinen Kindertagen. Ich hatte dabei auch gesagt: Neuerdings gestatte ich mir viel öfter, wütend und böse zu sein ... In Belastungszeiten, wenn ich mir zuviel »aufhalse«, meldet sich mein Rücken sehr prompt. Ich achte jetzt öfter auf seine Warnzeichen und versuche, mich rechtzeitig abzugrenzen.

27 Vgl. Petzold in: Die neuen Körpertherapien, 258 ff; Perls 1974, 31.

Sie hatte das sehr aufmerksam aufgenommen. Jetzt erwähnte sie es wieder: Mein Körpergedächtnis, wie Sie es neulich nannten, hat mich an vieles erinnert. Ich bin praktisch ganze Lebensabschnitte noch einmal durchgegangen in dieser Woche. Ich habe viel geweint dabei und ich hab diese hirnverbrannte Erziehung verwünscht. (Sie erzählt von den leibfeindlichen Erziehungsgrundsätzen in ihrer Kindheit.) Aber ich war es ja selber. Schließlich war ich ja auch mal alt genug. Ich hab oft meine eigene Schönheit nicht beachtet – wer weiß! – – Jedenfalls habe ich da jetzt meine Narben. Sie schweigt und weint lautlos. – Nach einer Weile: Mir ist ganz sonderbar zumute. Irgendwie sehe ich mein Leben ausgerechnet von den Narben her ganz anders an . . . / Ich: Ja. – Und wie . . .? / Sie – (sehr überraschend für mich und doch stimmig): Ja, ich glaube, ich sehe mich jetzt barmherziger oder so.

Was hier durch das Stichwort »Ich und meine Verstümmelung« ausgelöst wurde, war ein Stück »Lebensbilanz« für sie (und auch für mich). Am Ende war keineswegs meine theoretische Vermutung etwa über den Zusammenhang von Krebs und Selbstunterdrückung bestätigt, auch wenn es in Anklängen Hinweise geben mochte. – Am eindrücklichsten war für mich die Art und Weise, wie diese Frau mit der schlimmen, verdrängten, abgewiesenen Seite ihres Lebens umging, wie sie anfing, sich mit den entfremdeten Anteilen ihres Lebens zu beschäftigen und auszusöhnen. Mir kam zum erstenmal der Gedanke, daß ihre Krankheit für sie nicht mehr nur ein ihr auferlegtes, fremdes Schicksal war, sondern auch Ausdruck ihres so-gelebten-Lebens. Ich spürte, daß sie anfing, es selbst so zu sehen. Das hat auch mir zu einer veränderten Sichtweise verholfen. – Ich habe nicht mehr daran gerührt.

3. Ihre Schönheit

Sie hatte in dieser Zeit öfter ein besonders schönes Gesicht, wie eine Madonna von Raffael. Auch an jenem Morgen, als sie mir erzählte »meine Narben gehören zu mir wie meine Sommersprossen« war mir das aufgefallen. »Ausgesöhnt mit sich selbst«, war mir dazu in den Sinn gekommen. Ich hatte so etwas noch nie gesehen, es auch in diesem Elend nicht vermutet. Einmal hatte ich es ihr gesagt, was sie etwas verlegen machte. »Ich sehe nur, wie knochendürr meine Arme sind . . .«, hatte sie abgewehrt.

An diesem Morgen nun war es so auffällig, wie noch nie zuvor. Der Eindruck war so überraschend, daß ich zunächst einen Augenblick lang in der Tür stehen blieb, bevor ich mich setzte. Alles in ihrem Gesicht war gelöst, in sich ruhend. Ich konnte nicht herausfinden, welche Einzelheiten mich da besonders faszinierten: Die Klarheit der Augen, die feindurchschimmerte Haut, der völlig entspannte Mund. Es war der Gesamtausdruck und vielleicht auch die gelöste Offenheit, mit der sie mich ansah, lächelnd ohne zu lächeln. Dieses Gesicht hatte »Ausstrahlung« – und ich kann die alten Maler verstehen, die solche Gesichter mit einer Aura umgeben, um auszudrücken, was man nur schwer beschreiben kann.

Die gelöste Schönheit dieses Gesichtes stand in schreiendem Gegensatz zu ihren abgemagerten Armen und eckigen Schulterknochen, die sie sonst auch möglichst unter der Decke zu verbergen suchte. Heute nicht.

Sie sagte: »Ich habe ein ganz unbeschreibliches Glück erlebt.« – Sie hatte eine Blume »meditiert«, eine Amaryllis, stundenlang: Ihr schräg gegenüber auf dem Tisch stand sie in ihrer vollentfalteten, leuchtenden Schönheit. Sie hatte diese Farben und das »schöne Gesicht« dieser Blume angeschaut und immer tiefer in sich aufgenommen. Sie hatte in dieses Gesicht hineingesprochen, hatte ihm seine Schönheit gespiegelt. Sie hatte dabei zunächst ihre eigenen Augen wie einen Kristallspiegel empfunden – und dann war eine Zeitlang ihr eigenes

Gesicht zum Spiegel geworden. »Es ist als ob ich ganz neue Augen und überhaupt ganz neue Organe (!) hätte[28]. Ich habe solche Schönheiten immer nur im Vorübergehen gesehen. Jetzt kann ich ganz lange verweilen. Und die Blume fängt an zu sprechen. Ich muß aber lange genug warten und darf mich nicht ablenken lassen – dann entsteht ein richtiges Gespräch. Und ich habe der Blume gesagt: ›Es ist ein Glück, in dein schönes Gesicht zu schauen.‹« Ich nicke ihr zu und sage: Ja, und es ist für mich jetzt ein Glück, in Ihr schönes Gesicht zu schauen. Sie schaut mich an und sagt: Stellen Sie sich vor, heute kann ich das sogar glauben. – Und die Blume (!) hat das vorhin auch schon zu mir gesagt. Einen Moment lang wollte ich mich in meinem Spiegel betrachten. Aber dann habe ich gedacht: Laß es so – unberührt. Aber ich habe es, wie soll ich sagen, mit meinen »neuen Augen« gesehen. Das ist, als ob ich mich von innen sähe.

Ich war an diesem Morgen nach diesem Gespräch irgendwie nicht mehr ganz auf der Erde. Es war ein trüber Märzmorgen ohne Sonne. Aber die Welt war für mich voller Glanz. Ich hatte mich von ihr mit einem Kuß auf die Stirn verabschiedet und ich spürte bis ins Herz, daß ich diese Frau auf eine besondere Weise liebte.

Ich habe anschließend jeden Kontakt mit einem Menschen vermieden und habe in mir dieses Gefühl noch lange nachklingen lassen.

Die Begleitung dieser sterbenden Frau war für mich sicherlich einer der besonderen Glücksfälle meines Lebens. Aber diese Begegnung am heutigen Vormittag war vielleicht das glücklichste Erlebnis mit ihr. Die Begegnung selbst war wie eine schöne Blüte. Nicht lange danach hatte ich den schon erwähnten erschreckenden und zugleich schönen Traum von

28 »Wenn wir lernen können, der Intuition . . . des Körpers zu vertrauen, geschieht mit unserer Vorstellung und Symbolisation etwas Faszinierendes. Wir entdecken den Dichter in uns; nämlich die angeborene Fähigkeit in jedem von uns, Bilder zu formen, die unsere Erfahrung ausdrücken, unsere Bedürfnisse erhellen . . .«, Walker, 20.

einer Krebsgeschwulst in meiner rechten Bauchseite, aus der eine Blüte von überirdischer Schönheit wuchs.

4. To suffer one's death and to be reborn is not easy ...[29]

Es sind dies die letzten Tage, in denen sie noch einmal in gesteigerter Bewußtheit Einzelheiten ihrer täglichen, aufs Krankenzimmer beschränkten Welt in sich aufnimmt. Unscheinbare, oft übersehene Details werden für sie zu Kostbarkeiten: Die angenehme Kühle der frischen Luft, die beim Lüften durch's geöffnete Fenster strömt, das Gespräch mit der Nachtschwester am Abend, das Lächeln im blassen Gesicht ihrer Zwölfjährigen, ein Blumenstrauß ihrer Freundin, der Brief von Übersee, die Augen ihres Mannes beim Abschied, die bläulich schimmernde Ader auf ihrer Hand, die wohltuende Wahrhaftigkeit des Arztes – solche kleinen Erlebnisse und Wahrnehmungen sind wie Entdeckungen, sprechen und klingen nach.
Ich selbst fühle mich wohl in dieser für die unscheinbaren Dinge des Lebens so sensiblen Atmosphäre. Immer wieder bittet sie mich, daß wir ein paar Minuten miteinander meditieren: Einmal einen biblischen Psalm, einmal eine Gebetszeile, einmal »die Stille« ... Für sich selbst entnimmt sie viele neue Anregungen zum Beten und Meditieren aus dem Buch von Jörg Zink »Wie wir beten können«, das ich ihr mitgebracht hatte.
Gleichzeitig spürt sie immer häufiger, wie sich die Schmerzen melden, mal wie ein dumpfes Pochen, mal stechend. Manchmal kommt sie sich vor wie eine Insel, wenn die Flut kommt, dann wieder ist Ebbe. Die Schmerzen scheinen abzuziehen. Je nach momentaner Verfassung kämpft sie dagegen an, »dann muß ich brüllen und schreien und halte mir die Decke vor den Mund« – oder sie läßt die Schmerzwellen kommen, und sie wird dabei manchmal ganz ruhig, aber oft wird es unerträglich, und sie spürt, wie sie sich verkrampft.

29 Perls 1974, 5 (Widmungswort).

Unser voriges Gespräch war eilig und »oberflächlich« gewesen und gleichzeitig unter der Oberfläche spannungsgeladen. Mir war sehr merkwürdig zumute, denn sie redete in Tönen, wie ich sie bei ihr lange nicht mehr gehört hatte. Grundtenor: Nur nicht aufgeben! Wir schaffen das schon! – Sie redete fast pausenlos und gab sich den Anschein, als ob sie es sei, die auf der Station die Fäden in der Hand hielte (warum auch nicht?). Der Chefarzt war zur Zeit nicht da und der Oberarzt war ihr nicht kompetent genug. Sie verteilte ironische Etiketten an das Personal und behandelte auch mich beiläufig von oben herab (eine Nebenbemerkung: Sie können ja auch nicht immer im Bilde sein . . ., womit sie gewiß recht hatte). Dabei waren ihre Beine aufgeregt unruhig und sie verlagerte ihren Körper, den Kopf, die Arme fast von Minute zu Minute.

Ihre Unruhe übertrug sich auf mich. Ich spürte intuitiv, daß ihr Körper mir ihre Wahrheit sagte und nicht ihr Mund. Dennoch war ich eigentlich mehr auf Einklang eingestellt und empfand einen Widerwillen, mich auf ihre Großspurigkeit einzulassen oder mich mit ihrem Zwiespalt zu befassen. Ich wollte ja auch »nur kurz hereinschauen«, blieb aber länger als beabsichtigt, war am Schluß ärgerlich und unzufrieden und sagte schließlich: Irgendwie komme ich heute mit mir und mit Ihnen nicht klar. Ich hab auch wenig Ruhe in mir. Ich möchte lieber jetzt gehen. Ich komme übermorgen abend gern wieder. Dann habe ich mehr Zeit. – Ist Ihnen das recht? – Daß ich wiederkäme, sei ihr recht. Aber daß ich schon ginge, nun ja . . ., vielleicht sei es heute wirklich besser so.

Zu Hause versuchte ich die verstrickte Situation ein bißchen aufzuklären. Im Rollentausch spürte ich den Zwiespalt auf beiden Seiten:

Frau K. spielte die Sichere und steckte voller Unruhe. Ich wollte mich kurz fassen und blieb doch länger. – Sie gab verbal die Botschaft: Ich bin stark genug, ich brauche Dich nicht. Gleichzeitig hielt sie mich fest. Ich gab ihr zu verstehen: Ich will mich eigentlich nicht auf Dich einlassen.

Sie reagierte aggressiv und bestritt meine »Zuständigkeit«. – Ich wurde (im Rollenspiel) ärgerlich, kehrte den Fachmann heraus und sagte: Ich sehe genau, was mit Dir los ist. Du willst nicht wahrhaben, wie schlecht es Dir geht und wie schwach und hilflos Du bist ... Mit einem Mal spüre ich meine eigene Ohnmacht, ich spüre diesen enger werdenden Ring in mir, ich schmecke regelrecht diesen trockenen ekligen Geschmack auf der Zunge. Ich bin voller Widerwillen. Ich will mich nicht schon wieder diesem quälenden Sterben aussetzen – ich will nicht. »Du quälst mich mit Deinem endlosen Nicht-Sterben und Doch-Sterben!« – Es würgt mich regelrecht, bevor ich mit Zorn sage: Du hältst mich so hin. Wenn Du sterben mußt, dann stirb doch endlich! – –

Es ist eine schreckliche Erleichterung und ich habe Angst vor dieser Art von Ehrlichkeit. Aber so ist es, genau so. Und ich fühle mich erschrocken und erleichtert. Jetzt erst merke ich im nachhinein, was für eine Last mir im Nacken saß. Ich habe das Bedürfnis, mich aufrecht zu stellen, mich zu recken und freier zu atmen. Und im erleichterten Ausatmen wird unwillkürlich von selbst ein kleines Gebet daraus: Gott, ja, genau das denke ich. Und das habe ich auch heute morgen gedacht. Genau das ...

Und, wie von selbst, kommt sehr viel Wärme nach. Das Bild ändert sich. Ich sehe sie ganz nah vor mir: Ihr Gesicht, ihre Augen, ihre schmalen Hände auf der Bettdecke. Ich empfinde sehr viel Trauer und sehr viel Zärtlichkeit. »Ich will nicht, daß du stirbst ... Du bedeutest mir sehr viel ...« – Das ist die andere Stimme in mir.

Zwei Tage später besuche ich sie wieder. Die Schwester bedeutet mir schon auf dem Flur: Heute geht es ihr gar nicht gut. Sie ist dauernd am Klagen.

Als ich eintrete, bietet sich mir ein Bild des Jammers. Sie sieht sehr elend aus. Ich sage ihr das: »Ich glaube, es geht Ihnen gar nicht gut heute.« Sie nickt, schüttelt den Kopf, verzieht das Gesicht zu einer Art Weinen. »Ich muß jammern«, sagt sie, »den Schwestern gehe ich schon auf den Geist. Aber ich muß

jammern!« Ich sage: Ich glaube, es geht Ihnen selbst vieles auf den Geist. Vielleicht sagen Sie mir einmal, was alles zum Jammern ist . . .
Und als hätte sie auf diese »Erlaubnis« gewartet, jammert und klagt sie: Ich kann nicht mehr tapfer sein, klagt sie, und ich will nicht mehr tapfer sein. Ich – bin's leid! Ich halt's nicht mehr aus! Ich kann alle diese Gesichter nicht mehr sehen! (Sie unterbricht sich: Ihrs ausgenommen.) Wut ist dabei. Wut gegen diese gesunden Ratgeber und mitleidigen Tröster. Sie erzählt, daß gestern gleich zwei solcher Tröster aufgekreuzt seien. Eine frühere Bekannte, die ihr mehrmals versichert hätte: Nein, sie hätte sie doch unbedingt noch (!) besuchen müssen. – Und eine fromme Verwandte, die ihr ein religiöses Traktatblättchen (»unausstehliches Zeug«) zugesteckt hätte. »Sie meinen es ja gut, aber es ist so schrecklich, sie auszuhalten.«
Und dann ist wieder das Jammern. Sie beklagt sich über eine der Krankenschwestern, die die seltene Gabe hätte, die Tür immer mit einem Knall zu öffnen (!), »daß ich jedesmal zusammenzuckte. Heute habe ich sie angefaucht – da ist sie mal zusammengezuckt«.
Sie jammert, daß es nicht besser wird, daß die Medikamente vielleicht doch nichts nützen, daß der Arzt heute nicht da war. Sie heult, weil sie das traurige, mühsam tapfere Gesicht ihres Mannes heute einfach nicht ertragen könne. »Bei ihm muß ich immer Fassung bewahren. Und dabei weint er selbst. Ich seh doch die Tränen in seinen Augen.« – »Und dann die Kinder . . . Sie hängen an mir. Aber ich kann nicht mehr . . .« Sie weint, aber nimmt sich wieder zusammen. Nach einer Weile sagt sie: »Ich bin so furchtbar müde – aber bleiben Sie bitte noch etwas bei mir.« Sie schließt die Augen wie zum Schlaf, aber ihre Beine sind unruhig, und mit ihrem Atem löst sich in Abständen immer wieder ein Seufzer.
Ich lehne mich in meinem Stuhl zurück. Da sehe ich das Gebetbuch von Jörg Zink aufgeschlagen auf dem Nachttisch liegen. Ich lese still für mich die aufgeschlagene Seite – und

stocke bei den drei Zeilen in der Mitte. Da heißt es: »Ich habe gemeint, mein Leben gehe ohne Ende weiter. Aber jede Stunde bringt mich meinem Ende näher. Bereite du mich auf die Stunde meines Todes ...«[30]
Ich schrecke unwillkürlich zusammen, denke blitzartig: Da steht ihre Wahrheit. Erfasse in Sekundenschnelle, daß dies heute ihr Gebet war, und daß sie dies Gebet vielleicht sogar absichtlich so sichtbar aufgeschlagen ließ, so daß ich es bemerken sollte. Ich bin sehr betroffen, auch weil mir meine Gedanken beim letzten Besuch wieder einfallen. Ich schaue sie an. Sie hat die Augen halb geöffnet und sagt fast tonlos: »... Das kann ich nicht beten ...« Ich sage: »In mir ist unheimlich viel abgelaufen, als ich dies grad gelesen habe – ich bin sehr betroffen. – (Nach einer Weile) Ich denke, Sie haben das heute versucht zu beten – aber es geht nicht.« Sie nickt und hält die Tränen zurück. Ich halte immer noch das Buch in der Hand. Und schweige lange.
Sie hat ihr Gesicht von mir abgewandt und hält mit beiden Händen die Bettdecke fest, als hielte sie sich am Zügel. – Ich spüre die ungeheure Spannung, die in so kurzer Zeit zwischen uns entstanden ist. Mein Gedanke: Zwischen uns steht dies unausgesprochene Wort »mein Ende« oder »Sterben«.
Ich sehe förmlich (wie in einem zweiten simultanen Bild) uns beide in diesem Zimmer: Sie, die sterben wird – ich, der am Leben bleibt. Dieses zweite Bild ist eine ganze Weile da. Ich bin aus der direkten Beziehung herausgehoben, auf Distanz. Und erst allmählich kehrt mein Gefühl und meine Wahrnehmung für die reale Situation zurück – und ich sehe, wie sie ihr Gesicht immer noch abgewandt hat und doch gleichzeitig lauscht. An meiner bemüht zugewandten Körperhaltung bemerke ich, wie sehr ich mich anstrenge, um Verbindung zu ihr zu bekommen. Mir kommt der Einfall: Sie hält mich auch am Zügel ... Und ich entschließe mich, diese stagnierende Anspannung zu lösen und von mir zu sprechen, *das* zu sagen,

30 Zink, 119.

was auf meiner Seite unausgesprochen zwischen uns steht.
»Frau K. (sage ich immer wieder stockend), ich will's einmal aussprechen, was ich so denke. Ich trage es schon eine ganze Weile mit mir. (Ich merke und sehe, wie sie aufhorcht.) Wissen Sie. Ich will das da eigentlich auch nicht beten – –. Ich bin sehr erschrocken vorhin, weil da – so eindeutig – vom Sterben – die Rede ist –. Aber das ist's, was ich schon seit einiger Zeit selber denke ... und ich glaube, Sie denken es auch. – – Nur hat's einer vor dem andern bisher nicht aussprechen können ...«
Es entsteht eine Stille, als hielte jeder den Atem an: Ich merke, wie sehr mich diese Sätze entlasten, dennoch bin ich sehr gespannt. Sie hat die Decke losgelassen, liegt nicht mehr abgewandt da, sondern schaut vor sich hin und sagt (wie von ferne): »Ja, das denke ich – schon lange. Es ist gut, daß Sie das aussprechen.«
Ich bin überrascht über diese »gefaßte« Reaktion. Ihre Stimme verrät keine Gefühlsbeteiligung und ihr Blick wird starr dabei. Nach einer Weile schüttelt sie diese Starre ab, blickt mich an und sagt: »Ich hab jetzt einen Wunsch. Ich möchte, daß Sie das (sie zeigt auf das Buch) noch einmal mit mir beten. – (Sie schaut wieder vor sich hin.) Ich hab's heute schon oft ...« (stockt) / Ich: ... gebetet? – Sie nickt, schluckt die Tränen weg. Ich: »Und Sie möchten, daß wir es jetzt gemeinsam lesen?« Sie korrigiert: ... »Gemeinsam beten ...«
Ich merke, wie in mir die Trauer hochsteigt und sage: »Das fällt mir jetzt sehr schwer ... aber ich finde es gut – gemeinsam beten – das hilft mir auch.« – Sie nickt dazu. Und hält nur mit Mühe die Tränen zurück. Ich nehme das Buch und bete die drei Zeilen, Wort für Wort. Jedes Wort ist unheimlich lastend. Jedes Wort fordert die Einwilligung ins Sterben. Aber ich spreche zu meiner Überraschung klar und gefaßt: »Ich habe gemeint, mein Leben gehe ohne Ende weiter – aber jede Stunde bringt mich meinem Ende näher –.«

Sie spricht die ersten Worte mit, beginnt dann zunächst gepreßt in einem hohen ziehenden Ton zu weinen, versucht es noch einmal: ». . . aber jede Stunde bringt mich meinem Ende näher . . .« Sie bringt die Zeile zu Ende, dann verliert sie alle Fassung. Ich habe selten ein so totales Weinen erlebt: »Mein Ende!«, sagt sie, »o Gott, mein Ende!« Und dann noch einmal und noch einmal.

Es ist ein Weinen, ganz aus ihrem Innern heraus. Sie klammert sich an mir fest. Ich halte sie in den Armen. Sie weint laut, lange und ungehindert, dann löst sich ihr Körper spürbar. Ich halte ihr Gesicht wie das Gesicht eines weinenden Kindes und bette sie behutsam in das Kissen. Erst jetzt merke ich, daß ich selber mitgeweint habe.

Ich fühle mich in diesen Minuten wie eine große, bergende Mutter. Ich bin beteiligt und erschüttert und habe doch eine starke Kraft in mir. Ich bin ihr so nahe wie vielleicht noch nie. Ich bin innen ganz bei ihr, nicht nur außen. Es ist mir, als spürte ich in mir, was in ihr vorgeht. Das habe ich so vielleicht noch nie wahrgenommen. Ich finde auch Worte, es sind nur ganz wenige, die ich nachher nicht mehr weiß. Ich spreche mit so viel warmem Gefühl, daß es mir vorkommt, als würde ich selbst mitgetröstet.

Ich bin zunächst ganz nah an ihrem Gesicht und löse mich von ihr in dem Maße, wie sie nach und nach zu sich selbst findet.

Die volle Erschütterung erreicht mich selbst erst einige Stunden später.

Sie liegt schließlich da mit geschlossenen Augen, die Hände über der Brust gefaltet, mit einem gelösten Gesicht, aber tief gezeichnet von den Spuren dieser schrecklichen Anstrengung. Wir schweigen lange, bis sie schließlich die Augen öffnet und vor sich hinschaut. Kaum hörbar sagt sie in langen Abständen: »Es war schrecklich – ich dachte, ich überlebe es nicht – – aber irgendwie bin ich erlöst –.«

Ich finde erst sehr viel später meine Sprache wieder und ich glaube, ich habe gesagt: »Mir kommt's vor, als hätten Sie Ihr

Sterben durchlebt – und Sie haben es überlebt . . .«, so ähnlich jedenfalls.
Nachträglich war es mir ganz voll bewußt, und nicht erst nachträglich, sondern mitten im Miterleben wußte ich es, daß genau dies geschehen war: Sie hatte ihr Sterben durchlebt – und überlebt!

Ich kann es kaum beschreiben, wie mir zumute war. In mir war ein merkwürdiges Gefühl (hier mischt sich nachträgliche Reflexion mit dem dortigen Jetzt-Erleben): Ich kannte ja solche »Durchbrüche« in der Gestaltarbeit aus vielen Situationen. Die Abfolge des sich auf die Krise zuspitzenden »Prozesses« mit Klischee- und Rollenspielphase (unser voriges Gespräch, wo jeder von uns sein Gesicht wahren wollte), Blockierung, Implosion (ihr Jammern, ihre Müdigkeit, ihr tonloser Widerstand – mein Ausweichen in die Bildebene, mein Tabuisieren des Wortes Sterben) und dann Explosion (ihr Weinen, Schreien, ihr Sterbeerlebnis – mein Offenlegen dessen was ich fühle, mein Mitweinen) und Integration (das Evidenzerlebnis[31]: »mein Ende!«) . . . dies alles war mir wohl vertraut.
Ich hatte, was die Struktur, die phasenhafte Abfolge dieses durch die Krise zur »Lösung« gelangenden »Prozesses« betraf, einen ganz »normalen Gestaltverlauf« miterlebt[32]. (Und zwar sowohl auf ihrer Seite als auch auf meiner Seite.) Aber hier war das in letzter Konsequenz existentiell. Jede Gestalt-Krise (die Erlebnisfolge von Blockierung, Implosion, Explosion . . .) ist immer auch ein »Sterbeerlebnis«. Ich erlebe das Sterben meiner eingespielten Klischees (hier z. B.: »Das schaffen wir schon!«), meiner Rollen (hier u. a.: mit überle-

31 »Unter vitaler Evidenz verstehen wir in der Integrativen Therapie das Zusammenwirken von Körpererleben, emotionaler Erfahrung und kognitivem Verstehen. Dieses totale Geschehen ist mehr als Einsicht . . . Der gesamte Mensch wird davon erfaßt.« Petzold in: Die neuen Körpertherapien, 280.

32 Vgl. Perls 1974, 63 ff; Petzold, Gestalttherapie und Psychodrama, 34 ff.

genem Reden den Anschein erwecken, als hätte sie den Überblick), die mich schützen vor dem Anblick meiner letzten Angst um mich selbst. In diesem umfassenden Sinn spricht ja das berühmte Widmungswort von Fritz Perls »To suffer one's death and to be reborn is not easy ...« vom Durchleiden des Sterbens und einer Art neuer Geburt zum Leben.

Aber *dieses* Sterbeerlebnis, in dem diese junge Frau, die trotz ihrer langen Krankheit mit allen Fasern am Leben hängt, sich auf ihr nun unausweichliches Sterben einläßt, es sozusagen wenige Wochen im Voraus schon einmal in voller Betroffenheit durchlebt – dies hat für mich eine nochmals andere Erlebnisqualität[33].

Vom Sterben hatte sie auch bei früheren Anlässen schon gesprochen, aber immer erst, nachdem sie neue Überlebensaussichten vor sich sah. Gerade in letzter Zeit hatte sie daran nicht rühren wollen und auch vor ihren Angehörigen mehr Lebenshoffnung zur Schau getragen, als sie hatte. Dabei ahnte und wußte sie längst, daß sie sterben würde (... »ich denke das schon lange ...«). Aber dieses Ahnen und Wissen bewegte sich in dem Schutzraum der Hoffnung, daß es doch noch Aussicht auf Heilung oder Aufschub gäbe. Jetzt hatte sie der letzten angstbesetzten Bedrohung standzuhalten, daß es unvertretbar um »mein Ende« geht. Und die Erfahrung, die sie dabei machte, war zu ihrer eigenen Überraschung: daß sie die Angst und den Schrecken überlebte. Jenseits des erlebten Sterbens war – Leben! Sie fand sich jenseits des erlebten Sterbens lebend wieder, erschöpft, aber irgendwie »erlöst«.

Ich habe mir das Neuartige mit den Kategorien von Erich Fromm[34] zu erklären versucht: Daß sie – für Augenblicke und

33 »... auch Trauer, Betroffenheit, ja Entsetzen können mit Evidenzerlebnissen verbunden sein, wenn z. B. eine schreckliche Wahrheit in ihrer vollen Tragweite erfaßt wird.« Petzold in: Die neuen Körpertherapien, 281.

34 Fromm, 25 ff.

dann auch zunehmend in ihrer Grundhaltung – nicht mehr im »Haben« lebte, sondern im »Sein«. Vielleicht ist dies das Paradox des Lebens: Indem ich in mein Sterben einwillige, mein Leben loslasse, erschließt sich mir das Leben in einer neuen Dimension. Ich »habe« mein Leben nicht mehr wie einen Besitz, sondern ich – bin – im – Leben. »Sterben ist eine neue Weise, in der Welt zu sein.«[35]

Aber auch diese Seinsdimension des Lebens war kein Besitz. Und diese einmal durchbruchhaft erlebte Einwilligung ins Sterben war erst der Anfang einer Kette ähnlicher Durchbrüche, die sie noch öfter durchlitt und überlebte. Immer wieder hat sie sich dieser Krise des schmerzlichen Loslassens stellen müssen[36].

Dennoch – seit diesem ersten »Durchbruch« war ihre Beziehung zu Leben und Tod für mich erkennbar verändert. Es war, als ob ein »Bann« gebrochen, ein Tabu aufgehoben wäre[37]. Äußeres Zeichen dafür: Wir konnten künftig in unseren Gesprächen selbstverständlicher und mit weniger Scheu vom Sterben reden. Wir hatten in einem wechselseitigen Prozeß eine neue Ebene der Übereinkunft und Sprachregelung erreicht – ganz ähnlich wie anfangs mit dem Aussprechen des Wortes »Krebs«. Und dies war wiederum (s. o. S. 142) nicht nur ihre Entwicklung, es war auch meine – unsere wechselseitige Entwicklung. Und die machte uns angesichts dessen, was wir schon miteinander bestanden hatten, überraschend viel Mühe. Ich denke im nachheinein: Zwischen Frau K. und mir war eine wechselseitig derart anregende und bereichernde Beziehung entstanden, die eigentlich auf Leben ausgerichtet war – und nicht auf Sterben. Um so schwerer war es wohl für sie, aber auch für mich, das Wort »Sterben« zwischen uns zuzulassen, die Realität ihres Sterbens als unsere gemeinsame Ebene anzuerkennen.

35 Keleman, 36.
36 Vgl. z. B. den Abschnitt: »Ich zähle die Tage . . .«
37 Vgl. »Vitale Evidenz als Medium der Veränderung«, Petzold in: Die neuen Körpertherapien, 280 f.

Aber es genügte natürlich nicht, daß zwischen ihr und mir diese Übereinkunft bestand. Es war für sie von entscheidender Wichtigkeit, daß sie nun auch ihre Angehörigen, auch den Arzt, eben alle wichtigen Personen in ihrem sozialen Beziehungsfeld in diesen »Durchbruch« und in diese neue Sprachregelung einbezog.

So wie sie von Anfang an die Wahrheit über ihre Krankheit wissen und mit den anderen teilen wollte, so wollte sie jetzt auch ihre Einwilligung ins Sterben mit den andern abstimmen. Sie hatte sich ihrem »Sterbenmüssen« zu einem Zeitpunkt gestellt, als sie noch Kraft hatte, sich auseinanderzusetzen, ihre Beziehungen zu klären und auch »ihr Haus zu bestellen«, Ungeordnetes zu ordnen und Unerledigtes aufzugreifen. Es war deutlich zu spüren, daß noch einmal neue Lebenskräfte in ihr freigesetzt wurden, Kräfte, die bisher gebunden waren, weil sie das Tabuwort »Sterben« mit großer Energie unter Verschluß halten mußte. Jetzt waren diese Kräfte frei, um ihre letzte Lebensaufgabe aktiv und auch aggressiv anzupacken: Nämlich ihre »Lebensgestalt« zu schließen.

Dies geschah auch auf dem Hintergrund einer neu gewonnenen Gotteserfahrung. Der Durchbruch ins Sterben hinein war gleichzeitig auch ihr Durchbruch in eine so nicht für möglich gehaltene Erweiterung der Gottesbeziehung für sie, aber auch für mich. Der Auslöser war ja nicht zufällig ein Gebet. Ihre Einwilligung ins Sterben war an die Adresse Gottes gerichtet, also Ausdruck ihrer Gottesbeziehung. Wir haben bald darauf im Zusammenhang mit Karfreitag und Ostern diese Erfahrung an der Person Jesu konkretisiert: Der gekreuzigte Christus, der sich auf den Tod einläßt, erfährt im Tod die Auferweckung zum Leben. Dies ist seine urbildhafte Gotteserfahrung, die er uns vermittelt: Daß wir im Sterben Gott antreffen als unser Leben. – Es widerfährt mir da etwas, was ich vorher nicht glauben kann. Die Angst in mir sagt: Das ist mein Ende. Das überlebe ich nicht. – Indem ich mich einlasse, mich wage (also »glaube«), erfahre ich: die Kehrseite meines Sterbens ist – Leben. So wird die Dimension des »Jenseits« schon im Diesseits zugänglich.

Frau K. hat diese Erfahrung, daß im Einlassen aufs Sterben neues Leben geboren und erschlossen wird[38], noch öfter gemacht. Und im wiederholten Erleben hat sich ihr diese Jenseitserfahrung immer mehr »verdichtet«. Ich hatte den Eindruck, daß ihr Glaube an ihr »Jenseits« für sie zunehmend glaubhafter wurde. Er hörte auf, eine bloß überkommene christliche Wahrheit zu sein. Er wurde ihre eigene Wahrheit, mehrfach erlebt und darum vertrauenswürdig.

Auf dem Hintergrund also dieser neu gewonnenen Beziehung zum Urgrund des Lebens hat sie in den darauf folgenden Wochen ihr Leben geordnet und abgeschlossen. Es begann damit, daß sie am Ende unseres Gesprächs noch einen Wunsch äußerte: Ich möchte doch den letzten Abschnitt des besagten Gebets noch mit ihr gemeinsam beten. (Auch diesen Schritt wollte sie nicht allein gehen. Sie brauchte das Mitgehen, die Gemeinsamkeit.) – Ich war erstaunt über die Bestimmtheit, mit der sie ihren Wunsch vortrug und über die Festigkeit ihrer Stimme: »Heile du mich Herr, an Leib und Seele (sprachen wir gemeinsam) und laß mich genesen zu einem neuen Anfang hier auf dieser Erde, oder, wenn es dein Wille ist, zum ewigen Leben. Amen.«

Wir saßen danach eine ganze Weile schweigend zusammen. Dabei hatte ich das Gefühl, als ob ich von einer ganz schweren Last befreit wäre, aber gleichzeitig war ich auch »rechtschaffen« müde.

Am nächsten Tag bat sie telefonisch um ein Gespräch, »wenn es geht, heute oder morgen noch«. Sie hätte das Gefühl, daß die Zeit jetzt drängt. Und sie möchte mit mir unbedingt einmal durchsprechen, was alles noch zu ordnen sei[39]. »Es

38 »Der Tod ist im Leben anwesend und ist die Basis neuen Lebens«, Besems in: ITh 3/4, 1977, 189.

39 In der Integrativen Gestalttherapie sprechen wir hier von der »Phase der Neuorientierung«: »Aus dem Zusammenkommen von körperlichem Erleben, emotionaler Erfahrung und rationaler Einsicht soll . . . eine

geht mir so vieles durch den Kopf.« Vor allem möchte sie mit ihren nächsten Angehörigen offen reden. Sie will nicht mehr, daß sich alle so an sie hängen. »Ich will nicht mehr, daß wir uns gegenseitig was vormachen.«

5. »Das Haus bestellen«[40]

Im Gespräch am nächsten Abend kommt es zu einer der wenigen methodisch strukturierten »Gestalt«-Sitzungen. Ich erkundige mich zu Beginn, ob die Vereinbarung noch gilt. »Ich bin finster entschlossen« ist ihre Antwort.

Ich: Sie sagen das so verbissen, irgendwie voller Groll.

Sie: Ja, ich halte das auch nicht mehr aus! Dieses Fassungbewahren, dieses Reden, als ob wir es schon schaffen. Ich kann's nicht mehr hören! Dieses Reden: Mutti, du darfst uns nicht verlassen! Ich kann's nicht mehr hören! Sie sollen mich endlich loslassen! Nein, nein – ich kann nicht mehr. Ich will nicht mehr – och, och . . .

Sie schlägt mit beiden Fäusten aufs Bett und weint. Nach einer Weile verändert sich ihr Weinen und sie sagt in ihr Weinen hinein:

Und dann sehe ich meine Kleine vor mir (sie stockt).

Ich: Sie sehen sie jetzt?

Sie: Ja, sie schaut mich an. Ich sehe ihr Gesicht vor mir (sie stockt wieder, als ob sie verwundert wäre).

Ich: Sie sind erstaunt?

Sie: Ja, so kenne ich sie gar nicht mehr. Daß sie mich so ansieht, so bittend.

Ich: Ja, können Sie spüren, was das Gesicht bittet?

Sie: O ja (weint sehr) . . . Sie bittet . . . (stockt) . . ., sie bittet: Mama, du sollst bei mir bleiben. Du sollst nicht weggehen . . .

unmittelbare Konsequenz gezogen werden . . . Die Neuorientierung kann sich auf eingegrenzte Probleme oder auf den gesamten Lebensbereich beziehen.« Petzold in: Die neuen Körpertherapien, 281.

40 »Das Haus bestellen« – das ist »gestaltisch« gesprochen: Die Phase der Neuorientierung. – Auch: das aktive Schließen von offenen Gestalten, das Erledigen unerledigter Situationen.

(sie weint herzzerreißend). Sie schüttelt sich regelrecht und wiederholt noch zweimal: Mama, du sollst bei mir bleiben!
(Nach einer Weile:) Ich komme mir jetzt selbst vor wie ein kleines Kind (sie weint heftig).
(Ich habe das Gefühl, daß sie völlig in ihre frühe Kindheit zurückversetzt ist.)
Ich streiche ihr übers Haar und sage ihr: Kind, ich bleibe ja bei dir ...
Ich rede sie mit ihrem Vornamen an und wiederhole noch einmal: Inge, ich bleibe ja bei dir, mein Kind.
Ihr Weinen wird zum Lauschen. Es ist momentweise ganz still im Raum. Ihr Lauschen ist nur ab und zu noch unterbrochen von einem schluchzenden Einatmen, das allmählich ausklingt. Währenddessen beginnt sie mit ihren Händen zu suchen und an der Bettdecke zu raffen. Ich gebe ihr ein gerolltes weiches Handtuch in den Arm und sage: So, siehst du ...
Für Minuten bleibt sie mit ihrem »Kind« im Arm liegen, lauschend und es kuschelnd und streichelnd. Ich summe dazu eine kleine Schlafmelodie und bete schließlich ein Kindergebet: »Breit aus die Hände beide, o Jesu, meine Freude. Ich fühle mich so klein. Wenn Angst mich quält und Sorgen, sprich nur: Du bist geborgen. Dies Kind soll unverletzet sein.« Es sieht so aus, als ob sie wirklich schlummert. Als sie nach einer Weile erwacht, sagt sie: Das war schön! Das war unbeschreiblich schön. – Ich war erst selbst wie ein Kind – und dann wie eine Mutter für mein Kind –.
Sie atmet noch einmal tief und erleichtert aus: Dies Kind soll unverletzet sein ..., wiederholt sie. Und dann, nach einer Pause: Ich muß wieder an meine Kleine denken. Ich hätte ihr noch so viel zu sagen.
Ich: Ja, haben Sie sie noch vor Augen? (Sie nickt.) – Vielleicht sagen Sie es ihr jetzt? ...
Sie: (nach kurzer Pause) Ach, du meine Kleine. – Ich habe dich manchmal zu hart angepackt. Ich war manchmal zu

schroff. Ich hätte gerne so vieles wieder gutgemacht ... (seufzt) – Du hast oft so ein blasses Gesicht. – Du hast meine Haut – (lächelt) und meine Sommersprossen auf der Nase. – Ich hab dich sehr lieb (sie weint), ich hab dich so lieb, so lieb mein Kind ... (Und dann flüsternd ohne Weinen) Du brauchst mich doch noch, du am meisten.

Ihr Gesichtsausdruck verändert sich, als ob sie überrascht wäre.

Ich: Sie sind überrascht?

Sie: Ja, irgendwie ...

Ich: ... hat sich etwas verändert?

Sie: Ja – sie kommt mir im Moment gar nicht mehr so klein vor. Jung, aber nicht mehr klein.

Ich: – Ich glaube, die ist schon in vielen Dingen selbständig ...

Sie: (nach einem Zögern) Ja, das hat sie früh gelernt. – Sie geht auch jetzt öfter zu ihrer Freundin – das ist wie ihr zweites Zuhause – da bin ich auch irgendwie ... erleichtert. (Pause)

Ich: Vielleicht können Sie ihr jetzt noch etwas zum Abschied sagen?

Sie: Ja – –, Du meine kleine Große. Du hast mir viel Freude gemacht. Ich hab dich sehr lieb. (Sie ist sehr gerührt.)

Ich: ... Und noch etwas – zum Abschied?

Sie: Ja –, dies Kind soll unverletzet sein ... Amen.

Es ist sehr still zwischen uns nach diesem bewegenden Abschied. Ich reiche ihr auf ihre Bitte ein Glas Wasser. Sie wirkt erschöpft, aber erleichtert.

Ich (nach einer Pause): Sie wollten ja eigentlich noch andere Dinge in Ordnung bringen.

Sie: (schüttelt den Kopf) Ich glaube, das ist jetzt nicht mehr nötig. – Mit der Großen kann ich sowieso reden. Und was ich mit unserm Vati besprechen will, das ist mir jetzt auch ganz klar. Ich hab im Augenblick auch keine Angst davor[41].

41 Zu den verschiedenen Ebenen der Erlebnisrealität und der therapeuti-

Am nächsten Morgen ruft sie mich an. Das hat sie ganz selten getan. Sie erzählt mir, es sei jetzt vieles geordnet. Sie hätte mit ihrem Mann sprechen können wie vielleicht noch nie zuvor. Gott sei Dank! Sie hätte allerdings erst böse werden müssen. Vorher hätte er sie immer wieder beschwichtigen wollen. Nun sei alles einfach ehrlicher. Aber es sei ihr unheimlich schwer geworden und sie hätten beide viel weinen müssen. »Aber wir haben gemeinsam geweint. Und einer hat den anderen getröstet.« – Sie ist am Telefon selbst noch ganz bewegt davon.
In späteren Bemerkungen äußerte sie öfter noch ihr Verwundern, daß sie erst so »böse« hat werden müssen, um sich loszureißen – aber auch wie befreiend das für sie alle war. Sie hatte gemeint, ihren »Vati« (eigentlich also ihr großes hilfloses »Kind«) schonen zu müssen. Sie mußte »stark« sein ihm gegenüber, nicht weinen, nicht zeigen, daß sie Angst hat. Und umgekehrt er meinte, er müsse sie schonen. Und so lebten beide »tapfer für den Schein«[42].
Ich selbst hatte öfter gemeint, *ich* müßte vor allem dem Ehemann zu einer klarereren Trauerarbeit »verhelfen«. Im Nachhinein empfinde ich den tatsächlichen Verlauf der Dinge viel organischer. Vor allem finde ich es gut, daß die Ehepartner untereinander selbst die Klärung herbeigeführt haben. Außerdem ging ja mein eigenes Einwilligen ins Unabänderliche parallel zum Einsichtsprozeß der Sterbenden selbst.
Ihr Zornesausbruch gegenüber ihrem Mann, den sie einige Male »vorproben« mußte, um ihn wagen zu können, kam zur rechten Zeit in dem Sinne, daß er in ihren Zeitablauf paßte und nicht in mein Ermessen gestellt war. Jedenfalls hat sie sich selbst mit dieser Aggression aus einer Reihe von Verkettungen und Rollenzwängen gelöst. Sie war nicht mehr

schen Tiefung vgl. u. a. Petzold in: Die neuen Körpertherapien, 283 ff; ders. in: ITh 3/4, 1977, 155 f.

42 Keleman, 38.

nur die Betreuungsbedürftige, die zu keiner eigenen Verantwortung und Aktion mehr fähig war. Sie war auch nicht die absolut unentbehrliche »Mutti«, an die sich alle klammerten und die man darum um jeden Preis vor dem Tode retten (und das hieß nun: am Sterben hindern) mußte. Sie hatte mit diesem Zorn ihre Verantwortungs- und Aktionsfähigkeit zurückgewonnen. Sie hatte sich selbst geholfen mit dem Risiko eines Streites[43], und das hatte für sie selbst den Weg freigemacht zum eigenen Sterben, zur offeneren Beziehung, zu mehr Klarheit und Ehrlichkeit für alle. Sie hat vor allem ihrem Mann den rechtzeitigen Eintritt in die Trauerarbeit ermöglicht, so daß nun beide bewußter Abschied nehmen und ihr gemeinsames Leben abschließen konnten. Das schloß Phasen neuer Lebenshoffnungen nicht aus, sondern ein.

Der Ehemann bestätigte am nächsten Tag die befreiende Wirkung dieser Aggression, zwar noch sichtlich erschrocken –: »So habe ich meine Frau noch nicht erlebt in all den Wochen. Sie hat mich erst regelrecht angefleht: Vati, wir müssen uns doch auf alles gefaßt machen. Ich habe ihr dann zugeredet: Aber Mami, so darfst du doch nicht sprechen. Wir müssen alles versuchen. Wir brauchen dich doch! – Da hat sie mich angeschrieen: Laß mich doch endlich in Frieden sterben! Dauernd muß ich Fassung bewahren. Immer soll ich an die Kinder denken, an dich denken, an die Familie denken! Ich kann nicht mehr! –«

Er war immer noch erschüttert. Und sichtlich begann mit diesem Erschrecken und dieser Erschütterung seine eigentliche Trauer, die öffentliche Trauer. Bisher hatte er sich an seiner Helfer- und Durchhalterolle aufrechtgehalten und war doch gleichzeitig im Stillen verzagt und entnervt. Das hatte er mir öfter gezeigt: »Wissen Sie, ich hab im Krieg viel erlebt. Ich habe immer durchgehalten, nie die Hoffnung aufgegeben. Aber dies hier geht über meine Kräfte. Sie wird ja immer

43 Perls 1974, 83, 108.

weniger. Sie stirbt mir unter den Händen«, sagte er einmal.

Obwohl er über die Befunde und über die verzweigte Metastasenbildung informiert war, klammerte er sich eine Zeitlang immer wieder an ein »Wunder«, das er offenbar auch mit meiner Person verband. Er hat mich seine Enttäuschung und seinen Ärger darüber, daß alles Hoffen und Beten »nichts genützt hatte«, öfter spüren lassen. Auch darüber können wir jetzt anders sprechen. Ich sage ihm: Ich hätte selbst lange Zeit auf das Wunder gehofft, daß sie doch wieder genesen könne. Ich hätte selbst oft geschwankt zwischen Hoffnung und Hoffnungslosigkeit. Ich hätte aber seit einigen Tagen durch die Gespräche mit seiner Frau selbst wieder einmal neu begriffen, daß es auch ein Wunder ist, wenn jemand einwilligt in das unausweichliche Sterben. Dies sei für mich jetzt das »Wunder«. Und ich fände die Atmosphäre, in der wir nun miteinander sprächen, für mich persönlich freier und ehrlicher.

Auch mit den beiden Kindern hat sie gesprochen, immer wieder einmal. Sie achtet darauf, daß es ungestörte Gesprächsinseln gibt. Für die »Kleine«, wenn sie aus der Schule bei ihr vorbeikommt, für die »Große«, einige Male am Abend. Es liegt ihr daran, das auszusprechen, was ihr in der Bilanz eines gemeinsamen Lebens noch wichtig ist zu sagen. Öfter möchte sie dabei auch ihr Gewissen entlasten – nicht »daß ich dauernd um Verzeihung bitte«, sagt sie einmal, sondern daß sie Gelegenheit hätte, Strittiges und Belastendes anhand dieser oder jener Erinnerung noch einmal mit den Kindern auszutauschen. »Es ist dann oft so, daß wir darüber lachen oder uns gegenseitig mit unseren Macken aufziehen . . .«

Aber auch das Schöne belebt sie in solchen Gesprächen: Erinnerungen aus der frühen Kinderzeit ihrer Kinder, gemeinsame Erlebnisse, bestandene kleine »Abenteuer«, – » es ist ungeheur viel, was wir uns da zu erzählen haben. Ich erlebe dabei manches noch einmal aus der Sicht der Kinder ganz anders«[44]. – Auch die Zukunft wird hier und da berührt. Aber da hat sie Scheu, zu sehr von sich aus etwas zu programmieren, was dann ja ohne sie gelebt werden muß. »Außerdem rührt das zu viele Gefühle auf.« Ihre Weise, die Zukunft der Familie zu bedenken, ist das Gebet: »Ich bitte für sie und klage meine Sorgen«, sagt sie und legt dabei mit einer abgebenden Gebärde ihre beiden Hände geöffnet auf die Bettdecke, als ob sie die Verantwortung für die Zukunft an Gott abgäbe.

Viel öfter aber, sagt sie einige Male, erlebe sie bewußter und aufmerksamer vielleicht als je zuvor die Tatsache, daß die Kinder »da sind«: Daß die Ältere ihr die Stirn abwischt und in ihrer praktisch fürsorglichen Art Besorgungen für sie anbietet und erledigt, daß sie ihr zur Begrüßung und zum Abschied einen Kuß gibt – daß die »Kleine« ihr einen erfrischenden Trunk mit Saft und Wasser mischt, oder von ihren Schulerlebnissen plaudert, oder von ihrer Katze erzählt – »das erlebe ich manchmal wie richtige kleine Wunderdinge«.

Es ist im Loslassen des Lebens, augenblicksweise jedenfalls, wieder bewußt gelebtes Leben.

Noch etwas ordnet sie: Sie bespricht mit dem Arzt, daß man ihr Leben nicht künstlich verlängern soll.

Mich bittet sie: »Ich möchte mit Ihnen über die Ewigkeit sprechen.«[45] Es ist leider ein durch die Stationsgeschäfte öfter gestörtes Gespräch. Aber dieses Thema, sehr spontan aus dem Augenblick als Wunsch vorgebracht, kehrt in Variatio-

44 . . . auch eine Art gemeinsamer Lebensbilanz, ein gemeinsames Wiederaneignen des gemeinsam Erlebten.

45 Es geschah selten, daß jemand im Sterben vom »ewigen Leben« sprach, statt dessen ging es auffällig häufig um »die Ewigkeit«. Oder man formulierte Umschreibungen: »das Leben danach«, ». . . was danach kommt« oder man sprach vom »Jenseits« . . . » aber, wie gesagt, selten vom »ewigen Leben«. Das mag daran liegen, daß der Begriff »ewiges Leben« die Assoziation »ewige Verlängerung dieses Lebens über den Tod hinaus« nahelegt. Und dies wäre angesichts des erlebten Sterbens wohl eine unangemessene Platitüde, auch nicht geeignet, das totale Ende dieses Lebens und das total Neue der »Ewigkeit« zu umschreiben.

nen wieder. – Auslöser ist wieder das Gebetbuch von Jörg Zink, und zwar das Bild von der Brücke über den Strom. »Christus ist die Brücke zwischen diesem vergehenden Leben und einem kommenden Leben.« – Wir meditieren dieses Bild von der Brücke zwischen dem »diesseitigen und dem jenseitigen Ufer« – und obwohl wir darin gestört werden, ist der Eindruck dieses Bildes so haftend, daß sie es bis in die letzten Gespräche immer wieder erwähnt.

6. Diesseits – Jenseits?

Eine Seite meines gemeinsamen Erlebens mit Frau K. beschreibe ich nur mit großer Scheu, auch mit ein bißchen Angst, weil es mir (nachträglich und in meinen »nüchternen« Momenten) oft unglaublich oder phantastisch vorkommt. Ich habe auch nur einige verbale Andeutungen von ihr, aber eben auch zwei gemeinsame nonverbale Erlebnisse, die mich tief angerührt und beeindruckt haben. Ich meine so etwas wie Erlebnisse auf der »Brücke zwischen Diesseits und Jenseits« während der letzten sieben Wochen vor ihrem Sterben.
Sie nahm auch in dieser Zeit keine betäubenden Schmerzmittel. Ja, es war so, daß die Chemotherapie, die im Blick auf die Schmerzempfindungen offenbar auch einen lindernden Effekt hatte, unterbrochen werden mußte, weil Gelbsucht durch Lebermetastasen eingetreten war. Sie bestand auch jetzt darauf, nichts »Betäubendes« zu nehmen. Sie half sich mit Treupel-Kinderzäpfchen. Die Wachheit ihrer Sinne und ihre Erlebnisfähigkeit war ihr »vornehmstes Gut«, wie sie einmal sagte.
Auffällig für mein Miterleben: Daß diese Erlebnisse von bis dahin nie gekannter Intensität sehr bald nach dem oben geschilderten »Durchbruch« auftraten, also nach diesem »Ja« zum Sterben[46]. Etwa eine Woche danach nämlich sprach sie

46 »Ein Ende gibt den Boden für eine Beziehung zwischen uns und dem Unbekannten.« Keleman, 36.

zum erstenmal davon. Sie fragte mich, ob ich »so etwas für möglich hielte«. Sie hätte keine Worte dafür und sie wisse auch gar nicht, was ihr da widerfahren sei. Ich dächte vielleicht auch: »Jetzt spinnt die Frau – aber ich war wie im Paradies.« Sie hätte irgendwie geschwebt, ganz hoch über sich selbst. Sie hätte überhaupt keine Schmerzen mehr gespürt. Es sei ein unbeschreiblich schönes Gefühl gewesen – sie sei eingetaucht in lauter Musik – und es sei ganz hell um sie her gewesen.

Ich sagte ihr, ich hätte irgendwo gelesen[47], daß es solche »Jenseitserlebnisse« gäbe. Aber dies sei jetzt so überraschend für mich, daß sie so etwas Wunderbares erlebt hätte. Ich müßte erst eine Weile schweigen, um ihre Worte bei mir ankommen zu lassen. – Wir haben daraufhin gemeinsam geschwiegen. Und ich merkte, wie ich im Schweigen das Besondere dieses Augenblicks zu spüren begann. Ich sagte ihr nach einer Weile, ich sei sehr bewegt, daß sie so etwas erlebt hätte und daß sie mich daran Anteil nehmen ließe. Ich käme mir vor, als stünde ich mit ihr auf einer Schwelle . . ., sie ergänzte ohne Zögern: »Auf der Schwelle zur Ewigkeit.« – – Dann wurde sie stumm. Sie schien zu lauschen, ob das Erlebte wie in einem Echo noch einmal nachklingen würde. Ich sagte ihr nach einer langen Pause: Ich hätte Scheu, etwas dazu zu sagen. Mir käme es vor, als dürfte ich das nicht antasten. Ich hätte solch einen Augenblick noch nie in meinem Leben erlebt.

Ich habe ihr daraufhin mit zwei Fingern behutsam ein Kreuz auf die Stirn gezeichnet mit den Worten: Gott segnet dich – und sie gebeten, mich ebenso zu segnen – ein Ritual, das ich so selbst erst einmal empfangen hatte, und das mir in diesem Augenblick ungerufen in den Sinn kam, und das in seiner Schlichtheit und Sinntiefe auch nachträglich noch am sprechendsten ausdrückt, was ich da empfand.

Zweimal traf ich selbst sie in diesem Zustand merkwürdiger

47 Vgl. Hampe, 79 f; auch Aichelin, 85 ff.

»Entrücktheit« an. Einmal schien sie mein behutsames Eintreten gar nicht zu bemerken und blieb mit leicht geschlossenen Lidern unbeweglich liegen. Ein anderes Mal löste das leise Öffnen der Tür schon in ihrem Körper ein leichtes Zucken aus, als wäre in ihrem Innern etwas erschüttert. Sie öffnete dann die Augen ein wenig, wie um sich zu vergewissern, wer es sei, nickte kaum merklich und versank wieder in ihren »entrückten« Schlaf-Wach-Zustand.

Ich selbst wagte dann kaum zu atmen. Mir war, als wäre der ganze Raum von intensivster, hochsensibler Spannung erfüllt. Ich spürte genau, daß ich sie weder ansprechen noch anrühren durfte. Mir selbst fiel es gar nicht schwer, über lange Zeit bewegungslos still zu sitzen. Obwohl scheinbar gar nichts geschah, war ich innen erregt und beteiligt, als wäre ich Zeuge spannender Erlebnisse und Vorgänge. Die Stille um uns her war wie ein tiefer, mehrdimensionaler Raum oder wie ein tiefes, ruhendes Gewässer. Diese Stille erschien mir nicht gleichmäßig, sondern in einem Rhythmus von weitester Ausdehnung und engster Komprimiertheit zu schwingen.

Ich hatte das Gefühl, als ob Frau K. mit höchster Aufmerksamkeit lauschen und schauen würde, manchmal schien sie auch mit ihrem Gesicht zu spüren, wie man etwa einen feinen Lufthauch mit der bloßen Gesichtshaut erspürt oder Sonnenstrahlen mit der Haut einfängt. Ich selber fühlte mich hineingenommen in dieses Lauschen, Wahrnehmen, Spüren. Es war kein stummer zweiseitiger Dialog zwischen ihr und mir, es war eher, als würde ich einbezogen, eingeladen, von fern ihrem Erleben zu folgen, etwas zu ahnen und zu empfinden von Vorgängen, deren Vorhandensein ich mit den feinsten Sonden meiner Sinne wohl bemerken, aber mit meinem Tagesbewußtsein kaum begreifen konnte.

Dieser Zustand intensivster Stille unterschied sich sehr deutlich vom Zustand des üblichen Schlafens. Das Gesicht war nicht wie im Schlaf weggesunken, die Augen im halben Öffnen der Lider nicht träge oder verschlafen. Auch das

Atemmuster war nicht das des Schlafens, sondern alles war in einer schwebenden Spannung und gelösten Wachheit, aber »entrückt«, nicht auf die dreidimensionalen Vorgänge im Krankenzimmer bezogen.
Wenn sie »erwachte«, war es, als ob sie »zurückkehrte«. Beide Male schwiegen wir lange Zeit weiter, und in diesem Schweigen lag volles gegenseitiges Einverständnis. Ich hatte auch jetzt den Eindruck, ich dürfte das soeben Erlebte nicht antasten und saß bei ihr, ohne zu warten. Es war mir das eine Mal, als müßte ich das Außerordentliche bei mir nachklingen lassen. Das Erlebnis war wie ein Schwingen und Klingen. Das andere Mal war mir, als tauchte ich aus einem weiten Meer auf und als würde ich nun in sanften Wellen ans Ufer getragen. Beide Male erzählte sie anschließend nichts von ihrem Erleben. Beim erstenmal sagte ich ihr: Es war unbeschreiblich schön, mit Ihnen hier zu sein. Ich komme mir vor, als wäre ich in einer andern Welt gewesen. – Sie nickte dazu und sagte nur: So war es auch. Ich bin noch ganz erfüllt. – Das zweitemal sagte sie von sich aus: »Ich habe viel erlebt. Ich habe keine Worte dafür. – Schön, daß Sie bei mir waren.«
Später hat sie dann noch einige Male in ähnlichen Andeutungen wie beim erstenmal beschrieben, was in solchen Zuständen der »Entrückung« in ihr vorgeht. Sie sprach noch einmal vom schwerelosen Schweben, auch von diesem Licht und diesen Farben. »Es war, als ob die Farben klingen.« – – Und jedesmal das Erleben: Fern aller Schmerzen, gelöst von allen Ängsten. – »Ich kann Ihnen das gar nicht beschreiben.« Und einmal: »Es war wie ein unbeschreiblich glücklicher Traum, aber ich habe nicht geträumt, ich habe Sie ja hereinkommen sehen, zwischendrin. Es war wie ein sanftes herrliches Strömen.« – Und wieder: »Ich war heute in meiner andern Welt.« – – Und nach einer Weile: »Aber danach, das war schrecklich! Irgend jemand hat die Tür geöffnet. Das war ein fürchterlicher Knall und ich war mit einem Ruck in meinem verdammten Leib und ich spürte alle Schmerzen auf einmal – es war schrecklich!« Sie war danach schweißgebadet und

innerlich zusammengebrochen »aufgewacht«, schreiend vor Schmerzen.

7. »Ich zähle die Tage« – die Tage sind gezählt

»Ich zähle die Tage«, sagt sie heiter. Es ist ein heller Frühlingsmorgen. Ein Strauß mit Osterglocken und Tulpen leuchtet auf dem kleinen Tischchen an der Wand. Das schmale Zimmer kommt mir heute viel geräumiger vor. Ich selbst bin in Aufbruchsstimmung vor einer etwas aufregenden Reise – Flug in die Ferne – das lockt mich sehr.
»Ich zähle die Tage – Sie fliegen in die Ferne – erzählen Sie doch mal.« Unser Gespräch ist beschwingt, fast lustig. Wir haben beide Lust, in der Phantasie auszumalen, wie das ist, in die Ferne zu fliegen. Es ist noch einmal, für ein paar Minuten, wie in unseren früheren Erzählstunden.
Ich komme auf ihr »Tagezählen« zu sprechen. »Ja«, sagt sie und in ihre Heiterkeit mischt sich etwas von ihrem schlaksigen Humor, der ihr aber nicht recht gelingen will. »Ich habe schon seit Tagen keine Schmerzen mehr. Ich will heute noch mit dem Doktor sprechen, wie er so meine Lage sieht. Auf jeden Fall habe ich heute die Tage gezählt, die ich hier bin – genau 49 Tage – und da habe ich so bei mir gedacht: Frau K., habe ich gesagt, die Tage, die du noch hier sein mußt, sind weniger als die, die du hier schon abgelegen hast. – Schön, nicht . . .?« Sie sieht mich an. Irgendwie bin ich in einem merkwürdigen Zwiespalt. Meine Heiterkeit ist weg. (»Meine Tage, die ich noch hier bin, sind weniger . . .« höre ich im Nachhall.) »Sie gucken wie der Doktor, wenn er sein weises, bedenkliches Gesicht macht . . .«, scherzt sie mich an. »Ja«, sage ich, »es war vorhin sehr schön mit Ihnen, so heiter zu sein. Aber seit ein paar Augenblicken bin ich beklommen. Ich merke, daß Sie sehr viel sprechen, aber nur ganz kurz atmen – und das Wort von den ›gezählten Tagen‹ . . .« – sie läßt mich gar nicht zu Ende reden. –
Ich hatte erwartet, daß sie vielleicht mit einem scherzhaften

Vorwurf reagieren würde. Etwa: »Sie müssen mal wieder so gescheit gucken.« Oder: »Sie halten wohl mal wieder mehr von meiner Körpersprache, als von meinen fröhlichen Lippenbekenntnissen . . .« Statt dessen kippte ihre Stimmung in Bruchteilen von Sekunden. Sie warf den Kopf in den Nacken und weinte fast ohne Übergang in kurzen Stößen und wiederholte immer wieder: Ich habe solche Angst! Ich habe solche Angst! – Und dann: Ich kann nicht mehr tiefer atmen! Schon seit ein paar Tagen nicht – im Leib ist alles so eng.

Ich lege ihr ganz behutsam meine Hand aufs Sonnengeflecht. Das beruhigt sie für kurze Zeit. – »Aber atmen kann ich dahin nicht«, sagt sie.

Ich: Vielleicht tasten Sie sich mal mit dem Atem ganz vorsichtig bis dorthin.

Sie versucht es. – O – stöhnt sie. Das ist wie ein stechender Ring, ganz eng (sie schreit fast), – o – das tut so weh – o.

Ich: (wische ihr mit einem Tuch die Schweißperlen von der Stirn): Und da haben Sie nun schon ein paar Tage lang den Atem kurz gehalten? (Sie nickt und weint) Und dauernd Angst gehabt, den Schmerzring zu berühren?

Sie: (nickt) . . . Und heute morgen war so ein schöner Tag!

Ich: . . . Da wollten Sie davon gar nichts wissen . . .

Sie: Nein! Nichts mehr, nichts mehr! (Sie weint.)

Noch einmal so tun, als wäre ich nicht todkrank . . . Noch einmal lachen!

Ich: Das war auch schön, vorhin mit Ihnen zu lachen – und noch einmal die Tage zu zählen?

Sie: (stöhnt einen kurzen Lachseufzer heraus) Ja, (und dann weint sie wieder diesen hohen ziehenden Ton, krümmt sich, beißt in die Bettdecke) o, o. – Jetzt habe ich durch den Schmerz durchgeatmet – o, o!

Sie läßt sich los, legt sich langgestreckt zurück, schließt die Augen und ist ganz müde im Gesicht und eingefallen. – Sie

atmet kurz und etwas keuchend, dann noch einmal vorsichtig tief und etwas zitternd. Und während ich ihr noch einmal den Schweiß fortwische, sagt sie im Ausatmen: Die Angst ist weg – diese schreckliche Angst!
Und etwas später (als ob sie mit jemand anderem spräche, mit jemandem, der ihr das ja schon seit Tagen gesagt hat – nur sie hat's nicht wahrhaben wollen – zustimmend, einwilligend): Ja, ich weiß ..., sie sind gezählt[48].
Dies sagt sie ohne Weinen.
Sie sei jetzt müde, sagt sie nach einer Weile. Sie atmet vorsichtig, aber tiefer in den Körper hinein. Sie bittet mich, noch ein wenig bei ihr zu bleiben. Ich lege meine Hand auf ihre Hand und schon nach wenigen Minuten atmet sie im Schlaf, immer noch kurz und manchmal etwas zitternd.

Dies war 20 Tage vor ihrem Tod.

Dieses Erspüren der Metastasen, die wie ein stechender Schmerzring ihren Leib verengen, hat mich selbst noch einmal sehr aufgewühlt. Ich spürte noch Stunden nachher Stiche in meinem Körper und versuchte, mit lockerem tiefem Atmen davon loszukommen. Die alte »Gestalt«-Regel: Partielles Engagement! Nicht sich total involvieren lassen! – fiel mir an diesem Tag besonders oft ein. Aber es war für mich einfach angemessener, mein Verwickeltsein in dieses Sterben so gelten zu lassen, wie es war.
Dies gab mir nach und nach auch meine Kräfte zurück.
Am Nachmittag schaue ich noch einmal zu ihr herein. Im Zimmer ist eine hektische Betriebsamkeit. Die Angehörigen sind da, dazu eine Schwester. Man hat sie im Bett hochgestützt. Sie ist völlig elend, verschwitzt und sehr blaß. Der Ehemann verläßt mit mir kurz das Zimmer. »Ich glaube, jetzt

48 Dies war noch einmal einer jener »Durchbrüche« durch die Angst – hin zur Einwilligung ins Sterben. Es war der letzte entscheidende. (Vgl. zum Ablauf den Abschnitt: To suffer one's death ...)

ist wirklich alles aus! Und wir hatten doch in den letzten Tagen wieder Hoffnung. Sie fühlte sich doch so gut«, sagt er. Ich erzähle ihm in Andeutungen von unserem Gespräch am Vormittag: Daß sie selbst geäußert habe, »ich glaube, meine Tage sind gezählt«. Und ich glaubte jetzt auch, daß ihr Sterben nicht mehr weit sei. Ich fasse ihn an den Armen und sage ihm: »Ich glaube, dies ist für Sie noch einmal schwerer als alles Durchhalten in den letzten Monaten – sie loszulassen – ihr nicht mehr helfen zu können – nur noch mit ihr gehen – –.« Er nickt zu jedem Satz: »So ist es.« – Und er fügt dann hinzu: »Ich will sie nun auch nicht mehr festhalten.« (Und dann weinend, indem er den Kopf schüttelt): »Aber es ist furchtbar schwer.« Nach einer Weile: »Danke! – Ich muß wieder zu ihr.«

8. Zweierlei Zeit

Von da an war ihr körperlicher Verfall rapide. Ihr Aussehen veränderte sich erschreckend. Ihr Gesicht war wie vom Hunger ausgemergelt, die Haut gelb. Sie wirkte oft müde und kraftlos. Dennoch war ihr Bewußtsein in den nächsten 14 Tagen immer wieder überaus wach, ihre Selbstwahrnehmung phasenweise lebendig und intensiv. Sie dämmerte meist vor sich hin, war aber für kurze Zeit voll ansprechbar.

In dieser mir nun schon vertrauten Mischung von Dämmerzustand und übersensibler Wachheit traf ich sie eines Morgens an. Sie schlug die Augen auf, als ich eintrat und sah erstaunlich wach aus. Auch ihre Stimme war nicht tonlos wie letzthin öfter, sondern geschmeidig und klangvoll. Auch Mund und Lippen waren nicht so trocken wie sonst. Sie sprach flüssig und schien regelrecht Lust zu haben, von sich zu sprechen.

Sie erzählte mir, daß sie »die Zeit meditiert« habe. Kurz bevor ich angeklopft hätte, habe sie das Gefühl gehabt, als ob die Zeit still stehe. Sie habe das heute schon ein paarmal probiert: Den Atem anzuhalten, den Herzschlag zu spüren und dabei

die Zeit still stehen zu lassen. Es sei ein merkwürdiges Gefühl, daß Atem und Zeit still stehen – und das Herz weiterpocht.
Ich sage ihr: Mir käme es vor, als ob sie anfinge, mit ihrer Zeit zu spielen, als ob sie in zweierlei Zeit lebte ...
Ja, genau, sagt sie. – Das ist ein sehr schönes Gefühl einesteils, aber auch ein sehr merkwürdiges: Die eine Zeit läuft weiter – die andere steht still. Und ich kann das sogar selbst beeinflussen – ein bißchen jedenfalls.
Ich: Das sind doch dann – gleichzeitig – zwei ganz unterschiedliche Gefühle in Ihnen, zwei verschiedene Zeitgefühle ...
Sie: Ja, *ein* Gefühl, das ist ganz weit und tief, als ob ich überall zugleich sein könnte. Ich spüre dabei meinen Körper irgendwie, als ob ich wie Luft wäre, oder eher wie Licht – so als ob es keine Grenzen gäbe ...
Ich: ... So ein fließendes Gefühl von Unendlichkeit?
Sie: Ja, irgendwie unendlich – vielleicht wie – wie Ewigkeit ...
Ich: (nach längerem Schweigen) ... Und das andere Gefühl?
Sie: Ja, das andere Gefühl – – das ist, als ob jemand meine Augenblicke zählt. Das geht weiter, immer weiter. Das kann ich auch nicht aufhalten – –. Das ist, als ob ich immer weniger werde. (Ihre Augen füllen sich mit Tränen.) – Das läuft irgendwie aus mir heraus: Wie tropf, tropf, tropf ... und ich kann es nicht aufhalten. (Sie muß weinen – und lächelt doch dazu.)
Ich: ... Die Tränen tropfen und Sie lächeln doch zugleich ...
Sie: Ja, ich bin traurig – aber irgendwie auch leicht.
Ich: Eine Zeit läuft aus – das ist traurig. Aber die andere Zeit – die Ewigkeit – ist schon da?
Sie: (nickt) Die Ewigkeit ist schon da ... (Sie blickt ganz weit vor sich hin – dann schließt sie die Augen und faltet die Hände über der Brust.): Ich denke oft an die Brücke – wissen Sie

noch? (Ich bestätige: O ja!) Manchmal bin ich schon dort – jenseits der Brücke. Dann möchte ich gar nicht mehr zurück. – Eben war ich dort ...

Sie fällt in einen sanften Schlaf. Ihr Körper, Ihr Gesicht, ihre Arme und Hände sind ganz gelöst. Nicht einmal die Beine sind unruhig wie sonst oft. – Es liegt wieder für ein paar Minuten ein Abglanz jener oft bei ihr bemerkten Schönheit über dem schon vom Tod entstellten Gesicht.

Ich sitze dabei. Eigentlich möchte ich gehen. Meine Zeit ist um. Ich schaue auf die Uhr und sehe als erstes den ruckweise kreisenden Sekundenzeiger, der unerbittlich läuft. Und ich merke für Augenblicke sehr deutlich, wie meine Zeit gemessen und zerteilt ist: Terminzeit, berechnete Zeit, rastlose Zeit, verplante Zeit, Zeitdruck – –. Ich bleibe also bei ihr, während sie in einer anderen Zeit lebt oder träumt, und fühle mich hineingenommen in ihre »andere« Zeit. Irgendwie steht auch für mich minutenlang die Zeit still. Ich spüre dies als wohltuende Gelassenheit und Ruhe, die mich durchströmt.

Irgendwann klopft jemand an die Tür, ohne herein zu kommen. Mir geht durch den Sinn, daß dies vielleicht unser Abschied ist. So jedenfalls, in dieser Wachheit, mit solchen Gedanken zwischen Zeit und Ewigkeit werde ich sie wohl kaum je wieder antreffen.

Ich nehme also ihre Hand, warte, bis sie die Augen aufschlägt, warte noch einmal, bis sie etwas sagt: Ach, Sie sind ja wieder da, sagt sie, als wäre sie weit und lange fort gewesen und als wäre ich erneut da. – Sie wirkt sehr müde. Ich hätte sie vielleicht nicht wecken dürfen.

Ich sage: Ich möchte mich von Ihnen verabschieden.

Sie nickt müde und schließt die Augen. Ich streiche ihr mit der Hand übers Gesicht und sage: Danke für alles – und bete: Gott behüte Deinen Ausgang und Eingang von nun an bis in Ewigkeit, Amen.

Sie bewegt ihre Lippen mit, während ich spreche. Als ich zur Tür gehe, hebt sie andeutungsweise die Hand zum Abschied

und schließt wieder die Augen. Ihr Gesicht wirkt wie eine Totenmaske.
Ich bin über diese Veränderung in so kurzer Zeit erschüttert. Es war, als hätte ich ein letztes Aufflackern ihres Lebensbewußtseins erlebt. Es *war* unser Abschied! Einen Tag später bekam sie erstmals Opiate. Ihre Schmerzen waren nun unerträglich. Drei Tage später mußte die Dosierung der Opiate erheblich erhöht werden. Fünf Tage später starb sie.
Ich habe sie nicht noch einmal gesehen. Ich hatte viel zu tun. Ich lebte wieder ganz in der Zeit-Takt-Zeit. Ich glaube, dies war auch ein Schutz. Ich wußte genau, daß sie nun im Sterben war. Ich hatte den Arzt noch einmal angerufen (nicht die Angehörigen). Ich rationalisierte: Es sei jetzt besser, wenn der Raum frei sei für die Familie . . . In Wirklichkeit hatte ich einfach Angst – Angst zu sehen, daß sie wirklich stirbt? Und wie brutal die Schmerzen sind? – Angst, den Angehörigen zu begegnen, wenn nun doch das letzte Unerbittliche eintritt? – Angst zu erleben, daß *ich* jetzt auch am Ende bin, daß auch alles Einfühlen nichts mehr hilft, sie nicht mehr erreicht? – Angst, die Veränderung mit anzusehen, die durch die Betäubungsmittel bewirkt wird?
Ich hatte keine besonderen Gefühle, als die ältere Tochter mich anrief, um mir die Nachricht mitzuteilen: Erleichterung auf der einen Seite. Ein etwas schlechtes Gewissen auf der anderen Seite – wegen meiner »Flucht« am Schluß. Vorherrschend war eine gewisse Betäubung. Jetzt half mir auch die Routine der notwendigen Abläufe. Es folgte: Trauerbesuch bei den Angehörigen. Dabei war deutlich zu merken, daß wir zusammen eine lange, schwere Strecke gegangen waren. Ich gehörte schon selbstverständlich zur Schicksalsgemeinschaft im Umkreis dieses Sterbens dazu. Erleichterung, Aufatmen war spürbar. Der Abschied war ja schon lange eingeleitet. Es ging in unserem Gespräch noch einmal um eine Würdigung der Verstorbenen, aber auch schon um die Zukunft der Kinder und die Neuverteilung der Rollen im Familiengefüge.

Es folgte – mein zweifacher Abschied:
Die Vorbereitung des Trauergottesdienstes, wobei ich zunächst eine allzusehr persönliche Predigt schrieb. Dieses Niederschreiben hat mich noch einmal ungeheuer aufgewühlt. Es war zunächst noch einmal eine Last, bis ich begriff, daß dies meine Art des Abschieds sein würde: Abschied als Aufgabe, Predigt als kathartischer Prozeß für mich, den Seelsorger – mein persönlicher Abschied von einem gemeinsamen Weg, von einer Frau, die ich auf eine besondere Weise geliebt hatte. – Das war nichts für eine Öffentlichkeit.
Eine zweite Fassung geriet mir distanzierter, als Versuch, von diesem persönlichen Sterbeerleben her Perspektiven zu eröffnen, die uns alle angehen: Begleitung Sterbender, Mut zur Wahrheit, Auseinandersetzung mit dem Tabuwort »Krebs«, Einwilligung ins Sterben als letztendliche Lebensaufgabe, Hilfen zum Loslassenkönnen und: Sterben als Erlebnis auf der Schwelle zwischen Diesseits und Jenseits.
Hier waren mir die »Gestalt«-Kategorien von »partiellem Engagement und selektiver Offenheit« eine hilfreiche Orientierung[49].

9. There is no end to integration[50]

Ich spürte genau, daß damit *mein* Ablöseprozeß noch nicht abgeschlossen war. Ich selbst brauchte nun einen, der noch einmal mit mir ging, mich begleitete und mir half, Ungesagtes auszusprechen, Unerledigtes zu vollenden[51].
Mein Seelsorger in dieser Situation ist A., mein Therapeut[52].

49 Vgl. Maurer/Petzold in: Die Therapeutische Beziehung, 105 ff.
50 Perls' Zitat in: Petzold in: ITh 3/4, 1977, 147.
51 Zum Thema »Nachträglich etwas zum Abschluß bringen« vgl. Keleman, 38 f.
52 H. Tacke behauptet zwar, bisher sei weder »der Therapeut als Seelsorger noch der Seelsorger als Therapeut überzeugend in Erscheinung getreten« (155). Eine solche desintegrative, apodiktische Behauptung ist mir angesichts eigener Erfahrungen mit Seelsorgern und (Gestalt-)Therapeu-

Ich erzähle ihm zunächst die Sterbegeschichte, wie mir diese Frau und ich ihr immer vertrauter wurde, ihre intensive Weise, das Leben im Sterben bewußter zu leben als je zuvor, ihr Kampf ums Leben, ihr Durchbruch zum Sterben, ihre Jenseitserlebnisse – mein Erstaunen über ihre madonnenhafte Schönheit – und meine getarnte »Flucht« im letzten Sterbeabschnitt (ich muß dabei weinen), wo sie mir doch so viel bedeutet hat.

A.: Wein Dich aus. Sprich mit Frau K. und sag ihr, was sie Dir bedeutet hat, auch was sie Dir gegeben hat . . .

Ich (sehe sie vor mir, ihr Gesicht, ihre Augen – und sage ihr vieles, was ich noch auf dem Herzen habe und schließlich bekenne ich ihr): Ich habe bei Dir (!) eine neue Gotteserfahrung gemacht. – Ich habe den Abglanz der Ewigkeit erlebt in Deinem Sterben – und in meinem Leben. – Ich hätte Dir an Deinem letzten Tag gern noch den Frieden Gottes zugesprochen – das habe ich versäumt (muß heftig weinen), ich habe am Schluß den Abschied versäumt. Ich bin geflohen.

A.: Kannst Du jetzt den Abschied nachholen und ihr dabei vielleicht auch das sagen, was Du ihr noch nicht gesagt hast . . .?

Ich: Ja, ich nehme jetzt Abschied von Dir. Du bist mir unvergeßlich (ich bin sehr bewegt). Ich sage ihr, was mich an ihr oft so angezogen hat – und nach einigem Zögern sage ich auch das, was mich entsetzlich geschmerzt hat: z. B. ihre Schmerzensschreie, als sie am letzten Wendepunkt ihre Metastasen spürte. Ich sage ihr auch, daß ich oft selbst Schmerzen gespürt hätte am unteren Rippenbogen, daß ich Angst gehabt hätte, ihr Krebs könnte sich auf mich übertragen. Ich sei oft wie von Schmerzstichen stigmatisiert gewesen und hätte geträumt, daß aus einer Krebsgeschwulst in meiner Seite eine herrliche Blüte wüchse (muß heftig weinen). »Du hast mir mit Deinem Sterben so zugesetzt. Ich war selbst oft

ten unverständlich und ärgerlich. Ich kenne einige Therapeuten, die für mich überzeugend Seelsorger gewesen sind. Und die nun folgende Begegnung ist eines von vielen Beispielen dafür.

sterbefertig (wieder heftiges Weinen). Du bist mir oft zuviel geworden . . .« (Mein Gefühl ändert sich, ich spüre sehr viel Zärtlichkeit in mir . . .)
A.: Willst Du noch etwas zum Abschied sagen – vielleicht, wie sehr Du sie geliebt hast?
Ich sage ihr das: Daß ich eine ganz besondere Art der Liebe entdeckt hätte, ein ganz persönliches Berührtsein mit sehr viel Einfühlung und Gespür (muß weinen). Ich danke ihr noch einmal. Ich gebe ihr den Frieden Gottes: »Ich segne Dich«.
Ich fühle, wie in mir alles gelöst ist. Ich spüre, daß mein Gesicht ganz frei ist. Ich empfinde keine Schmerzstiche mehr.
Ihr Bild taucht noch einmal auf – jenseits einer Brücke –. Ich sehe sie jetzt ganz klar, wie sie jenseits der Brücke entschwindet. Ich bleibe diesseits der Brücke zurück, stehe noch eine Weile und blicke ihr nach . . . Ich spüre, wie ich mich von ihr löse . . . Ich wende mich zum Gehen und kehre von der Grenze ins »Diesseits« zurück.
In meiner Phantasie finde ich mich in einer Waldlichtung auf einem Baumstamm stehend wieder. Ich blicke in die Runde über eine wundervolle wellige, geschwungene Hügellandschaft bis zu einer fernen Bergkette in bläulichem Dunst. Ich höre unendlich viele nahe und ferne Vogelstimmen. Der »Kahlschlag« riecht nach Harz und Kräutern. Vor mir wiegen sich leuchtende Fingerhüte leicht im Wind. Mir wird ganz warm im Gesicht. Die Luft ist lau, warm, kühl. Die Atmosphäre ist so gedrängt voll Leben, daß in jeder Sekunde aus dem Dickicht vor mir ein Reh herausbrechen könnte.
Ich nehme auch von diesem Bild Abschied und spüre Wärme im ganzen Körper. Es dauert einige Zeit, bis ich mit meinen Gefühlen zu den »Menschen« zurückkehren kann. Ich sehe in meiner Phantasie mir vertraute Menschen, mit denen ich ein solches Erlebnis teilen könnte. Ich sehe sie mir der Reihe nach an – –.

Ich kehre zurück und öffne die Augen. Ich brauche eine Weile, um die nächste Umgebung aufzunehmen.
A.: So ist das mit dem Abglanz der Ewigkeit! Ich sehe ihn auch auf Deinem Gesicht!
Ich: (spüre mein gelöstes Gesicht und sehe, daß A. selbst berührt ist).
A.: Ja, Du siehst mich bewegt. Ich bin es.
Wir umarmen uns.
Ich habe das Gefühl tiefer Zusammengehörigkeit: Zwei Sterbliche miteinander auf dem Weg im »Abglanz der Ewigkeit«.

Dieses »therapeutische« Gespräch war für mich erfahrene Seelsorge, ein weiterer, wichtiger Schritt, um mich zu lösen, Abschied zu nehmen, das gemeinsam Erlebte abzurunden und zu integrieren. Es war noch einmal ein Einwilligen ins Sterben, Trauer um das unwiderrufliche Ende, Abschluß dieser besonderen »Beziehungsgestalt«, Zuwendung zum eigenen Leben. – Ich habe dabei noch einmal an mir selbst erfahren, wie der Durchgang durch's »Sterben« auf neue Weise »Leben« eröffnet, wie aus dem »Kahlschlag« neue Vitalität erwächst.
Ein solcher »Abschluß« bedeutet aber nicht, daß dieses Erlebte erlischt. Vielmehr lebt es als eingeprägte Wirklichkeit in mir weiter. Es hört auf, in einem bedrängenden Sinne Vordergrund zu sein. Es sinkt in den Hintergrund, in ein »Vergessen«, das nicht mit einem Verlust gleichbedeutend ist. Es ist abrufbar als kreative Kraft in einer neuen Situation, wenn es darum geht, Leben im Angesicht des Todes zu entdecken, und meine eigene Endlichkeit als zu mir gehörig zu begreifen[53].
Inzwischen geht dieser Prozeß der »Integration« weiter: Ich habe jetzt z. B. diese ganze Geschichte aufgeschrieben, habe dabei noch einmal die Stationen unseres gemeinsamen Weges

53 Vgl. Petzold, Überlegungen und Konzepte . . .

nacherlebt, war im schreibenden Nachvollziehen immer wieder betroffen, beglückt, bewegt, streckenweise unfähig weiterzuschreiben, voller Widerwillen, mich auf den Schmerz des Sterbens und Abschiednehmens noch einmal einzulassen, am Ende oft auch mit dem Gefühl, daß diese Geschichte zu intim, zu persönlich sei, um von anderen als meinen Augen gelesen zu werden. Und ich habe erst recht gezögert, sie nun gar zu veröffentlichen. Gleichzeitig aber ist gerade diese Geschichte einer Seelsorgebegleitung für mich selbst ein Dokument, wie ich wechselseitige Durchdringung von »Gestalt« und »Seelsorge«, von Seelsorge und persönlichem Leben, von Rolle und Person verstehe, was für mich »Intersubjektivität« bedeutet und in welchem Maß für mich »Leben mit Gestalt« und »Seelsorge« darin identisch sind, daß es in beiden um Begegnung geht: Nämlich daß ich offen bin für die immer neue Begegnung mit mir selbst und meinem Hintergrund, mit »dir« und deinem Hintergrund, mit der Welt um mich her, mit Gott, als unserem gemeinsamen Lebensgrund.

Die Geschichte ist nun selbst ein Stück meines Lebenshintergrundes geworden. Schon im Niederschreiben wurde mir deutlich, daß ich inzwischen schon wieder ein »anderer« bin und daß die Begegnung, so wie sie stattfand, sich einmalig nur da und dort ereignen konnte, heute wäre sie so nicht mehr möglich. Gleichzeitig habe ich im nachvollziehenden Darstellen doch wiederum mich, wie ich heute bin, in die »vergangene« Geschichte hineingeschrieben und die vergangene Geschichte hat mich, meine Zeit, meine Gefühle, meine Gedanken wiederum neu geprägt ...

There is no end to integration ...

EXKURSE

A. EXKURSE ZU GESTALTTHERAPIE BZW. INTEGRATIVER THERAPIE

1. Die »Entdeckung« und Entwicklung der Gestalttherapie durch Fritz Perls

Die Gestalttherapie, wie sie von Fritz Perls (1892–1970) entwickelt wurde, gilt z. Zt. als die vielleicht expansivste therapeutische Richtung in den USA und Europa. Fritz Perls, deutscher Jude, in Berlin geboren, 1933 über Holland nach Südafrika und schließlich in die Vereinigten Staaten emigriert, verbindet in seiner Gestalt-Methode verschiedene therapeutische und philosophische Konzepte. Seine Methode ist wie er selbst: Ständig offen für neue Anregungen.

Er wollte ursprünglich zum Theater (und das Theater bleibt auch so etwas wie seine »erste Liebe«), studierte dann aber doch Medizin und erhielt seine psychoanalytische Ausbildung in Berlin, Frankfurt und Wien.

Aber so wie er sich in seiner Jugend aus der Vereinnahmung durch die jüdische Religion herauslöste, grenzte er sich nun in zunehmendem Maße von der Schulmeinung der Psychoanalyse ab (sein Buch: Das Ich, der Hunger und die Aggression, 1942). Seine gesamte spätere Arbeit hat er in z. T. polemischer Antithese gegenüber Freud formuliert, wobei er doch zugleich Zeit seines Lebens seine Herkunft von der Psychoanalyse nicht verleugnen kann. (»Freud, seine Theorien und sein Einfluß sind zu wesentlich für mich, als daß ich auf Polemik verzichten könnte.« Perls, zitiert bei Petzold 1973, 10.) Und das heißt: Gestalttherapie ist letztlich ohne ihre psychoanalytische Verwurzelung nicht denkbar.

Seine eigene Position erarbeitet er sich unter Aufnahme der scheinbar disparatesten Theorien und Konzepte – keineswegs nur aus dem Bereich der Psychotherapie, sondern ebenso aus der Philosophie und fernöstlicher Religion – und er bleibt dabei natürlich auch (in säkularem Gewand) von seiner jüdischen Religiosität geprägt.

Da ist zunächst *W. Reich*, der in seinen bahnbrechenden Arbeiten den Körper des Menschen als Ausdruck des Charakters und damit die Bedeutung der körpertherapeutischen Arbeit entdeckt. Von ihm übernimmt er die aufmerksame Beachtung der »Körpersprache«.

Da sind die *Gestaltpsychologen* vor allem der Berliner Schule (Wertheimer, Lewin, Koffka, Köhler), die auf dem Gebiet der Wahrnehmungspsychologie arbeiten und die beweisen, »daß der Mensch die Gegenstände nicht als unzusammenhängende Bruchstücke wahrnimmt, sondern daß er sie im Wahrnehmungsprozeß zu einem sinnvollen Ganzen organisiert« (Perls 1976, 20).

Von ihnen übernimmt er also das für seine gesamte therapeutische Theorie grundlegende Prinzip der »Ganzheit« oder der »Gestalt«, demzufolge das Ganze immer den Teilen vorgegeben und übergeordnet ist. Daraus folgt: Ganzheitliche Therapie, ganzheitliches Erfassen der Wirklichkeit, ganzheitliches Lernen.

Dieses ganzheitliche Erfassen von Wirklichkeit hat seine Besonderheit darin, daß wir keineswegs alles gleich wichtig (wahr-)nehmen, sondern daß wir interessegeleitet auswählen: In den Vordergrund tritt für uns jeweils das, was dem momentanen Bedürfnis des Organismus am wichtigsten ist (das Figur/Grund-Prinzip).

Die Ganzheit, die »Gestalt«, konstelliert sich immer als Figur und Hintergrund, sie hat eine dynamische Struktur, die allem organismischen Leben zugrunde liegt. Dazu gehört z. B., daß offene Gestalten die Tendenz haben, sich zu einer »guten Gestalt« zu schließen, »diffuse Gestalten« drängen zur »Prägnanz«. – Therapie hat entsprechend die Aufgabe, diese selbstregulativen Kräfte im Menschen zu fördern.

Perls übernimmt also von der Gestaltpsychologie diese »Gestalt«-Konzepte und er übernimmt zugleich den Titelbegriff »Gestalt« für seine therapeutische Theorie. Ja, in der

»Gestalt« entdeckt er so etwas wie eine »letzte Erfahrungseinheit« – einen dynamischen Strukturbegriff, dessen Charakteristika auf alle organismischen Phänomene und Prozesse anwendbar sind, also auch auf »körperliche« oder »seelische« Vorgänge, auf Menschen und Menschengruppen und ihre jeweiligen Beziehungen zueinander. Es ist, als habe er eine Ur-Formel alles Lebendigen entdeckt. Entsprechend sieht er sich nicht als den »Begründer« der Gestalttherapie, vielmehr als deren »Entdecker« (Perls 1974, 24).

Aber da sind noch weitere wichtige Anreger: *Moreno* z. B., der Vater des Psychodramas. Von ihm entlehnt er für sein Gestaltdrama einen Großteil der Behandlungstechniken wie Rollentausch, Rollenspiel, leerer Stuhl, die er allerdings in gezielter Konzentration auf den Protagonisten aus dem psychodramatischen Setting herauslöst. – Therapeutisches Ziel: Ermöglichung bewußter Selbst-Begegnung, zentriert im Hier und Jetzt. Die von Moreno entwickelte »Philosophie der Gegenwärtigkeit« erfährt dabei durch Perls noch einmal eine radikale Zuspitzung, wobei er später (1960) Anregungen aus dem Zen-Buddhismus zur wachen Aufmerksamkeit im Jetzt und zur Selbsttranszendierung aufnimmt.

Perls verstand sich in alledem als Exponent des phänomenologischen *Existentialismus*: »Eine Rose ist eine Rose ist eine Rose. Ich bin, was ich bin und ich kann mich in diesem Augenblick, von dem, was ich bin, einfach nicht unterscheiden,« so formuliert er seine Lebensphilosophie (Perls 1974, 12).

Diesen existentialistischen Ansatz verbindet er mit der Konzentration im Hier und Jetzt, mit dem *Ich-Du-Prinzip M. Bubers*, mit dem Konzept ganzheitlicher Bewußtheit und mit der Aufmerksamkeit für die Oberfläche, für die »Phänomene« (*Phänomenologie*) zu den vier gestalttherapeutischen Grundkonzepten:

Now - How – I and Thou – awareness.

Die *Now*-Frage: Was ist jetzt? Was erlebe ich jetzt? führt mich in den direkten Kontakt mit meiner augenblicklichen

Situation und Befindlichkeit. Das Vermeiden der Gegenwart (das Ausweichen in das Vorgestrige oder Zukünftige) ist oft Kennzeichen der Entfremdung von mir selbst. Nur durch bewußtes Wahrnehmen im Jetzt kann mir die Welt zugänglich werden, auch der andere, auch ich selbst.

Die Psychoanalyse fragt: Warum? d. h. sie fragt nach der Kausalität – und ist am Verstehen der Gegenwart aus der Vergangenheit orientiert. Die Gestalttherapie fragt nach dem *»How«*? Wie erlebe ich das jetzt? Wie geschieht etwas? Wie passen Handeln und Inhalt zusammen? Sie achtet auf die Phänomene, auf das Offensichtliche, und ermittelt durch die Wie-Frage die Struktur der Phänomene, die Art ihrer Organisation, die Qualität der Gefühle, im Hier und Jetzt. Die Wie-Frage erschließt soz. die Erlebnis-, die Gefühlsseite der Phänomene – führt mich also zum erlebnishaften Wahrnehmen meiner selbst und der Umwelt.

Das *»I and Thou«* (Ich und Du) ist Ausdruck für die unmittelbare Begegnung von Person zu Person, für die »direkte Kommunikation«. Diese Formel enthält konzentriert in der Knappheit eines hebräischen Nominalsatzes die gestalttherapeutische Grundaussage: Ich bin ich und du bist du, jeder eine eigenständige Person. In dieser Betonung der Eigenständigkeit liegt zunächst einmal der Akzent. Erst wenn klar ist, daß Ich – ich bin und Du – du, jeder von uns beiden klar abgegrenzt und unterschieden vom andern – erst dann ist wirkliche Begegnung und Kontakt möglich.

Begegnung wird allzu oft verwechselt mit einer Vermischung eigener und fremder Interessen, mit einer Verwischung von Ich und Du zu einem unklaren Wir (Konfusion). Oder die Beziehung von Ich und Du wird verfälscht durch eine manipulative Haltung, die dauernd den anderen für die eigenen Belange verantwortlich macht (Projektion). Oder Begegnung wird vermieden, weil einer von beiden nicht »Ich« zu sagen wagt und sich ständig nach fremden Erwartungen richtet (Introjektion), oder weil jemand selbstbezichtigend auf sich bezieht, was er eigentlich dem andern antun (etwa:

vorwerfen) möchte (Retroflexion) – lauter Störungen an der Kontaktgrenze, durch die Begegnung erschwert oder unmöglich gemacht wird.
Nur ein klares Ich und ein klares Du sind begegnungsfähig. Deshalb liegt bei Perls die Betonung primär auf der Abgrenzung. Im sog. »Gestaltgebet« formuliert er die Anti-These gegen alle Verwischungen von Ich und Du: »Ich bin nicht auf der Welt, um nach deinen Erwartungen zu leben. Du bist nicht auf der Welt, um nach meinen Erwartungen zu leben« (Perls 1974, 13). Nur wenn ich wirklich bei mir selbst bin, kann ich dich berühren, kann ich dir begegnen. »Wir fühlen einander, indem wir aufrichtig das sind, was wir sind, und nicht, indem wir absichtlich Kontakt *herstellen*« (aaO. 72).
Dieses Begegnungskonzept gilt nicht nur für zwischenmenschliche Kontakte, es gilt auch für meine Beziehung zur »Mitwelt«, zur »gemeinsamen Welt« (aaO. 15), auch zu mir selbst, auch zu den Dingen. Es ist ein qualitativer Unterschied, ob ich etwa »über die Dinge«, über andere Personen rede, oder ob ich sie direkt anspreche und als mein »Du« begreife. Ansatzpunkt für eine solche »Du-Qualität« der Begegnung ist aber immer, daß ich mir meiner selbst bewußt bin.
Entsprechend setzt Perls auch in punkto *»awareness«* immer beim Protagonisten selbst an. Er kann ganze therapeutische Sitzungsfolgen mit dem Leitsatz bestreiten:

»Jetzt bin ich mir bewußt.«

Dieser Leitsatz zielt sowohl auf das ganzheitliche Erleben im Augenblick als auch auf das »continuum of awareness«. Er will mich dazu anleiten, in kontinuierlichem Kontakt mit der jeweiligen Befindlichkeit zu bleiben und auf diese Weise mich selbst zu erleben, wie ich bin, und die Umwelt ebenso.
Dabei werde ich auch unweigerlich auf die »unerledigten Situationen« stoßen, auf die abgespaltenen Ich-Anteile und auf das, was ich »vermeide«. Ich werde dabei erfahren, wo

und wie ich mich hindere, meine Gefühle und Bedürfnisse wahrzunehmen oder auszudrücken und für mich selbst die Verantwortung zu übernehmen – kurz, ich werde erfahren, wie ich mich am Leben hindere und daran, ich selbst zu sein.

Perls hat eine Reihe von Methoden und therapeutischen Techniken entwickelt, um den Menschen in Kontakt zu bringen mit sich selbst, um ihm Bewußtsein seiner selbst zu ermöglichen (denn »Bewußtsein per se« kann schon heilsam sein . . .): z. B. Rollentausch – Fantasieerleben – Schweiftechnik – direkte Anrede etc.

Die potenteste therapeutische Intervention jedoch ist seine Anleitung zur Identifikation. Dies ist Perls' ureigenste Erfindung (ähnlich bahnbrechend wie die Entdeckung der »Übertragung« durch Freud und die Einführung des »Rollentauschs« durch Moreno).

Immer wieder fordert er den Protagonisten auf: Sei, der du bist! Sei das, was du phantasierst oder träumst! Sei das, was du ablehnst, wovor du Angst hast, was dich blockiert! Geh ganz dahinein! Spiel es mit deinem ganzen Körper, erleb es mit deinen Gefühlen! Sei es mit deiner ganzen Person! Dies ist konsequent in methodisches Vorgehen umgesetzter Existentialismus, dies ist gelebte Seins-Philosophie. In dieser Methodik der Identifikation kommen alle Perls'schen Axiome zusammen: Die Ganzheit, der Existentialismus, das Hier und Jetzt, das Prinzip der Bewußtheit, die Anschauung, daß der Mensch nicht einen Körper »hat«, sondern sein Körper »ist«, die Phänomenologie, der Behaviorismus, die Ich-Du-Philosophie, das Integrationskonzept – alles!

Die Anleitung zur Identifikation ist die Zuspitzung des therapeutischen Prozesses. Hier geschieht die Umkehrung der Entfremdung: Was ich abgespalten habe – hier wird es als zu mir gehörig erlebt. Was ich auf andere projiziere – hier wird es neu mit »Ich« besetzt. Was ich als Introjekt mit mir trage – hier wird es assimiliert.

Identifikation ist der Weg, »offene Gestalten« zu schließen,

Selbst-Verantwortung zu übernehmen, in Kontakt zu kommen mit meiner Lebendigkeit und Spontaneität.
Je potenter die therapeutische Technik, umso näher liegt die Gefahr des Mißbrauchs. Perls hat in zunehmendem Maße vor denen gewarnt, die wie der Zauberlehrling mit diesen therapeutischen Entdeckungen hantieren, die spektakuläre Durchbrüche erzielen, aber nicht den mühevollen Weg des Durcharbeitens mitgehen wollen, die die Prozesse forcieren, statt fließen und wachsen zu lassen. »Don't push the river ...« dränge den Fluß nicht, er fließt »von selbst«, lautet stattdessen sein den Gestalt-Gesetzen entsprechender Grundsatz.
Die Idee der Gestalttherapie ist es, aus Papiermenschen wirkliche Menschen zu machen ..., den ganzen Menschen ... zum Leben zu erwecken (Perls 1976, 141). Denn der moderne Mensch sei »ein ängstlicher Automat« geworden, der funktioniere statt zu leben (aaO. 13), sagt Perls. Den kulturhistorischen Hintergrund für solche Sätze bildet die technisierte Gesellschaft mit ihren von »business« und pragmatischem Denken, Karriere, Tempo und Leistung bestimmten Wertvorstellungen, in der der Mensch sich selbst und seiner Umwelt in unerträglichem Maße entfremdet wird.
»Ich glaube, daß wir in einer irren Gesellschaft leben und daß man nur die Wahl hat, entweder an dieser kollektiven Psychose teilzunehmen oder Risiken einzugehen und gesund zu werden, und vielleicht auch gekreuzigt« (Perls 1974, 38). Perls grenzt sich deshalb gegen Therapien ab, die den Menschen ja doch nur »an die Gesellschaft anzupassen« versuchen (ebd.).
In der Übernahme der Lewin'schen Feldtheorie, die »das Individuum als Funktion der Organismus/Umwelt ...-Relation sieht und ... sein Verhalten als Spiegelbild seiner Beziehungen innerhalb dieses Feldes betrachtet«, sieht er eine Möglichkeit, »das Bild des Menschen als Individuum und gleichzeitig als soziales Wesen in Einklang« zu bringen (Perls 1976, 43) und entsprechend in der Therapie auf die wechsel-

seitige Interaktion zu achten mit dem Ziel, dem Einzelnen eine »kreative Anpassung« an seine Umwelt zu ermöglichen.

Dennoch – in der therapeutischen Arbeit bleibt bei Perls die Gesellschaft eher Folie, Hintergrund für den Einzelnen, dem sein therapeutisches Hauptinteresse gilt. Ausdruck dafür ist auch sein therapeutisches Setting, das er als »Einzeltherapie in der Gruppe« konstelliert. Auch hier bleibt die Gruppe Hintergrund, Folie für die Arbeit mit dem Einzelnen und kommt nicht als »soziale Gestalt« mit ihrer Eigendynamik zur Geltung.

Gegen Ende seines Lebens versucht Perls mit der Gründung eines Gestalt-Kibbuz einen Ort zu schaffen, wo Menschen »Gestalt« als alternative Lebensform praktizieren. Dieser Kibbuz ist »mehr als eine therapeutische Gemeinschaft«, er »beabsichtigt, einen organischen Lebensraum bereitzustellen«, in dem der Einzelne in der Lebensgemeinschaft mit anderen seine eigenen persönlichen und sozialen Potentiale kennenlernen und entfalten kann – und dies in einem geschützten Rahmen. Es geht betontermaßen darum, daß jeder seinen eigenen Weg, seine eigene »Gestalt« finden kann, um der zu werden, der er ist – und um auf die ihm gemäße Weise für sich selbst einzustehen und Verantwortung für sein Leben zu übernehmen« (vgl. Petzold, Gestalttherapie und Psychodrama, 19 f).

An alledem wird deutlich, daß es in der Gestalttherapie um mehr geht als um eine »therapeutische Methode«. »Gestalt« ist eine Lebensphilosophie, eine Lebenshaltung. Sie versucht mit allem, was sie tut, dem Leben auf der Spur zu sein – und den auf bloßes Funktionieren reduzierten Menschen wieder »zum Leben zu erwecken«.

2. Weiterentwicklung und Veränderung des Gestaltansatzes in der Integrativen Therapie

Die Gestalttherapie von F. Perls ist ein zugleich komplexer und fragmentarischer Ansatz. Sie ist einerseits faszinierend gerade wegen ihrer kreativen, dynamischen Einseitigkeit – zugleich aber auch hinterläßt sie den Eindruck einer »offenen Gestalt«. Nicht nur Perls' literarische Veröffentlichungen sind Fragment geblieben – fragmentarisch sind auch seine theoretischen Ansätze (z. B. hinsichtlich der Gesellschaftstheorie, der Psychotherapie, der Überlegungen zur Metatheorie, der systemtheoretischen Konzepte, der Wertetheorie, vgl. F. Matthies, 4 ff) – und natürlich damit auch seine therapeutischen Konzepte, Methoden und Techniken. Sie *bedürfen* nicht nur der Weiterentwicklung, sondern sie sind in ihrer Dynamik geradezu auf Weiterentwicklung, Wandlung und veränderte Akzentsetzung ausgerichtet.
Eine der bedeutendsten weiterführenden Ausformungen der klassischen Gestalttherapie ist zweifellos die von H. Petzold und seinen Mitarbeitern am Fritz-Perls-Institut Düsseldorf entwickelte *»Integrative Therapie«*, die auf dem wichtigsten Ansatz der Gestaltbewegung basiert: auf dem Integrationskonzept (Petzold in: ITH 3/4, 1977, 147).
Ihre theoretischen Grundlagen wurden im wesentlichen schon Ende der 60er, Anfang der 70er Jahre vor allem von H. Petzold entwickelt:
So wurde die gestalttheoretische Position von Perls u. a. unter Rückgriff auf Lewin-sche Konzepte (der z. B. die Gruppe als ein Ganzes betrachtet, das mehr und etwas anderes ist als die Summe ihrer Mitglieder) ausgebaut und vertieft.
Das psychoanalytische Erbe, das der Lehranalytiker Perls in seine Gestalttherapie eingebracht hat, wurde neu und positiv bewertet.
Die existentialistisch-phänomenologische Position von Perls wurde weiterentwickelt und präzisiert. Dabei wurden wichtige Elemente aus der Philosophie Gabriel Marcels (seine

»Intersubjektivitätstheorie«) aufgegriffen und Gedanken von Maurice Merleau-Ponty (das Konzept der Bezogenheit und des Sinnes: der Mensch ist grundsätzlich und ursprünglich auf die Welt bezogen, alles Sein ist Mit-sein, Sinn ist nur als »Sinn mit andern« möglich) übernommen – und das bedeutet, daß die Anthropologie und damit auch die Ziele der therapeutischen Arbeit neu formuliert wurden.
Dazu gehört auch, daß der Mensch konsequenter in seiner Ganzheit nämlich: als Körper-, Seele-Geist-Organismus in seinem sozialen und ökologischen Umfeld gesehen wird – dies wiederum hat Auswirkungen auf die gesellschaftliche Relevanz von Therapie, der es nicht nur um »kreative Anpassung«, sondern zugleich um »kreative Veränderung« des Kontextes gehen muß (vgl. Heinl/Petzold in: ITH 3/4, 1977, 145; Petzold 1980, 225).

> In der Praxis wirkt sich dies u. a. schon in einer verbreiteten gestalttherapeutischen Randgruppenarbeit aus: Therapie mit Alkoholikern und Drogenabhängigen, Arbeit im Strafvollzug und mit Nichtseßhaften. Im geriatrischen Bereich hat die integrative Gestalttherapie geradezu Pionierarbeit geleistet (vgl. Petzold/Bubolz 1979). In der Behandlung von Psychosen wurden insbesondere durch die nonverbalen Verfahren neue Möglichkeiten erschlossen. Hinzu kommen: Familientherapie, Arbeit mit früh- und verhaltensgestörten Kindern, die Bereiche der Soziotherapie und Beratung, dazu eine umfassende integrative Bildungsarbeit (Agogik) für alle Lebensalterstufen und – ein besonderer Schwerpunkt – die Gründung von alternativen Einrichtungen wie z. B. von therapeutischen Wohngemeinschaften. Dieses Spektrum der therapeutischen Praxisfelder zeigt sehr deutlich, daß die »Indikationsbereiche gegenüber der klassischen Gestalttherapie erheblich erweitert« wurden (vgl. Petzold 1980, 224 f).

In ihrer Methode verbindet die Integrative Therapie »konfliktzentriert-aufdeckendes Vorgehen mit erlebniszentrierter und übungszentriert-funktionaler Arbeit – d. h. sie verbindet verschiedene Therapierichtungen (Gestalttherapie/Psychoanalyse/Verhaltenstherapie) auf der Grundlage einer einheitlichen theoretischen Basis. Die verschiedenen Ansätze ermöglichen ein vielfältiges Vorgehen in der Therapie, wobei (nach dem Synergie – und Synopseprinzip) das Zusammenspiel dieser Ansätze in der Gesamtwirkung mehr und etwas anderes ergibt als die Summe der Einzelansätze oder gar die einzelnen Therapieansätze für sich. Da der ganze Mensch in seinem gesamten Umfeld gemeint ist, kann Therapie nicht auf »Psychotherapie« beschränkt bleiben, sondern sie ist in gleichem Maße: Körpertherapie, Nootherapie und Sozialtherapie. Und sie bezieht sich auch nicht nur auf pathologische Phänomene, ist also nicht nur von einem Bild des kranken Menschen bestimmt – sondern basiert auf einem Konzept von Gesundheit, dem es über alles »Reparative« hinaus darum geht, persönliches Wachstum zu fördern (Petzold, aaO. 225).

Entsprechend der Neuformulierung des Menschen- und Weltbildes werden auch die *Ziele und Inhalte der therapeutischen Arbeit* neu konzipiert, die ihrerseits wieder bis in die Methoden und Techniken hineinwirken (vgl. zum Folgenden Petzold 1980, 230 ff):

a) Es geht in der Therapie vor allem um die Ermöglichung von *Grundvertrauen* (das letztlich in der vorgeburtlichen Verbundenheit von Mutter und Kind seinen Ursprung hat). Dieses »je mitgegebene Grundvertrauen bietet die Basis allen therapeutischen Handelns. Es ist der Garant dafür, daß Therapie auch bei noch so frühen und schweren Störungen sinnvoll ist; denn wir haben es nicht mit einer sozialisierten Größe (wie bei dem Erikson-schen Begriff des Urvertrauens vgl. Klessmann, 50 ff) zu tun, sondern mit einer Grundqualität der menschlichen Existenz, in der wir den andern als Mitmenschen erreichen und berühren können. Wo immer therapeutische Beziehung dieses Grundvertrauen gegenwärtig setzen kann . . ., ist Heilung möglich. So ist das wesentliche Ziel therapeutischer Arbeit ..., das Erleben von Mit-Sein zu wecken, zu ermöglichen, zu vertiefen und zu bekräftigen«. Ja, eine »Nachsozialisation« ist nur möglich, weil und sofern wir auf dem mitgegebenen Grundvertrauen aufbauen können.

b) Grundvertrauen ist auch die Basis für das nächste Therapieziel, nämlich: *Identität* zu finden, zu fördern und zu ermöglichen. Dazu wurde in der Integrativen Therapie ein differenziertes Identitätskonzept erarbeitet das hier nur skizzenhaft dargestellt werden kann: Menschliche Identität ist »doppelgesichtig«. Sie vollzieht sich in der Dialektik von Identifizierung von außen und Identifikation »von innen« (z. B. gesellschaftliche Rollenzuschreibung und persönliche Rollenverkörperung). Identität gewinne ich, indem ich mich als Leibsubjekt erfahre: Ich bin eingebettet in meinen sozialen und ökologischen Kontext und zugleich als Individuum daraus ausgegrenzt. Ich bin einbezogen in das Zeitkontinuum und zugleich daraus ausgegrenzt in der Erfahrung meiner begrenzten (!) Lebensspanne. Damit wird die Anthropologie der klassischen Gestalttherapie korrigiert: Denn während Perls primär die Abgrenzung von der Umwelt betont, geht es der Integrativen Therapie um die Dialektik von Bezogenheit und Abgrenzung. Unverbundene Selbstbezogenheit, jede Art von »Ego-trip« ist gerade Ausdruck von Nicht-Identität!

H. Petzold unterscheidet 5 Säulen, die die Identität tragen:

- Da ist der *Leib*, die Grundlage aller Wahrnehmungen und des Handelns. »Seine Integrität, seine Gesundheit und Leistungsfähigkeit sind Voraussetzung und Garant eines klaren Identitätserlebens. Sein Abbau, seine Verletzung, sein Zerfall bedeutet Bedrohung der Identität« (Heinl/Petzold, 21).
- Identität hat nicht nur persönliche, sondern auch »soziale Geschichte«. Ich brauche die anderen für meine Selbstverwirklichung, und ich bin wiederum für die ihre notwendig. Die Kehrseite: Mit jedem Menschen, der aus meiner Umge-

bung stirbt, stirbt auch ein Teil von mir. M. a. W. die zweite Säule der Identität ist der *soziale Kontext*, der mir zugehört und dem ich zugehöre.

- Identität finden wir ferner in unserer *Arbeit*, mit der wir uns identifizieren können und durch die wir identifiziert werden. Verlust von Arbeit oder Arbeit, bei der wir nur »funktionieren«, bedroht unsere Identität.
- Ähnliches gilt für *materielle Sicherheit* und
- für die *Werte*, die meine sind und dich ich mit anderen, Gleichgesinnten, teile.

Das Identitätskonzept ist ein modernes Konzept, das nicht zufällig in der technisierten Massengesellschaft mit ihren speziellen Entfremdungserscheinungen entwickelt wurde. Es ist notwendig geworden, um den Einzelnen davor zu schützen, in der Anonymität verloren zu gehen, und um das weithin verlorene Bewußtsein von Mit-Sein-mit-andern wiederherzustellen.

c) Das 3. Therapieziel ist die Konstituierung von *»Sinn«*, und zwar zunächst in der funktionalen Bedeutung einer Erkenntnis von Zusammenhängen, Strukturen, Gesetzmäßigkeiten. Wo ich in dieser Bedeutung »Sinn« entdecke, wird Komplexität reduziert, wird mir die Welt zugänglich, kann ich Erlebnisse verarbeiten, Probleme lösen. – Aber »Sinn entfließt den Sinnen«, ist Ausdruck des Leibes und ist letztlich nur in intersubjektiver Begegnung zu gewinnen. Existenz ist immer Existenz mit andern. So ist auch Sinn immer »Sinn mit andern« (Kon-sens) und kann immer nur im gemeinsamen Fragen, Begegnen und Auseinandersetzen (also durch Korespondenz) in der konkreten Situation ermittelt werden. Es geht dabei nicht nur um ein intellektuelles Durchdringen der Wirklichkeit, sondern um ganzheitliches Wahrnehmen, um erlebten Sinn, der eine soziale, räumliche und zeitliche Orientierung ermöglicht.

Ein großer Teil der therapeutischen Arbeit besteht darin, in einem Begegnungsprozeß, in einem gemeinsamen Suchen nach Antwort, meinen Sinn, deinen Sinn, unsern gemeinsa-

men Sinn zu finden – Zugang zu dem im Sein vorgegebenen Sinn zu erreichen und Zugehörigkeit zu entdecken.
d) Entfremdung wird zugespitzt erlebt als die Unfähigkeit, einander wirklich zu begegnen. Unsere Beziehungen sind oft deformiert zu »Haben«-Beziehungen, in denen der andere oder man selbst zum Objekt wird – oder sie beschränken sich auf die sachlich-funktionale Beziehungsmodalität.
Auf diesem Hintergrund ist die *Intersubjektivitäts*theorie von G. Marcel für die Theorie der therapeutischen Beziehung in der Integrativen Therapie grundlegend. Er definiert den Menschen als *Leib-Subjekt*, für den u. a. folgende Qualitäten kennzeichnend sind:
Daß er existiert und nicht nur funktioniert, daß er »ist« und nicht nur »hat«.
Daß er als Subjekt nicht objektiviert werden kann, ohne seinen Subjektcharakter zu verlieren.
Der Mensch ist mehr als die Summe seiner Komponenten, mehr als die in seinem Körper ablaufenden Prozesse, mehr als die Summe seiner Gedanken, Gefühle und Verhaltensweisen.
Er ist als Subjekt einzigartig, unwiederholbar, unaustauschbar.
Sein Subjektsein gründet in der Leiblichkeit, die ihrerseits Ausdruck seiner lebendigen Anwesenheit in der Zeit ist.
Als Subjekt ist der Mensch wesensmäßig auf andere Menschen und auf seine Mitwelt, ja auf die Welt insgesamt bezogen.
Entsprechend ist *Intersubjektivität* gekennzeichnet durch: Engagement, d. h. durch inneres Beteiligtsein am andern als Person – durch Personalität, d. h. z. B. daß ich zu einer Person immer direkt spreche, nicht über sie verhandele, mich wirklich auf sie beziehe – durch Begegnung, d. h. ich suche den realen Kontakt, die wechselseitige Berührung von Person zu Person.
Die Integrative Therapie grenzt sich damit von einer durch Perls mitverursachten »Ich tu, was ich will«-Haltung ab, (vgl.

Ladenhauf in: WzM 1/2, 81). Stattdessen geht es ihr um beides: daß ein Mensch sich selbst (wieder) als Subjekt erleben kann *und* zu intersubjektiver Beziehung fähig wird, daß er zur Selbstverantwortung *und* zur Verantwortung für seine Umwelt finden kann.

Dabei ist die therapeutische Beziehung selbst ein Prozeß, der auf Intersubjektivität ausgerichtet ist.

Das heißt: Der »Therapeut versucht, den Patienten dort abzuholen, wo er steht. Die personale Beziehung ist Ziel und kann nicht bei allen Patienten vorausgesetzt werden. Begegnungsfähigkeit, die durch die Entfremdungsmechanismen der Gesellschaft zerstört wurde, muß erst nach und nach wieder aufgebaut werden, und dennoch bleibt sie das Ziel und der Kernpunkt gestalttherapeutischer Arbeit« (Petzold in: Gestalt-Bulletin, 72).

e) Neben diesen übergeordneten Zielen, die sich aus den philosophisch-anthropologischen Prämissen Integrativer Therapie ergeben, geht es ... auch um die Erarbeitung ... enger gefaßter Ziele, die allerdings in den übergeordneten Zielsetzungen gründen und sich aus ihnen ableiten.

Schon beim Finden dieser Zielsetzungen wird der Patient als ein Partner begriffen, der seinen momentanen Fähigkeiten entsprechend in den therapeutischen Prozeß einbezogen wird und das an Verantwortung übernimmt, was er tragen kann. Je klarer die Zielsetzungen sind, desto mehr Sinn kann er entdecken. Je größer die Transparenz, umso mehr Eigenverantwortlichkeit ist möglich.

Diese enger gefaßten Ziele lassen sich umschreiben mit den Begriffen: *Kompetenz* und *Performanz*. Sie bezeichnen einerseits die Fähigkeiten und Kenntnisse, die zur Erreichung eines bestimmten Zieles notwendig sind – und andererseits die Fertigkeit, dies auch in Alltagshandeln umzusetzen.

Wir unterscheiden:

Personale Kompetenz – die Fähigkeit eines Menschen zur Selbstwahrnehmung, Selbstregulation und Selbstverwirklichung;

Soziale Kompetenz – sie setzt die personale voraus – und ist die Fähigkeit, soziale Situationen situationsentsprechend wahrzunehmen und zu strukturieren;
Lebenspraktische Kompetenz – sie umfaßt alle Fähigkeiten und Kenntnisse, die zur Bewältigung des Alltagslebens (auch des Berufs) notwendig sind.
In diesen »enger gefaßten« Therapiezielen geht es um nichts Geringeres als darum, daß ein Mensch es wieder lernen kann, Verantwortung für sein Leben, für sein Handeln und für seine Umwelt zu übernehmen, ja, daß er überhaupt zum Übernehmen dieser Verantwortung bereit wird.
Ich habe hier die Weiterentwicklung und Veränderung des Gestaltansatzes in der Integrativen Therapie am Beispiel der Therapie*ziele* etwas ausführlicher dargestellt. – Ich hätte das ebenso am Beispiel der »therapeutischen Beziehung« oder am Modell der »intersubjektiven Ko-respondenz« verdeutlichen können.
Die Weiterentwicklung umfaßt sowohl den theoretischen Ansatz als auch die therapiebezogenen, als auch die methodischen Konzepte, die therapeutischen Techniken wie den Einsatz von Medien. Sie schlägt sich nieder in einem modifizierten Zeitverständnis, im Kontextprinzip, im Konzept der komplexen Bewußtheit, in den Überlegungen zu den Themen: Übertragung und Gegenübertragung, Widerstand, »prozessuale Diagnostik«, »tedratischer Prozeßverlauf«, »Ebenen der therapeutischen Tiefung«. Sie wird deutlich in einer gruppenzentrierten Gestaltarbeit, in der Einbeziehung von Körperinterventionen, in der Differenzierung der Therapiestile, in einem komplexen Verständnis der Rolle des Therapeuten u. a. m.
Dennoch – auch die Integrative Therapie ist eine »offene Gestalt«, d. h. auch sie bedarf (entsprechend der jeweils veränderten Aufgaben- und Problemstellung) der Weiterentwicklung und Veränderung. Ihre erst kurze Geschichte ist selbst schon ein Dokument für diese Notwendigkeit und Tendenz.

Ich habe im folgenden die Ausformung und Veränderung des klassischen Gestaltansatzes in der Integrativen Therapie am Beispiel der Lebensbilanz und der Traumarbeit noch einmal detailliert dargestellt.

3. Lebensbilanz in der Integrativen Therapie

Das Konzept der Lebensbilanz in der Arbeit mit Sterbenden ist, methodisch gesehen, eine Variante der in der Integrativen Therapie entwickelten Technik des »Lebenspanoramas«, mit der wir in unseren Ausbildungsgruppen arbeiten (vgl. Petzold in: Freiheit und Methode, 132 ff). Die Arbeit mit dem Lebenspanorama leitet dazu an, nicht nur augenblicksbezogen nach innen zu schauen, sondern sich im Lebensganzen verstehen zu lernen, den persönlichen Standort im sozialen und biografischen Kontext zu begreifen und dabei die eigenen Möglichkeiten der Lebensgestaltung zu entdecken. Sie ist ein Versuch, durch Integration von Lebensszenen der Selbstentfremdung entgegenzuwirken und das Finden von Identität zu ermöglichen. Die Entfremdung, an der wir leiden und die wir auch selbst mit herbeiführen, ist vielschichtig: Etwa die Entfremdung von unserem Leib, vom Leiberleben, vom andern, von unserer Umwelt, von unserer Zeit – und in und mit dem allen die Entfremdung von unserer eigenen Geschichte. Wir sind in der Gefahr, atomisiert zu leben und keine Kontinuität mehr zu erfahren.

Die klassische Gestalttherapie mit ihrem Prinzip der Zentrierung im Jetzt steht überall dort in der Gefahr, den Bezug zum Ganzen, zur Geschichte, zur Kontinuität zu verlieren, wo sie das »Jetzt« a-historisch verkürzt. Zeit ist eben nicht nur der hier und jetzt erlebte Moment, auch nicht nur der ständig fließende Strom vergehender Jetzt-Momente – sie ist zugleich soziale Zeit. Und die Zeit als »meine Zeit« ist gleichbedeutend mit der »Lebensspanne«, dem Lebensganzen.

In der Integrativen Therapie wird entsprechend das fokussierte Wahrnehmen und Erleben im Hier und Jetzt verbunden mit dem Sich-Wahrnehmen und Erleben im Lebensganzen, die vertikale mit der horizontalen Bewußtheitsdimension. In der Arbeit mit meinem Lebenspanorama begegne ich mir selbst auf meiner Lebenslinie: Ich erlebe mich im Geflecht von Selbstbestimmung und Fremdbestimmung, ich begegne meinen »leeren« Lebensabschnitten ebenso wie den komprimierten, den flachen wie den profilierten. Ich sehe die Brüche und die Wiederholungen. Ich erkenne im Nacherleben der einzelnen Phasen, was ich jeweils selbst aus meiner Zukunft gemacht habe, was aus mir gemacht worden ist und was ich habe machen lassen – und ich erkenne immer wieder den Bezug des Details zum Ganzen und vor allem: Ich realisiere an jedem Punkt, in jeder Phase und im Blick aufs Ganze meines Lebenspanoramas: »Dies ist mein Leben!«

Dabei entdecken wir oft, wieviel Unerledigtes bedrängend aus der Vergangenheit in die Gegenwart hineinwirkt, wieviel Defizite, traumatische Erlebnisse, Störungen und Konflikte wir unbewältigt mit uns schleppen – lauter Beeinträchtigungen, die uns hindern, jetzt zu leben, jetzt unser Leben mehr nach unseren Möglichkeiten zu gestalten. Und wir entdecken auch, daß nicht nur das Ausblenden der Vergangenheit, sondern ebenso das Ausblenden der Zukunft (also auch das Ausblenden unserer Endlichkeit, das Tabuisieren des Todes) uns am Leben hindert.

Die Beschäftigung mit dem Lebenspanorama ist aber keineswegs nur den »pathologischen« Phänomenen zugewandt. Sie zielt in gleichem Maße auf das Bewußtwerden und Bewußtmachen der gestalterischen, lebensvollen Potentiale – ja sie geschieht selbst unter Verwendung kreativer Medien, sie ist selbst ein intensives schöpferisches Erleben und Gestalten. Dieses Nachvollziehen, Entdecken und Gestalten selbst schon ist Ausdruck dafür, daß wir unser Leben nicht nur erleiden, sondern selbst gestalten, formen, prägen.

»Lebensbilanz« am Ende des Lebens ist, wie gesagt, eine Variante dieser Arbeit am Lebenspanorama. Dieses Konzept ist ursprünglich von V. Iljine, dem Begründer des »therapeutischen Theaters« entwickelt worden. Er hat wohl als erster im Bereich der neueren Psychotherapie auf die Bedeutung der Lebensbilanz für die Begleitung Sterbender hingewiesen. »Er hat mit sterbenden Freunden und Patienten – oft in monatelanger Begleitung – Szenarien ihres Lebens erarbeitet, um eine Bilanz im Angesicht des Todes zu ermöglichen, in der keine Rolle und kein Spieler ausgelassen wird, in der vergangenes Leben noch einmal lebendig werden kann!« (Vgl. Petzold in: ITh 2/2, 1980, 187.)

Er hat dabei zur phantasiehaften Vorstellung von Lebenssituationen systematisch angeleitet, Lebensszenen durchgespielt und auf diese Weise sowohl Höhepunkte des Lebens vergegenwärtigt, als auch »vergessene« Abschnitte ins Bewußtsein gebracht, als auch unerledigte oder konflikthafte Situationen gezielt aufgearbeitet. Es geht ihm also um ein »erlebnisaktivierendes Vorgehen«, das es dem Sterbenden ermöglicht, die Szenen seines Lebens im Nacherleben und Neuerleben bilanzartig zusammenzufügen.

»Der Sterbende ist Autor und Zuschauer zugleich, wenn er sein Leben an sich vorüberziehen läßt . . . . Diese quälende Doppelrolle ist umso bedrängender, weil er gewesener Autor ist. Das Stück ist fertig, unverfügbar geworden. Er ist nunmehr nur noch Autor, Spieler und Zuschauer des letzten Aktes« (V. Iljine zitiert bei Petzold, aaO).

Der Begleiter hat dabei nicht nur die Aufgabe, zu einem erlebnisnahen Aufarbeiten der Lebensszenen anzuleiten – er hat zugleich eine Rolle, die wegen ihrer Enthaltsamkeit und durch das bloße Dabeisein wichtig ist: Er ist Zuschauer, Mitzuschauer, wenn der Sterbende auf sein Leben zurückblickt. Der Sterbende ist nicht alleingelassen mit den Eindrücken, die sein Denken überschwemmen. »Er kann sich mit einem weiteren Zuschauer über die einzelnen Akte, Szenen und Rollen austauschen. Es wird nun auf diese Weise

eher eine Betrachtung aus der Distanz möglich, die Voraussetzung für eine Bilanz ist« (Petzold, aaO.).
In der Integrativen Therapie wird dieses Konzept der Lebensbilanz in den Gestalt-Ansatz integriert:
• Der klassische Ansatz der Gestalttherapie kennt wie gesagt im methodischen Vorgehen ein solches Arbeiten mit der Lebensbilanz noch nicht. Und doch ist gerade dieses Bilanzkonzept »ur-gestaltisch«. Denn es entspricht der gestaltpsychologischen Anschauung: Daß jede »Gestalt«, also auch die »Lebensgestalt«, die Tendenz hat, sich zu einer »guten Gestalt« zu schließen. Bilanzartige Rückschau ist nichts anderes als eine methodische Anleitung, die dazu helfen kann, offene Gestalten des Lebens zu schließen und die Lebensgestalt abzurunden.
• Außerdem wird in der Integrativen Therapie das methodische Vorgehen V. Iljines durch Gestaltmethoden bereichert: Die Lebensszenen werden durch Gestaltdialoge verlebendigt. Das direkte Anreden von Personen oder Ereignissen der Vergangenheit schafft unmittelbaren Kontakt. Und erst recht die Gestaltanleitung zur Identifikation mit dem Gewesenen ermöglicht jenes »reowning«, jenes Sich-wieder-zu-eigenmachen, um das es in der Lebensbilanz geht.
• Methodisch gesehen kombinieren wir also in der Integrativen Therapie die ganzheitliche Lebensrückschau mit fokalen Interventionen: Überall wo Ereignisse oder Szenen im Nacherleben prägnant werden, kann man die horizontale Rückschau fokusartig vertiefen: Also etwa Konflikte aufarbeiten, »Vergessenes« einblenden lassen, Höhepunkte genießen oder »feiern«, Menschen und Erlebnisse vergegenwärtigen, die unser Leben mit geprägt haben. Dieses Fokussieren geschieht allerdings immer nur, wenn und solange der Gesprächspartner dies will.
Umgekehrt gilt es darauf zu achten, daß diese Einzelszenen nicht isoliert bleiben, sondern wieder aufs Ganze bezogen werden. Denn beides: Rückschau und »Tiefen« haben ja den Sinn und die Aufgabe, einem sterbenden Menschen zu helfen,

daß er sich – wenn möglich – besser im Lebensganzen begreifen kann.

- Und schließlich: Lebensbilanz ermöglicht jene Art von Grenzerfahrung, durch die wir unsere Identität gewinnen. Es ist ja das Paradox der Grenze, daß sie mich abgrenzt und gleichzeitig in Kontakt bringt mit dem, was »jenseits« der Grenze ist. D. h. auf der Beziehungsebene: Mein Leib grenzt mich von anderen ab und läßt mich gerade so mit ihnen gemeinsam sein. Und es bedeutet im Blick auf mein Zeiterleben: »Meine Zeit« grenzt mich aus dem Strom der Mitzeit mit anderen, aus dem Strom der Weltzeit, der unendlich fließenden Zeit aus – ich habe Anfang und Ende. Meine Lebensspanne, meine Leib-Zeit qualifiziert meine Zeit als die unverwechselbar und unvertretbar meinige! Wo mir dies in der Lebensbilanz bewußt wird, gewinne ich ein Stück meiner Leib-Zeit-Identität.

Dabei widerfährt mir das Merkwürdige, daß ich mein Leben mir noch einmal aneigne, und daß ich es gleichzeitig loslasse ... und es doch im Loslassen nicht verliere. Es wird soz. »mein Hintergrund« und eröffnet mir so eine neue Perspektive. Auch in der Zeit-Dimension erschließt sich mir das Paradox der Grenze: Ich spüre in der Lebensbilanz (schmerzlich) mein Ende, meine Grenze – und gleichzeitig impliziert die End-Grenze ein »Jenseits der Grenze«. Sie ermöglicht eine Art von Kontakt mit dem, was »jenseits« ist, den ich wohl nur erlebe, wenn ich mich auf meine End-Grenz-Erfahrung einlasse.

»Die Abgrenzung zum Tode schafft eine Einheit von Existenz entlang der Unendlichkeit von Nichtexistenz. Die *bewußte* Grenzziehung dadurch, daß wir uns als Lebende und Sterbende zugleich begreifen, verdichtet unsere Existenz, läßt das Leben intensiver werden und gibt Grund zu der Hoffnung, daß wir uns nicht verlorengehen« (Marcel, 11).

4. Arbeit mit Träumen in Gestalttherapie und Integrativer Therapie

4.1 Gestalttherapeutische Traumarbeit bei Fritz Perls

Obwohl Fritz Perls relativ wenig an theoretischen Ausführungen zum Thema »Traum und Traumarbeit« hinterlassen hat, kann er doch als der Begründer eines neuen Ansatzes in der therapeutischen Traumarbeit gelten.

Er hat in vielen therapeutischen Sitzungen mit Träumen gearbeitet, und wir besitzen einen reichhaltigen Schatz an Dokumenten, die zeigen, wie er Träume zu erschließen wußte und was er unter gestalttherapeutischer Traumarbeit verstand.

Demnach sah er den Traum im wesentlichen unter drei Gesichtspunkten: Als Projektion – als existentielle Botschaft – als Paradox.

(Vgl. G. Franz, Traumarbeit ...)

a) *Der Traum als Projektion* – das bedeutet: Er ist eine »existentielle Botschaft« dessen, »was in unserem Leben fehlt, was wir zu tun und zu leben vermeiden – und wir haben eine Menge Stoff zu re-assimilieren und müssen unsere entfremdeten Teile wieder zu eigen machen« (Gestalttherapie in Aktion, 83).

Traum als Projektion, das bedeutet, wir erleben uns im Traum nicht als Täter, sondern als Opfer. Diese »Projektion« ist Zeichen für einen Mangel an Selbstbewußtheit. Ich bin mir gewisser »verbotener« Bedürfnisse, Gefühle und Wünsche nicht bewußt. Ich habe sie abgespalten. Ich verhalte mich so, als hätte ich sie nicht, als wären es nicht *meine* eigenen. Ich schiebe sie anderen Verantwortungsträgern zu.

Aber damit sind sie ja nicht weg. Sie sind ja weiterhin da. Auch wenn ich sie nicht zulassen will. Und es kostet mich viel Kraft, sie nicht zuzulassen!

Der Traum zeigt mir nun in seiner Sprache diese abgelehnten Anteile meiner selbst.

Er zeigt mir etwa eine dunkle Gestalt, die mich angreifen will, so daß ich vor Schreck erwache. »Nie im Traum« würde ich darauf kommen, in diesem dunklen Aggressor mich selbst, meine eigene nicht zugelassene Aggression zu sehen – meinen wir. Dabei hat uns der Traum ja schon gezeigt, daß wir dies (auch) sind. Er hat uns schon in Kontakt gebracht mit unserer eigenen verleugneten Aggression. Er hat uns erleben lassen, was wir sind und nicht sein wollen und auch: Wie sehr wir erschrecken, daß wir dies sind!

Die Aufgabe der Arbeit mit Träumen ist es nun, die Begegnung mit dem Geträumten noch einmal nachzuvollziehen und schließlich uns auch mit dieser abgelehnten Seite unseres Selbst zu »identifizieren« und uns auf diese Weise wichtige (verlorengegangene) Grundzüge unserer Persönlichkeit wieder zu eigen zu machen. Dies ist meist ein sehr schwieriger, angstbesetzter Schritt. Aber wir werden dabei die Erfahrung machen, wieviel Lebensenergie in diesen abgelehnten Ich-Anteilen gebunden ist. Perls: »Du überwindest nie etwas, indem du ihm widerstehst. Du kannst etwas nur überwinden, indem du tiefer in es hineingehst.« Das bedeutet: Sei selbst diese dunkle Gestalt, – und du eignest dir die Energie wieder an, die du an sie abgegeben hast (aaO. 173, 222). Entsprechend leitet Perls die Protagonisten an, ihren Traum / oder die Traumfiguren zu »spielen«, mit der ganzen Person auszudrücken, jedem Traumelement als »Du« zu begegnen und es als »Ich« zu verkörpern. Er sieht also den Traum (und die Arbeit mit Träumen) als kreative Möglichkeit (durch Ausspielen und Identifizieren) sich selbst zu verlebendigen, Störungen zu überwinden und das Spektrum eigener Lebensbereiche zu erweitern.

b) Später geht Perls über diese Sicht des Traumes als Projektion hinaus. Der Traum sei unmittelbarer Ausdruck unserer persönlichen Existenz. Das heißt, er bringt nicht nur die projizierten Anteile hervor, sondern er ist *»existentielle Botschaft«*. »Er betrifft unsere gesamte Existenz, unser gesamtes Drehbuch.« Er ist also »nicht nur eine unvollendete

Situation ... nicht allein ein Symptom oder ein Charakterzug« (Perls 1976, 208).

Daraus folgt, daß es in der Arbeit mit Träumen nicht nur um die Behandlung von Symptomen oder unerledigten Situationen, nicht nur um das Re-assimilieren von projektiven Anteilen geht, sondern es geht um den Kontakt mit unserm »Sein«, es geht um das Erleben unserer Existenz, um das, was »ist«, um das, was »ich bin«. Deshalb leitet Perls in der Arbeit mit Träumen dazu an, daß der Träumende sich seiner Selbst bewußt ist, jetzt und hier bewußt da ist. Das »I and thou in the Here and Now«, das Ganz-da-sein gilt auch zentral für die Gestaltarbeit mit Träumen.

Deshalb läßt er den Traum oder Traumsequenzen zunächst erzählen, oft mehrfach hintereinander. Dann bringt er den Traum noch näher ans Erleben heran, indem er auffordert, in der ersten Person und in der Gegenwart zu erzählen, »so als würdest du ihn jetzt erleben« – »als ob er deine Existenz wäre« – und schließlich läßt er den Protagonisten den Traum selbst inszenieren: Sei dein eigener Regisseur – das heißt: Der Träumende übernimmt mit dieser Nach-Inszenierung selbst die Verantwortung für den Traum und alles was der Traum enthält. Er begreift sich selbst als Urheber des Traumes: als Autor, Regisseur, als Schauspieler, Kulisse und alles, was da ist (aaO. 203 f).

Geht es in der Gestalttherapie immer wieder um das »Sei, der du bist« – so heißt das in der Arbeit mit Träumen: »Sei, was du träumst«, sei es, und du wirst erstaunliche Entdekkungen machen:

Da hat z. B. jemand von einem »Pfad« geträumt, der einen Berg hinaufführt. – Und er beginnt nun in seiner Neuinszenierung des Traumes dieser Pfad zu sein – und er sagt von sich: »Ich bin ein hübscher Pfad, bequem. Ich bin nicht schwierig zu begehen« – und später: »Die Leute wandern auf mir zur Spitze (Pause), das tut weh« (aaO. 206 f). – Schon in dieser kurzen Szene beginnt der Träumende die ihn selbst betreffende existentielle Botschaft des Traumes zu spüren, er erfährt neue, überraschende Aspekte seiner selbst, die er so vorher nicht wahrgenommen hat.

c) Und schließlich beschreibt Perls den Traum als eine »künstlerische Schöpfung, in der zwei anscheinend unvereinbare Kräfte gegeneinandergestellt sind«. Der Traum selbst sei oft der »Versuch, eine *Lösung für ein offensichtliches Paradox* zu finden«.

Eine Frau träumt: »Ich gehe die Treppe hoch und habe ein Bündel unterm Arm.« – In diesem knappen Bild zeigt ihr der Traum das Paradox ihres Lebens: Daß sie eine Last trägt und gleichzeitig eine Last ist. Durch Identifikation mit der Treppe erlebt sie, daß jemand sie benutzt, um nach oben zu kommen. Durch Identifikation mit dem Bündel erfährt sie, daß jemand sie tragen, schleppen muß (Perls 1976, 78 f). –

Die Arbeit mit dem Traum (d. h. die gestalttherapeutische Anleitung zur Identifikation) macht das Paradox erlebbar, den existentiellen Widerspruch ihres Lebens. Im Kern geht es auch hier darum, daß jemand durch Identifikation Verantwortung für das übernimmt, was er *ist* – auch für das, was er nicht sein möchte. (So ist es vielleicht leichter darüber zu klagen, daß man dauernd Lasten schleppt – als zu sehen, daß man (damit) zugleich auch eine Last *ist*.) Die eigentliche Arbeit beginnt erst hier, wo uns das Paradox derart erlebbar ins Bewußtsein und auf den Leib rückt, daß wir unvermeidbar den Schmerz spüren, den es verursacht.

Verständlich, »daß die Traumhandlung häufig ein Versuch ist, einen Widerspruch dadurch zu lösen, daß die Verantwortung für Hoffnungen und Wünsche verleugnet wird. Der Traum, daß der eigene Feind von jemand anderem ermordet wird, ist ein vollkommenes Beispiel dafür« (Perls 1976, 79). Anders gesagt, es geht nicht nur darum, daß wir »etwas« Unangenehmes in unserem Leben vermeiden, sondern daß wir *dieses Vermeiden verleugnen:* Wir haben zwar den Wunsch, das Negative, Bedrohliche, unsern Feind, ja den existentiellen Widerspruch selbst, an dem wir leiden – auszulöschen, zu beseitigen, – aber wir gestehen uns diesen

Wunsch nicht ein, »weil *wir* sonst diejenigen wären, die widersprechen, etwas beseitigen wollen ... ablehnen. Dadurch, daß wir das Ablehnen ablehnen, bringen wir ... (sc.: das Abgelehnte) selbst wieder ins Spiel. Der Traum ist eine Darstellung dieser unserer persönlichen Paradoxa« (G. Franz, 217). Durch Identifikation mit dem »Feind« und dem andern, der ihn »beseitigt«, werde ich (vielleicht) erfahren, wie ich – gespalten in Täter und Opfer – in meinem Widerspruch festgefahren bin.

In der Gestalt-Traumarbeit geht es also wieder darum, *erlebbar* zu machen, daß es diesen Widerspruch gibt, zu sehen, daß *ich* es bin, der darin lebt, zu spüren, wie das für mich ist und was mir das ausmacht. Mit anderen Worten: wir versuchen einmal nicht mehr diesen Widerspruch zu verwischen, zu bekämpfen, zu beschönigen, zu deuten oder zu »akzeptieren«, sondern ihn zu erfahren und zu leben. Perls setzt oft so an, daß er *eine* Seite prägnant macht und damit den Prozeß der Selbstregulation einleitet – oder aber er versucht, die Wechselbeziehung zwischen den Antinomien aufzuzeigen und erlebbar zu machen. Das ist oft der – sehr schmerzliche – Anfang einer Integration der Widersprüche, in deren Verlauf man (vielleicht) entdeckt, daß sowohl das Ablehnen und Leugnen zu uns gehört, als auch die beiden (scheinbar) unvereinbaren Seiten – und daß beide ihre Berechtigung haben.

Der Traum ist »der Versuch, eine Lösung für ein offensichtliches Paradox zu finden« und die Gestalt-Arbeit mit Träumen ist der Versuch, diesen Lösungsansatz aufzunehmen und zur Integration der Persönlichkeit beizutragen. Denn: Der Traum ist in Wirklichkeit »der königliche Weg zur Integration« (Perls 1974, 74).

4.2 Weiterentwicklung des Perl'schen Ansatzes in der Integrativen Therapie

a) *Traumverständnis und Menschenbild in der Integrativen Therapie*

Für die Traumarbeit in der Integrativen (Gestalt-)Therapie bleibt dieser Perls'sche Ansatz die Grundlage. Dennoch wirken sich auch hier die veränderten Akzentsetzungen in der Theorie und die Differenzierung des therapeutischen Spektrums in der Praxis aus (s. o. S. 201 ff):

So erschließt der Gedanke Merleau Ponty's, daß wir mit unserm Sein Anteil haben an dem uns immer schon vorgegebenen Sein und daß »Sprache« aus der vorgegebenen Gemeinsamkeit und Verbundenheit alles Seienden erwächst, für das Verständnis der Träume neue Tiefendimensionen, was besonders deutlich wird am Beispiel der »absconditiven Träume« (Petzold in: ITh 3/4, 1977, 170).

Im Traum können wir »die stummen Worte fassen, die das Sein raunt«, sagt M. Ponty. Der Traum spricht die Sprache der »Lebenswelt«. Er ist die Sprache des »wilden Denkens«, des »wilden Sinnes« – den Mythen und Märchen verwandt. Sie ist »bildgestaltetes Erleben« und hat ihren Sinn in sich (vgl. Petzold in: ITh 3/4, 1977, 148).

In der Regel haben wir es mit »reproduktiven Aktualträumen«, die das Tagesgeschehen verarbeiten, oder (schon tiefergehend) mit »biographischen Träumen« zu tun, die aus unserm Lebenshintergrund erwachsen. Aber die *Sprache*, die (auch) diese Träume (schon) sprechen, ist ungeheuer schöpferisch, unmittelbar, in Symbolen und dramatischen Szenen verdichtet und voller Erleben. Auch sie artikulieren sich in der Sprache des »wilden Denkens«, sie artikulieren eine vorsprachliche Botschaft, die uns unsere Lebenssituation, vielleicht sogar unsere Lebensrichtung erhellen kann.

Dies gilt erst recht für die »absconditiven Träume« mit ihrer reichen Symbolsprache, mit ihrer intensiven, oft überraschend fremdartigen Gefühlswelt. Es ist, als ob ich hier in die

»Lebenswelt eindringe, der ich wesensmäßig verbunden bin, der ich existentiell zugehöre. Hier gelingt es mir zuweilen, ›die stummen Worte zu fassen, die das Sein raunt‹« (Petzold, aaO. 170 f).

Wir stoßen mit diesen »Traum«-Perspektiven an das Geheimnis unseres Menschseins, das von Gabriel Marcel so umschrieben wird: Daß der Mensch als »Leibsubjekt« mehr (und etwas anderes) sei als die Summe seiner Komponenten, mehr als die in seinem Körper ablaufenden Prozesse, mehr als die Summe seiner Gedanken, Gefühle und Verhaltensweisen (Petzold, Rolle des Therapeuten, 238). Im Traum wird etwas erfahrbar von diesem Persongeheimnis und von unserer Verbundenheit mit dem Grund unseres Seins. Im Traum begegnet uns die von uns selbst gestaltete Wirklichkeit so, daß wir sie uns zwar zu eigen machen können – aber ohne uns ihrer zu bemächtigen. Das entspricht dem Wesen dieser »absconditiven Träume«: Sie »geschehen«, sie eröffnen uns unsere Tiefe »gleichsam absichtslos« – sie lassen sich nicht herbeizwingen. Sie sind darin ein Spiegelbild des Lebens, des Seins selbst: Wir haben Anteil daran, aber es bleibt unverfügbar (vgl. im Haupttext: Traum vom Todesboten). – Hier wird deutlich, wie Traumverständnis und Menschenbild zusammengehen: In der Integrativen Therapie sehen wir »den Menschen als Ganzen, der sich in seiner eigenen Tiefe und Weltverwobenheit, seiner Ko-existenz mit aller Existenz, seinem Kon-sens mit allem Sinn immer umfassender und reicher erfährt« (Petzold, aaO. 171).

b) *Die Wechselbeziehung der beiden Sprachen*

Fritz Perls hat es abgelehnt, ein »Unbewußtes« anzunehmen und überhaupt den Menschen aufzuspalten in Körper und Seele, Bewußtes und Unbewußtes. Der Mensch sei eine Ganzheit und alle seine Äußerungen, Gedanken, Gefühle und Verhaltensweisen seien aus dem gleichen Stoff. Er hat es später ebenso abgelehnt, einen manifesten von einem latenten Trauminhalt abzugrenzen. Der Traum als existentielle Botschaft enthalte alles relevante Material, nur in einer andern Sprache ausgedrückt (vgl. Petzold, aaO. 174 f).

In der Integrativen Therapie geht es darum, im theoretischen Konzept das Problem dieser »anderen Sprache« etwas weiter zu differenzieren, als dies bei Perls geschah.

Denn so gewiß der Traum unsere eigene Schöpfung ist, so gewiß gibt er sich doch – »bei Tage besehen« – oft recht verschlüsselt und unzugänglich. Dies hat sicherlich auch sehr viel mit dem zu tun, was Perls über den Traum als »Projektion« und »Paradox« gesagt hat (nämlich damit, daß wir eigene Anteile abspalten, verleugnen und vermeiden, »was ist«) aber ganz gewiß doch auch mit eben dieser andern Sprache.

Die bildgestaltete, erlebnishafte Sprache der Träume unterscheidet sich vom analytisch-kausalen Denken unseres Wachbewußtseins, so daß man oft meinen könnte, in zwei verschiedenen Welten zu leben. In Wahrheit ist das eine wie das andere jeweils eine besondere Weise, die Wirklichkeit aufzunehmen, zu verarbeiten und auszudrücken. Und es gehört zur »Ganzheit«, zur »Gesundheit« des Menschen, daß diese beiden verschiedenen Sprachen miteinander ins Gespräch kommen: Die Sprache des Tages und die Sprache der Träume.

»Die gegenseitige Ergänzung unseres Wach- und Traumbewußtseins wird durch die neuere Hirnforschung bestätigt, die das Träumen unserer rechten Hirnhemisphäre und das kausal-analytische Erfassen der Wirklichkeit der linken Hirnhälfte zuschreibt ...« Watzlawick spricht von »zwei Bewußtheiten«, die im Idealfall ... »jeweils komplementär zur Erfassung und Bewältigung der Wirklichkeit zusammenarbeiten, im Konfliktfall aber mangels einer gemeinsamen Sprache nicht miteinander kommunizieren können« (vgl. G. Franz, 215).

Die integrative Arbeit mit Träumen hat nun die Aufgabe, die Sprache des Traumes mit der Sprache des Tages in Beziehung zu setzen – und zwar so, daß einerseits das ganzheitliche, symbolische Denken, das emotional verdichtete Erleben des Traumes nicht durch intellektuelles Deuten verkürzt – und andererseits das Tagbewußtsein nicht entwertet wird, sondern gleichwertig »mitsprechen« kann. Wie ist das möglich?

H. Petzold verwendet den Begriff der *»Permeation«*, der »wechselseitigen Durchdringung« beider Sprachwelten. Gemeint ist damit eine sowohl der Traumsprache als auch der Tagessprache gegenüber neue Weise des Selbstausdrucks, des Erlebens und Denkens: nämlich eine Weise der Selbstwahrnehmung und des Selbstausdrucks, in der Denken *und* Erleben, Erkennen *und* Fühlen, Analyse *und* Kreativität einander angenähert und voneinander durchdrungen sind.

Die Erlebnissprache des Traumes erfordert eine »erlebniszentrierte« Umgangsweise. Und dazu schafft die erlebnisaktivierende integrative Gestaltarbeit das spezifische Klima. Sie setzt »Bild« und »Text« in Beziehung. Sie führt uns in die emotional geladene Bildwelt unseres Traumes, während wir wachen. Wir werden angeleitet, unsern Traum erneut zu »träumen« und ihn leiblich und sinnenhaft so intensiv wie möglich nachzuerleben.

Das Tagesbewußtsein begleitet uns dabei und fließt in diesen Erlebnisprozeß mit ein und es hilft uns, den Bezug des Geträumten zu unserer Lebenssituation zu sehen.

c) *Die integrative Funktion des Traumes*

Man kann die Bedeutung der Träume für unsere leibliche, geistige und seelische Gesundheit, für die Entwicklung unserer Persönlichkeit, für das Finden unserer Lebensrichtung gar nicht hoch genug veranschlagen. Wenn man sich vor Augen hält, wieviel Reize aus der Außenwelt, wieviel Impulse aus der Innenwelt täglich auf uns einwirken, ohne daß wir Zeit hätten, sie gedanklich oder gar gefühlsmäßig zu bewältigen – nimmt man die Summe der unerledigten Situationen hinzu, die nicht bewältigten Konflikte, die Defiziterfahrun-

gen – so hat man eine ferne Ahnung davon, was wir in unsern Träumen zu verarbeiten haben und verarbeiten.
Perls nannte den Traum (in Abwandlung eines Freudschen Zitats) »den königlichen Weg zur Integration« und seine Traumarbeit zeigt, wie vielfältig für ihn dieses Integrationsgeschehen war: Daß wir im Traum Konflikte verarbeiten, abgespaltene Teile unserer Persönlichkeit assimilieren, Konfluenzphänomene klären, unerledigte Situationen artikulieren – daß der Traum Ausdruck einer geradezu künstlerisch schöpferischen Kraft des Menschen sei – dies alles hat Perls schon betont und seine Arbeit mit Träumen dokumentiert dies.
In der Integrativen Therapie fassen wir die integrativen Funktionen des Traumes noch weiter: Der soziale Lebenskontext wird konsequenter in die Arbeit mit Träumen einbezogen. Der Sinn-Gedanke und die Frage nach der Identität finden differenziertere Beachtung. Der Zeitbegriff wird neu definiert: Das »Hier und Jetzt« – Prinzip der klassischen Gestalttherapie (nach wie vor Schlüssel-Prinzip für den bewußten Zugang des Menschen zu sich selbst) wird gegen das Mißverständnis einer a-historischen Zeitauffassung abgegrenzt und perspektivisch erweitert. Es wird stärker betont, daß der Mensch im »Strom der Zeit« lebt, im Zeitkontinuum. Es geht darum, sich aus dem Jetzt-Erleben heraus im »Lebensganzen verstehen zu lernen«.
Träume sind entsprechend nicht nur eine Art Momentaufnahme der gegenwärtigen Situation, sondern Ausdruck unserer Lebens*richtung*. (Im Traum einer jungen Frau wird dies deutlich: Sie hat im Traum alle Türen und Fenster ihres Hauses verschlossen – sie verschließt sich z. Zt. vor jeder Art grundlegender Veränderung und hat gleichzeitig Angst davor, daß ihre Zukunft verschlossen ist – und nun träumt sie, daß das »Tier aus dem Fluß« durch die verschlossenen Türen schon in ihr Haus eingedrungen sei – und sie spürt, daß sich in diesem für sie existentiell wichtigen Traum die Veränderung ihrer Lebens*richtung* ankündigt.) »Der Traum hat die

immens wichtige Funktion, zur Integration des Lebensgeschehens des Menschen mit sich selbst und seinem Umfeld, beizutragen ... Das schließt ... die Integration der Ereignisse in der Zeitdimension: Lebensgeschichtliches, Erwartetes und Gegenwärtiges ein (Petzold in: ITh 3/4, 1977, 150). Das heißt: Träume sind (auch) Ausdruck unserer Lebens*richtung*.

Sich auf Träume einlassen, bedeutet deshalb auch, sich auf diese Richtung unserer Existenz einzulassen, sie herauszufinden und nachzuvollziehen, und dies bedeutet wiederum, daß unsere Identität (in Kontext und Kontinuum, in Abgrenzung und Zugehörigkeit) prägnanter werden kann – und daß wir unsern Lebens-Sinn entdecken können.

Dazu gehört auch, daß wir in der Integrativen Traumarbeit der Reflexion und dem erprobenden Durchspielen von Transfer-Szenen eine größere Bedeutung beimessen als Perls dies tat. Es geht darum, das, was wir in der Traumarbeit erlebt haben, in unsern »Alltag« zu übersetzen, – also die durch den Traum aufgezeigte Lebensrichtung probeweise, ansatzweise in unsern Lebensalltag zu integrieren und erste Schritte in die erschlossene Richtung zu tun.

d) *Konzepte und Methoden der Traumarbeit in der Integrativen Therapie*

Oft ist die Fülle der Bedrängnisse, der ungelösten Konflikte, der verschleppten Lebensprobleme so groß, daß auch die integrative Kraft unserer Träume nicht mehr ausreicht – wir träumen dann »konflikthaft« und merken noch im Erwachen, daß uns auch das Träumen nicht entlastet hat.

Unsere Traumlandschaften und Traum-»Krimis« sind entsprechend plastische Spiegelbilder unserer »neurotischen« Störungen.

Dies muß sich nicht immer in einer spürbaren Belastung oder in »konflikthaften« Traumerlebnissen ausdrücken. Es kann ganz einfach so sein, daß wir gar keinen Zugang haben zu unsern Träumen. Daß wir keinen Sinn (mehr) haben für die

Sprache der Träume, daß wir es uns in unserm Leben vielleicht abgewöhnt haben zu träumen, und das heißt, daß wir im Bereich ganzheitlichen Erlebens, kreativen Gestaltens, bildhafter, symbolhafter Erfassung von Wirklichkeit nach und nach verkümmert sind, oft ohne es zu merken.

Die gestalttherapeutische Arbeit mit Träumen hat die Aufgabe, die integrative Fähigkeit der Träume (bzw. des Träumenden!) zu stärken, und zwar sowohl in ihrer konfliktverarbeitenden Funktion als auch in ihrer evolutiv-schöpferischen Kraft.

Sie hat dazu eine Vielfalt methodischer Konzepte und ein reichhaltiges Repertoir an Techniken entwickelt. Sie alle haben jedoch *ein* Ziel, nämlich: »den Traum so intensiv wie möglich in das Erleben zu bringen, damit die Gefühle, Bilder und Regungen des Traumerlebens hier und jetzt verfügbar werden« (Petzold in: ITh 3/4, 1977, 154). Ist der Traum kreative Schöpfung von unendlicher Vielfalt, so kann die Arbeit mit Träumen (will sie dem Traumgeschehen einigermaßen entsprechen) nichts anderes als der Versuch einer nachvollziehenden, erneuten kreativen Schöpfung sein. Ist der Traum ein ganzheitliches Erleben, so kann auch die Traumarbeit nur ein ganzheitliches Erfassen, Nacherleben und Neuerleben sein. Denn es geht in der Arbeit mit Träumen letztlich darum, daß jemand seinen Traum erneut »träumt«, damit er unmittelbar in die kreativen und integrativen Prozesse des Traumgeschehens einbezogen wird.

Es ist Perls' grundlegende Entdeckung, daß der Traum durch analysierendes Deuten letztlich nicht erschlossen werden kann, sondern nur dadurch zu erfassen ist, daß ich mich erlebend auf ihn einlasse. Deshalb betont er das »Hier und Jetzt«, die Konzentration der Bewußtheit im Augenblick, die direkte Kommunikation. Deshalb achtet er auf das, *was* »ist«, *wie* es ist und *wo* es ist, auf Emotion und Körperausdruck. Deshalb läßt er Traumszenen spielen »mit der ganzen Person«, und deshalb beschränkt er sich in bewußter kreativer Einseitigkeit auf Gestaltdialog, Gestaltdrama, Rollentausch, Feed-back und Identifikation. Der Träumende soll ganz bei sich sein können, ganz im Augenblick, ganz im Geschehen, Tun, Erleben.

Auch im methodischen Bereich wirkt dieser Perls'sche Ansatz wie ein fruchtbarer Boden, aus dem ein immer größerer Reichtum an methodischen Konzepten und »Interventionstechniken« erwachsen kann.

So wurde in der Integrativen Therapie eine äußerst kreative Methodenvielfalt entwickelt, und diese wurde ihrerseits wieder auf der Grundlage einheitlicher theoretischer Konzepte reflektiert:

Der Traum gilt als *»Gestalt«*, d. h. als eine Ganzheit. Entsprechend wird er betrachtet hinsichtlich seiner verschiedenen Gestalt-Qualitäten: hinsichtlich seiner »Primärqualität« unter der Frage: Was sagt der Traum insgesamt für den Träumenden aus? – hinsichtlich seiner »Sekundärqualität« unter der Frage: Welche Einzelelemente enthält der Traum und welche Aussage enthalten diese Einzelteile? – hinsichtlich seiner »Tertiärqualität« unter der Frage: Welche Atmosphäre liegt über dem Traum? Diese atmosphärische Stimmung verweist unmittelbar auf den Hintergrund: auf das Befinden, Gefühl und den Lebenshintergrund des Träumenden.

Diese Gestaltkategorien sind durch »Bezogenheit« gekennzeichnet, d. h. sie sind in ihrem Zusammenwirken zu sehen. Und da der Traum wie jede Gestalt eine dynamische Struktur hat, ist gleichzeitig auf seine »Verlaufsgestalten«, auf die Folge seiner Sequenzen, auf die Verlaufsfolgen verschiedener Träume zu achten – und all dies immer wieder (nach dem Figur/Grund-Prinzip) auf den Kontext zu beziehen: Dazu zählt sowohl die Lebenssituation, als auch der Kontext, innerhalb dessen der Traum vorgetragen wird – auch *wie* er eingebracht wird, ebenso etwa auch die Beziehung zwischen den Gesprächspartnern.

Wir unterscheiden ferner die verschiedenen Ebenen der Erlebnisrealität (die Ebenen der vorfindlichen Wirklichkeit,

des gedanklich Vorgestellten, der erlebnishaft gegenwärtiggesetzten Wirklichkeit und die Ebene der im Symbol konzentrierten Welterfahrung) und die Ebenen der »therapeutischen Tiefung« nach dem Grad der persönlichen Involvierung bzw. der Kontrolle durch das reflektierende Bewußtsein.
Eine zentrale Bedeutung wird der *Beziehung* zwischen dem Träumenden und dem ihn Begleitenden (Therapeuten, Seelsorger o. ä.) beigemessen. Der Begleiter hat dabei eine mäeutische Funktion. Das heißt, es geht darum, daß er dem Träumenden hilft, sich selbst den Zugang zu seinen Träumen zu erschließen. Dies zeigt sich u. a. in der Zurückhaltung bei jeder Art von Fremddeutung (im Gegensatz zur Psychoanalyse). In der Integrativen Therapie beschränken wir uns auf eine »Kontextdeutung«, indem wir dem Gesprächspartner die von uns wahrgenommenen Zusammenhänge (als »feedback«) zu bedenken geben – dazu auf eine »Impulsdeutung«, indem wir etwa eine vom Träumenden selbst gemachte Äußerung noch einmal in den Dialog eingeben. Vor allem die Kontextdeutung muß als unser subjektiver Einfall kenntlich sein und muß dem Ziel dienen, daß der Träumende selbst seine Traumsprache entschlüsselt.
Fremddeutung kann der Komplexität des Traumgeschehens nur bedingt gerecht werden und verleitet außerdem zur Einstellung, daß das »Verstehen« der Träume Sache von Professionellen sei. Sie kann der Gefahr kaum entgehen, dem andern Erkenntnisse überzustülpen, die nicht aus seinem Selbsterleben kommen und trägt damit auch zu einer Teilentmündigung des Gesprächspartners bei.
Der entscheidende Prozeß: Das Hineinlauschen in den Traum, das Umsetzen seiner Sprache in bewußtes Nacherleben kann nur der Träumende selbst vollziehen. Das beginnt schon damit, daß dieser bei der Bearbeitung des Traumes möglichst den Einstieg selbst wählt. Er gibt Richtung und Thema an. Er sagt, wie »tief« er sich einlassen und wieweit er gehen will. Er zeigt an, wo er zurückscheut. An solchen Stellen kommt es sehr auf das Gespür des Begleiters an, daß er

z. B. bei Träumen mit düsterer, bedrohlicher Stimmung von sich aus nichts forciert, sondern möglichst empfiehlt, vorsichtig »von der Peripherie« her sich an die besetzten Bilder heranzutasten. Es ist wichtiger, die »Abwehr« als Schutzbedürfnis ernstzunehmen, als etwa zu den Bildaussagen des Traumes vorzudringen.

Perls wählte als häufigste Methode für den Umgang mit Träumen die Arbeit mit dem »leeren Stuhl«, wobei das Traumgeschehen vor allem auf der Fantasieebene dramatisiert wurde – und zwar als »Einzelarbeit« in der Gruppe.

In der Integrativen Therapie arbeiten wir darüber hinaus noch mit psychodramatischen Methoden, mit kreativen Medien, mit der Technik des »tagtraumartigen Weiterträumens« und möglichst immer mit dem Durchspielen von Transferszenen. Neben der Einzelarbeit und der personzentrierten Arbeit in der Gruppe, kommt der gruppenzentrierten und gruppenbezogenen Traumarbeit größere Bedeutung zu, bei der die Teilnehmer der Gruppe insgesamt oder zum Teil aktiv am Bearbeitungsprozeß beteiligt sind und in der die Träume der Gruppe oder mehrerer Teilnehmer mit einfließen.

B. EINIGE BESONDERHEITEN DER STERBESEELSORGE

Gewiß gelten für die Seelsorge mit Sterbenskranken grundsätzlich die gleichen Kriterien wie für Seelsorge überhaupt:

- Etwa, daß das wichtigste »Instrument« der Seelsorge die Person des Seelsorgers selbst ist ...
- daß es darauf ankommt, wie tragfähig die Beziehung zwischen den Gesprächspartnern sich gestaltet ...
- daß es kein »hierarchisches« Gefälle geben darf, daß also unter dem Deckmantel von Seel-*»Sorge«* nicht letztlich Manipulation des andern, Bevormundung und versteckte Ausübung von Macht (an oft Wehrlosen) geschieht ...
- daß es herauszufinden gilt: Wo der andere steht, d. h. wo der Seelsorger ihn »abholen« muß – und:
- was dem andern selbst zu tun möglich ist und was nicht (d. h. wo »Helfen« Entmündigung wäre und wo Helfen, Fürsorge und Mit-ihm-Engagiertsein angemessen und notwendig ist) ...
- ja, daß Seelsorge letztlich Weggefährtenschaft im Namen Gottes ist ...

1. Dennoch hat die Seelsorge mit *Sterbenden* durch die besondere Lebenssituation, die so keiner andern gleicht, ihre zugespitzten Besonderheiten (vgl. zum Folgenden I. Spiegel-Rösing, 133 ff).

- Zwar ist »jede Begegnung zwischen zwei Menschen ein existentielles Ereignis«. Aber die Begegnung mit dem, dessen Existenz nun endet, macht dieses Existentielle, dieses gemeinsam Menschliche (in seiner Zuspitzung, daß unser Leben ein Ende hat) bedrängend offenbar wie kaum irgendwo sonst.
- In der täglichen Seelsorgeberatung erarbeiten wir in der Regel aus der Gegenwart heraus Lebensmöglichkeiten für

die Zukunft. In der Sterbebegleitung gewinnt die *Zeit* eine andere Qualität, sie ist nicht mehr offen auf Zukunft hin, sondern aufs engste *begrenzt*. Unsere Arbeit, unser Begleiten ist deshalb ganz an das Jetzt der nur knapp verfügbaren Zeit gebunden. Das Gefühl, dies könnte die letzte Begegnung überhaupt sein, bestimmt atmosphärisch die meisten Gespräche mit Sterbenskranken.

- Entsprechend sind auch die *Ziele* der Sterbe-Seelsorge »notwendig und unausweichlich begrenzt«: Können wir in einer längeren, begleitenden Lebensberatung die wesentlichen, auftauchenden Probleme durcharbeiten – in der Sterbebegleitung ist das (in der Regel) nicht möglich. Hier muß (auch aus Rücksicht auf die gesundheitliche Verfassung) vieles offen bleiben. Mit anderen Worten: Im Schatten des Todes erweist sich auch alle Seelsorge als »Stückwerk«.
- Achten wir bei der Seelsorge in Lebenskrisen (auch) auf die (neurotischen) Vermeidungsmuster möglichst mit dem Ziel, weitgehende Selbstverantwortung zu ermöglichen – so gilt es gerade in der Sterbebegleitung, die Schutzfunktion alles Vermeidens ernst zu nehmen, »Abwehr« als eine Bewältigungsform im Umgang mit dem Tode zu akzeptieren (vgl. Abschnitt: »Das Vermeiden . . .«). Die Ängste, das Leiden, die körperliche und seelische Not sind meist derart primär und unmittelbar, daß »das übergeordnete Ziel die Minderung von Leid« sein muß.
- Häufig ist die Beziehung zwischen dem Sterbebegleiter und dem Sterbenden besonders intensiv – intensiver als in vielen Beratungsgesprächen der täglichen Praxis. – Dabei ist diese Seelsorge-beziehung auf der letzten Lebensstrecke in besonderer Weise durch »Übertragungsmerkmale« gekennzeichnet: Die letzte Not des einen gibt der Anwesenheit und dem Tun des andern oft eine »letzte« Bedeutung. Das regredierte Erleben von Hilflosigkeit des einen gibt dem anderen in bestimmten Situationen eine »Übertragungs«-Größe von symbolischer Vielschichtigkeit –

etwa die Bedeutung einer übergroßen Elternfigur, die das Gefühl von Halt und Geborgenheit vermitteln soll.

- Zugleich ist der Begleiter einer besonderen Belastung ausgesetzt. Er begegnet seinem eigenen Todesproblem. Er macht oft extreme Grenzerfahrungen, Erfahrungen eigener Hilflosigkeit und Bedürftigkeit. Und das (vielleicht) Schmerzlichste: Er läßt sich, wie gesagt, oft sehr intensiv auf einen Menschen ein – und der wird sterben! Alles, was der Seelsorger investiert an Liebe, Zuwendung, Angst, Zorn, Abwehr, Leid und Freude wird ihm (sichtbar) durch den Tod entrissen. Damit setzt er sich sehr schmerzhaften Erfahrungen aus, die er als (Auch-)Überlebender zu ertragen hat. – Und dazu bedarf er selbst der Seelsorge, der Wegbegleitung durch andere. Er bedarf auch des »Ausgleichs« in andern Lebensbereichen und sollte keinesfalls nur in der Seelsorge mit Sterbenden arbeiten.

2. Und schließlich bestimmen *Kontext-Bedingungen* die besonderen Aufgaben der Seelsorge gerade in der Sterbebegleitung (und führen sie gleichzeitig auch an die Grenzen ihrer Möglichkeiten).

- In einer Gesellschaft, in der Schmerz betäubt, Abschied und Trauer vermieden, Sterbende aus der Wohnumgebung in die Kliniken (auf Sonderbühnen) verbannt werden – in der wir auch kaum noch Vorbilder haben zu lernen, »wie man altert und stirbt« – so daß die Angst um so größer und das Verleugnen des Sterbens um so notwendiger wird – und in der wir in Gefahr stehen, Opfer unserer eigenen Verdrängung zu werden (vgl. Petzold, Leibzeit) – in diesem Kontext kommt der Seelsorge eine gesellschaftspolitische Bedeutung zu, die sie nur in Kooperation mit anderen Berufen, im Engagement zur Humanisierung des Sterbens, in der Hilfestellung zu einem veränderten Bewußtsein o. ä. angehen kann, womit sie zugleich aber auch an die Grenzen ihrer Möglichkeiten stößt.
- Sodann: Wird im Umkreis des Sterbenden das Sterben verschwiegen, werden die Signale der Todesahnung über-

gangen, ist keiner da, der die Sprache der Verstummten aufnimmt – so hat Seelsorge die spezielle Aufgabe, Sprachhilfe zu leisten und Kommunikation zu ermöglichen.

- Oder: Wird das Sterben aus dem Leben ausgeklammert und der Sterbende von den Lebenden (teil-)isoliert, und d. h. mit seinem Sterbeschicksal auf sich allein zurückgeworfen – so hat Seelsorge die Aufgabe, darauf zu achten und auch mitzuhelfen, daß Sterben und Leben, Lebende und Sterbende zusammenfinden können – vielleicht sogar zu helfen, daß Sterben als wichtiger Abschnitt des Lebens begriffen und von den Beteiligten vielleicht sogar als Aufgabe und notwendige Lebenserfahrung übernommen werden kann.
- Wird das Sterben »technisiert«, der Umgang mit dem Sterbenden auf bloße Behandlungsabläufe reduziert und er selbst zum Objekt herabgewürdigt, – so hat Seelsorge die Aufgabe, auf die Würde des Menschen zu achten, Anwalt zu sein für das Subjektsein des Menschen – und mit denen zusammenzuwirken, die in der gleichen Richtung engagiert sind.
- Sind durch den Tod eines Menschen als »soziales«Faktum immer andere Menschen in Mitleidenschaft gezogen, je nach Beziehungsintensität bis hin zu schwersten Lebenskrisen – so ist Seelsorge diesen Mitbetroffenen in besonderem Maße zugewandt.
- Und schließlich: Sind die helfenden und pflegerischen Berufe in der Sterbebegleitung angesichts der täglich erlebten Kumulation von Leid, Verstümmelung, persönlichem Schicksal oft hoffnungslos überfordert – so wäre dies ein wichtiger seelsorgerlicher Beitrag, diese Überforderung erst einmal wahrzunehmen und bewußt zu machen.

Seelsorge kann auch an diesem neuralgischen Punkt der Sterbebegleitung in unserer Gesellschaft wiederum nur als eine Mischung von gesellschaftsbezogener, pädagogischer und beraterischer Funktion sinnvoll geschehen: Etwa im Eintreten für einen Personalschlüssel auf den klinischen

Stationen, durch den erst das wirkliche Eingehen auf den einzelnen mit Zeit, Ruhe und Geduld möglich wird – im Eintreten für eine qualifizierte Ausbildung und Begleitung des Personals – aber auch etwa im Bewußtmachen einer Alternative: Daß nämlich »Sterben zu Hause« wo nur möglich allemal das menschlichere Ende des Lebens ist – oder daß *in* den Kliniken auch Möglichkeiten geschaffen werden, damit ein Sterbender von ihm vertrauten Menschen umgeben sein und betreut werden kann.

LITERATUR

Aichelin, H. u. a.: Tod und Sterben – Deutungsversuche –, Gütersloh 1978.

Ansohn, E.: Die Wahrheit am Krankenbett, Hamburg 1975.

Backofen, K. H.: Biblische Texte – Hier und Jetzt; Erfahrungen mit Gestalttherapie in der Bibelarbeit, in: WzM 1/2, 1981.

Bartholomäus, L.: Ich möchte an der Hand eines Menschen sterben. Aus dem Alltag einer Sterbeklinik. Mainz (5. Auflage) 1988.

Battegay, R./Trenkel, A.: Die therapeutische Beziehung unter dem Aspekt verschiedener psychotherapeutischer Schulen, Bern 1978.

Besems, T.: Philosophisch-anthropologische Bemerkungen zur Integrativen Therapie/Gestalttherapie, in: Integrative Therapie 3/4, Paderborn 1977.

Ders.: Überlegungen zu intersubjektivem Unterricht in der Integrativen Pädagogik, in: Gestalt-Pädagogik, München 1977.

Boss, M.: Der Traum und seine Auslegung, München 1975.

Brocher, T.: Wenn Kinder trauern, Reinbeck 1985.

Butler, R. N.: Die Lebensrückschau, in: Integrative Therapie 2/3, 1980.

Canacakis, J.: Ich sehe deine Tränen, Stuttgart 1987.

Coenen, H.: Leiblichkeit und Sozialität, Referat zu einem Grundproblem der phänomenologischen Soziologie, 1977.

Cohn, R.: Von der Psychoanalyse zur themenzentrierten Interaktion, Stuttgart 1975.

Debus, G./Juhre, A.: Tod in der Gesellschaft, Wuppertal 1971.

Dieckmann, H.: Umgang mit Träumen, Stuttgart 1978.

Duda, D.: Für dich da sein, wenn du stirbst. Vorschläge zur Betreuung, Hamburg (2. Aufl.) 1986.

Eibach, U.: Sterbehilfe – Tötung auf Verlangen? Wuppertal 1988.

Eid, V.: (Hrsg.) Euthanasie – oder soll man auf Verlangen töten, Mainz 1985.

Einstein, Alfred: Größe in der Musik, dtv/Bärenreiter, Kassel 1980.

Engelke, E.: Sterbenskranke und die Kirche, München 1980.

Essen, S.: Zur Vertiefung der religiösen Dimension mit gestalttherapeutischen Mitteln (unveröffentlicht).

Ders.: Körpererleben und religiöse Erfahrung, in: WzM 1/2, 1981.

Evangelischer Erwachsenenkatechismus, Gütersloh 1975.

Franz, G.: Traumarbeit in der Gestalttherapie, in: Integrative Therapie 2/3, 1980.

Fried, A.: Wo man in Frieden sterben kann. Die Hospizbewegung, Wuppertal 1988.

Fromm, E.: Haben oder Sein, Stuttgart 1976.

Gestalt-Bulletin II? Jg. 79/80, Paderborn 1980.

Glaser, B. G./Strauss, A. L.: Interaktion mit Sterbenden, Göttingen 1974.

Goldmann-Posch, U.: (Hrsg.) Wenn Mütter trauern (Erinnerungen an das verlorene Kind), München 1988.

Hampe, J. Chr.: Sterben ist doch ganz anders, Stuttgart 1975.

Hark, H.: Träume vom Tod, Stuttgart 1987.

Heifetz, M. D./Mangel, Ch.: Das Recht zu sterben, Frankfurt 1976.

Heinl, H./Petzold, H.: Gestalttherapeutische Fokaldiagnose und Fokalintervention..., in: Integrative Therapie 1, 1980.
Howe, J. Ochsmann: (Hrsg.) Tod – Sterben – Trauer, Frankfurt (2. Aufl.) 1985.
Jüngel, E.: Tod, Themen der Theologie Bd. 8, Stuttgart 1971.
Ders.: Geistesgegenwart, München 1974.
Jung, C. G.: Die Beziehung der Psychotherapie zur Seelsorge, Zürich/Leipzig 1932.
Ders. u. a.: Der Mensch und seine Symbole, Olten 1968.
Kamm, J. A.: Gestalttherapie und Körperarbeit, in: Die neuen Körpertherapien, Paderborn 1977.
Kast, V.: Trauern – Phasen und Chancen des psychischen Prozesses, Stuttgart (3. Aufl.) 1983.
Keleman, St.: Lebe dein Sterben, Hamburg 1977.
Kirchmann, E.: Konzentrative Bewegungstherapie, in: Integrative Therapie 2, 1978.
Klessmann, M.: Identität und Glaube, München 1980.
Kruse, T., Wagner, H.: (Hrsg.) AIDS – Anstöße für Unterricht und Gemeindearbeit, München 1988.
Kübler-Ross, E.: Interviews mit Sterbenden, Stuttgart 1971.
Dies.: AIDS – Herausforderung zur Menschlichkeit, Stuttgart 1988.
Ladenhauf, K. H.: Integrative Gestalttherapie in der Ausbildung von Seelsorgern..., in: WzM 1/2, 1981.
Lau, E. E.: Tod im Krankenhaus. Soziolog. Aspekte des Sterbens in Institutionen, Köln 1975.
Leist, M.: Kinder begegnen dem Tod, Gütersloh 1987.
Leuner, H. C.: Katathymes Bilderleben, Stuttgart 1970.
Lindemann, E.: Jenseits von Trauer, Göttingen 1985.
Lohner, M.: Plötzlich allein – Trauer nach dem Tod des Partners, Frankfurt 1984.
Lowen, A.: Bio-Energetik, Hamburg 1979.
Lückel, K.: Gestalttherapeutische Traumarbeit in der Seelsorgebegleitung sterbender Menschen, in: WzM 1/2, 1981.
Lückel, K., Petzold, H.: Die Methode der Lebensbilanz und des Lebenspanoramas in der Arbeit mit alten Menschen, Kranken und Sterbenden. in: Petzold: Mit alten Menschen arbeiten, München 1985.
v. Lutterotti, H.: Menschenwürdiges Sterben, Freiburg 1985.
Marcel, G.: Anthropologische Vorbemerkungen zur Bildungsarbeit mit alten Menschen, in: Petzold/Bubolz, 1976.
Matthies, F.: Das Beziehungspanorama. Unveröffentlichte Arbeit über Panoramatechnik in der Integrativen Therapie, 1980.
Naranjo, Cl.: Zentrierung im Jetzt, in: Integrative Therapie 3, 1979.
Neumann, I.: Biblische Imagination, in: Doppeldeutlich, hg. von Y. Spiegel, München 1978.
Nohl, P.: Diktate über Sterben und Tod (mit Totenrede von Max Frisch), Zürich 1984.
Pastoralblätter 3/1978, Stuttgart.

Perls, F.: Gestalt-Therapie in Aktion, Stuttgart 1974.
Ders.: Grundlagen der Gestalttherapie, München 1976.
Ders.: Die Integration der Persönlichkeit, in: Integrative Therapie 1, 1978 (auch in 1980).
Ders.: Das Ich, der Hunger und die Aggression (Erstfassung 1942), Stuttgart 1978.
Ders.: Gestalt, Wachstum, Integration, Paderborn 1980.
Petzold, H.: Gestalttherapie und Psychodrama, Kassel 1973.
Ders. (Hg.): Die neuen Körpertherapien, Paderborn 1977.
Ders.: Theorie und Praxis der Traumarbeit in der Integrativen Therapie, in: Integrative Therapie 3/4, 1977.
Ders.: Das Ko-respondenzmodell in der Integrativen Agogik, in: Integrative Therapie 1, 1978.
Ders.: Integrative Gestalttherapie in der Ausbildung von Seelsorgern, in: Freiheit und Methode, hg. von J. Scharfenberg, Göttingen 1979.
Ders.: Integrative Arbeit mit einem Sterbenden mit Gestalttherapie..., in: Integrative Therapie 2/3, 1980.
Ders. (Hg.): Die Rolle des Therapeuten und die therapeutische Beziehung, Paderborn 1980.
Ders.: Überlegungen und Konzepte zu einem integrativen Ansatz »dramatischer Therapie« Vortrag 1980, in: Integrative Therapie 1, 1981.
Ders.: »Leibzeit« (Vortrag auf der Jahrestagung der DGHP Mauloff, 29.10.1980), in: Integrative Therapie 2/3, 1981.
Ders.: Grundfragen der menschlichen Kommunikation im Lebensverlauf. Interview des österreichischen Rundfunks, in: *Gestalt-Bulletin* 1/2, 1981.
Ders.: Gestaltdrama, Totenklage und Trauerarbeit, in: Petzold, H. (Hrsg.), Dramatische Therapie, Stuttgart 1981.
Ders.: Humanisierung des Alterns, Schwerpunktheft der Zeitschr. für Humanistische Psychol. 1/2, 1980.
Ders.: Sich selbst im Lebensganzen verstehen lernen, in: Schneider, H. D., Vorbereitung auf das Alter, Paderborn 1981.
Ders.: Das Hier- und Jetzt-Prinzip und das Problem der Zeit in der Psychologischen Gruppenarbeit, in: Bachmann, C. H., Kritik der Gruppendynamik, Frankfurt 1981.
Petzold, H.: Die vier Wege der Heilung in: Petzold: Integrative Bewegungs- und Leibtherapie, Paderborn 1988.
Petzold, H./Brown, G. J.: »Gestaltpädagogik«-Konzepte der Integrativen Erziehung, München 1977.
Petzold, H./Bubolz, E.: Bildungsarbeit mit alten Menschen, Stuttgart 1976.
Dies.: Psychotherapie mit alten Menschen, Paderborn 1979.
Petzold, H., Spiegel-Rösing, I., Psychotherapie mit Sterbenden, Paderborn 1981.
Piper, H. Chr.: Gespräche mit Sterbenden, Göttingen 1977.
Ders.: Bilder, Gleichnisse und Symbole – Die Sprache der Sterbenden ist anders, in: Luth. Monatshefte 1983.
Polster, E. u. M.: Gestalttherapie, München 1975.
Rahm, D.: Gestaltberatung, Paderborn (4. Aufl.) 1986.

Reich, W.: Die Entdeckung des Orgons, Köln/Berlin 1971.
Rest, F.: Den Sterbenden beistehen, Heidelberg 1981.
Riess, R.: Seelsorge, Göttingen 1973.
Rupp, U./Fuchs, R.: Im Dialog mit Verstummten, in: Berliner Hefte für ev. Krankenseelsorge, Nr. 46/1980.
Schibilsky, M.: Trauerwege, Beratung für helfende Berufe, Düsseldorf 1989.
Schneider, K.: Meine Wildnis ist die Seele des andern. Zum 75. Geburtstag von Laura Perls, in: Integrative Therapie 4, 1980.
Schultz, H. J.: (Hrsg.) Letzte Tage, Sterbegeschichten aus 2 Jahrtausenden, Stuttgart 1983.
Seelsorge in den Strukturen des Krankenhauses, 1, 1980 (Themaheft).
Sölle, D.: Die Hinreise, Stuttgart 1975.
Spiegel-Rösing, I.: Thanatotherapie und Thanatologie, in: Integrative Therapie 2/3, 1980.
Spiegel-Rösing, I., Petzold, H.: (Hrsg.) Die Begleitung Sterbender, Paderborn 1984.
Stevens, J. O.: Die Kunst der Wahrnehmung. Übungen der Gestalttherapie, München 1975.
Stoddard, S.: Die Hospizbewegung – Ein anderer Umgang mit Sterbenden, Freiburg 1987.
Stollberg, D.: Wahrnehmen und Annehmen, Gütersloh 1978.
Ders.: Wenn Gott menschlich wäre . . ., Stuttgart 1978.
Student, J. Chr.: Hospiz versus »Sterbeklinik«, in: Wege zum Menschen, 1985.
Tacke, H.: Glaubenshilfe und Lebenshilfe, Neukirchen 1975.
Tausch, A. M., Tausch, R.: Sanftes Sterben, Hamburg 1986.
Tibbe, T.: Leben an der Grenze des Todes. Aufzeichnungen einer unheilbar kranken Frau, Neukirchen 1971.
Tilmann, K.: Übungsbuch zur Meditation, Einsiedeln 1973.
Walker, J. L.: Body and Soul. Gestalttherapy and Religious Experience, Nashville 1971 (Übersetzungsmanuskript).
Wander, M.: Leben wär' eine prima Alternative, Darmstadt 1980.
Watzlawick, P.: Menschliche Kommunikation, Bern 1972.
Ders.: Die Möglichkeit des Andersseins, Bern 1978.
Winau, H. P., Rosemeier: (Hrsg.) Tod und Sterben, Berlin 1984.
Winkler, K.: Seelsorge im Vergleich, in: Berliner Hefte für ev. Krankenseelsorge, Nr. 45.
Wölfing, M. L.: Komm, gib mir die Hand. Briefe an mein sterbendes Kind, Düsseldorf 1985.
Wölfing, M. L.: Hilf mir, ohne mein Kind zu leben, Düsseldorf 1987.
Zink, J.: Wie wir beten können, Stuttgart 1979.
Zorn, F.: Mars, München 1977.

44 Helmut Gollwitzer, Mensch, du bist gefragt. Reflexionen zur Gotteslehre, hg. von Peter Winzeler, Ausgewählte Werke Bd. 3, 336 Seiten, kart. ISBN 3-459-01774-0 (Originalausgabe)

45 Helmut Gollwitzer, ... daß Gerechtigkeit und Friede sich küssen. Aufsätze zur politischen Ehtik Bd. 1, hg. von Andreas Pangritz, Ausgewählte Werke Bd. 4, 256 Seiten, kart. ISBN 3-459-01775-9 (Originalausgabe)

46 Helmut Gollwitzer, ... daß Gerechtigkeit und Friede sich küssen. Aufsätze zur politischen Ethik Bd. 2, hg. von Andreas Pangritz, Augewählte Werke Bd. 5, 400 Seiten, kart. ISBN 3-459-01776-7 (Originalausgabe)

47 Helmut Gollwitzer, Umkehr und Revolution. Aufsätze zu christlichem Glauben und Marxismus Bd. 1, hg. von Christian Keller, Ausgewählte Werke Bd. 6, 288 Seiten, kart. ISBN 3-459-01777-5 (Originalausgabe)

48 Helmut Gollwitzer, Umkehr und Revolution. Aufsätze zu christlichem Glauben und Marxismus Bd. 2, hg. von Christian Keller, Ausgewählte Werke Bd. 7, 288 Seiten, kart. ISBN 3-459-01778-3 (Originalausgabe)

49 Helmut Gollwitzer, Auch das Denken darf dienen. Aufsätze zu Theologie und Geistesgeschichte Bd. 1, hg. von Friedrich-Wilhelm Marquardt, Ausgewählte Werke Bd. 8, 432 Seiten, kart. ISBN 3-459-01779-1 (Originalausgabe)

50 Helmut Gollwitzer, Auch das Denken darf dienen. Aufsätze zu Theologie und Geistesgeschichte Bd. 2, hg. von Friedrich-Wilhelm Marquardt, Ausgewählte Werke Bd. 9, 288 Seiten, kart. ISBN 3-459-01780-5 (Originalausgabe)

51 Bibliographie Helmut Gollwitzer, hg. von Christa Haehn, mit einem Essay „Helmut Gollwitzer. Weg und Werk" von Friedrich-Wilhelm Marquardt, Ausgewählte Werke Bd. 10, 176 Seiten, kart. ISBN 3-459-01781-3 (Originalausgabe)

52 James W. Fowler, Glaubensentwicklung. Perspektiven für Seelsorge und kirchliche Bildungsarbeit, eingeführt und herausgegeben von Friedrich Schweitzer. Aus dem amerikanischen Englisch übersetzt von Sieglinde Denzel und Susanne Naumann, 179 Seiten, kart. ISBN 3-459-01797-X (Originalausgabe)

53 Die heilsame Reise. Kurze Geschichten zum Nachdenken, hg. von Ulrich Kabitz mit Lore Graf, Martin Lienhard und Reinhard Pertsch. 170 Seiten, kart. ISBN 3-459-01798-8 (Originalausgabe)

54 Gert Otto, Sprache als Hoffnung. Über den Zusammenhang von Sprache und Leben, 110 Seiten, kart. ISBN 3-459-01799-6 (Originalausgabe)

55 Alfred Walter, AIDS als Versuchung. Christliche Existenz und schwere Krankheit, 185 Seiten, kart. ISBN 3-459-01800-3 (Originalausgabe)

56 Gustav W. Heinemann, Unser Grundgesetz ist ein großes Angebot. Rechtspolitische Schriften, hg. von Jürgen Schmude, 267 Seiten, kart. ISBN 3-459-01801-1 (Originalausgabe)

KAISER TASCHENBÜCHER

57 Frieden und Gerechtigkeit. Auf dem Weg zu einer ökumenischen Friedensethik, hg. von Götz Planer-Friedrich, 234 Seiten, kart. ISBN 3-459-01802-X (Originalausgabe)

58 Hans Frör, Spielend bei der Sache. Spiele für Gruppen, 104 Seiten, kart. ISBN 3-459-01803-8

59 Arnold Gilg, Weg und Bedeutung der altkirchlichen Christologie, 108 Seiten, kart. ISBN 3-459-01804-6

60 Yorick Spiegel, Der Prozeß des Trauerns. Analyse und Beratung, 324 Seiten, kart. ISBN 3-459-01805-4

61 Jürgen Moltmann, Kirche in der Kraft des Geistes. Ein Beitrag zur messisanischen Ekklesiologie, 407 Seiten, kart. ISBN 3-459-01806-2

62 Ulrich Duchrow, Gert Eisenbürger, Joachim Hippler (Hg.), Totaler Krieg gegen die Armen. Geheime Strategiepapiere der amerikanischen Militärs, 256 Seiten, kart. ISBN 3-459-01817-8

63 Konrad Raiser, Ökumene im Übergang. Paradigmenwechsel in der ökumenischen Bewegung, 205 Seiten, kart. ISBN 3-459-01818-6

64 Friedrich Wilhelm Marquardt, Aber Zion nenne ich Mutter... Evangelische Israel-Predigten mit jüdischen Antworten. Herausgegeben von Joachim Hoppe, 171 Seiten, kart. ISBN 3-459-01819-4

65 Jens Müller-Kent, Vermächtnis für die Zukunft. Gespräche mit Helmut Gollwitzer und Kurt Scharf, 178 Seiten, kart. ISBN 3-459-01827-5

66 Ursula Baltz-Otto, Poesie wie Brot, Religion und Literatur: Gegenseitige Herausforderung, 176 Seiten, kart. ISBN 3-459-01828-3

67 Albert H. Friedlander, Ein Streifen Gold. Auf Wegen zur Versöhnung, 175 Seiten, kart. ISBN 3-459-01829-1

68 Erwin Ringel, Selbstmord. Appell an die anderen, 100 Seiten, kart. ISBN 3-459-01831-3

69 Eberhard Bethge, Dietrich Bonhoeffer. Eine Biographie, 1129 Seiten, kart. ISBN 3-459-01830-5

70 Albrecht Grözinger, Erzählen und Handeln. Studien zu einer trinitarischen Grundlegung der Praktischen Theologie, 130 Seiten, kart. ISBN 3-459-01832-1 (Originalausgabe)

71 Das Volk will Ochs und Esel. Ein anderes Weihnachtsbuch. Herausgegeben von Ursula Baltz-Otto, 190 Seiten, kart. ISBN 3-459-01833-X (Originalausgabe)

72 Kirchentag '89. Berichte und Materialien aus Berlin. Deutscher Evang. Kirchentag 1989. Herausgegeben im Auftrag des Deutschen Evangelischen Kirchentages von Rüdiger Runge, 256 Seiten mit 16 Seiten Abbildungen, kart. ISBN 3-459-01835-6 (Originalausgabe)

73 Hans Frör, Wie eine wilde Blume. Biblische Liebesgeschichten, 110 Seiten, kart. ISBN 3-459-01844-5 (Originalausgabe)

KAISER TASCHENBÜCHER

74 Jürgen Moltmann (Hg.), Religion der Freiheit. Protestantismus in der Moderne, 110 Seiten, kart. ISBN 3-459-01845-3 (Originalausgabe)

75 Ulrich H.J. Körtner, Theologie in dürftiger Zeit. Ein Essay, 110 Seiten, kart. ISBN 3-459-01846-1 (Originalausgabe)

76 Keine Zeit für Kinder? Fragen, Einsprüche, Ermunterungen. Herausgegeben im Auftrag des Deutschen Evangelischen Kirchentages von Konrad von Bonin, ca. 160 Seiten, kart. ISBN 3-459-01847-X (Originalausgabe)

77 Bob Goudzwaard/Harry M. de Lange, Weder Armut noch Überfluß. Plädoyer für eine neue Ökonomie. Übersetzt aus dem Holländischen von Paulander Hausmann und Ernst-Albert Scharffenorth. Eingeleitet und für den bundesdeutschen Kontext bearbeitet von Hans Diefenbacher, 130 Seiten, kart. ISBN 3-459-01848-8 (Originalausgabe)

78 Friedrich Siegmund-Schultze, Friedenskirche, Kaffeeklappe und die ökumenische Vision. Texte 1910–1969. Herausgegeben von Wolfgang Grünberg in Zusammenarbeit mit Elisabeth Hesse, Hans Gressel, Klaus Rehbein, Torsten Schweda und Wolfram Weiße. Mit einem Geleitwort von Wolfgang Huber, 440 Seiten, kart. ISBN 3-459-01849-6 (Originalausgabe)

79 Bengt Hägglund, Geschichte der Theologie. Ein Abriß, 355 Seiten, kart. ISBN 3-459-01850-X

80 Walter Kreck, Grundfragen christlicher Ethik, 386 Seiten, kart. ISBN 3-459-01851-8

81 Jacqui Lee Schiff/Beth Day, Alle meine Kinder. Heilung der Schizophrenie durch Wiederholen der Kindheit, 193 Seiten, kart. ISBN 3-459-01852-6

82 Kurt Lückel, Begegnung mit Sterbenden, 240 Seiten, kart. ISBN 3-459-01853-4

83 Jophannes Sløk, Christentum mit Leidenschaft. Ein Weg-Weiser zur Gedankenwelt Søren Kierkegaards. Übersetzt aus dem Dänischen von Ulrich Panzer, 171 Seiten, kart. ISBN 3-459-01854-2 (Originalausgabe)

84 Albert H. Friedlander, Leo Baeck. Leben und Lehre. Mit einem Nachwort in der Taschenbuchauflage von Albert H. Friedlander und Bertold Klappert, ca. 300 Seiten, kart. ISBN 3-459-01855-0

85 Hans-Joachim Iwand – Theologie in der Zeit. Lebensabriß und Briefdokumentation. Bibliographie. Herausgegeben von Peter Sänger und Dieter Pauly, ca. 344 Seiten, kart. ISBN 3-459-01856-9

86 Erhard Eppler, Reden auf die Republik. Deutschlandpolitische Texte 1952–1990. Mit einem einleitenden Beitrag von Joachim Garstecki. Herausgegeben von Wolfgang Brinkel, 176 Seiten, kart. ISBN 3-459-01857-7 (Originalausgabe)